本书受安徽省自然科学基金项目（1708085QG170）资助

经济管理学术文库 • 管理类

异质性技术、网络结构特征与企业绿色创新效率

肖仁桥　钱　丽 / 著

经济管理出版社
ECONOMY & MANAGEMENT PUBLISHING HOUSE

图书在版编目（CIP）数据

异质性技术、网络结构特征与企业绿色创新效率/肖仁桥，钱丽著．—北京：经济管理出版社，2021.1

ISBN 978－7－5096－7701－8

Ⅰ.①异…　Ⅱ.①肖…②钱…　Ⅲ.①企业创新—研究—中国　Ⅳ.①F279.23

中国版本图书馆CIP数据核字(2021)第022002号

组稿编辑：张丽原
责任编辑：任爱清
责任印制：黄章平
责任校对：董杉珊

出版发行：经济管理出版社
（北京市海淀区北蜂窝8号中雅大厦A座11层　100038）
网　　址：www.E－mp.com.cn
电　　话：(010) 51915602
印　　刷：河北赛文印刷有限公司
经　　销：新华书店
开　　本：720mm×1000mm/16
印　　张：12.75
字　　数：208千字
版　　次：2021年1月第1版　　2021年1月第1次印刷
书　　号：ISBN 978－7－5096－7701－8
定　　价：68.00元

前　言

绿色创新是突破当前资源环境约束、推动中国经济高质量发展的重要途径。企业绿色创新效率是绿色创新产出与投入之比，对企业绿色创新效率及其影响机制进行系统分析，有利于明晰企业绿色创新的具体过程，并可辅助改善绿色创新活动，引导企业向绿色创新集约型发展方式转变。虽然传统的效率研究关注中国企业绿色创新效率的区域差异，但忽略了区域间技术异质性和区域内不同类型企业网络结构特征。将处在不同技术水平的区域企业置于同一技术前沿下进行笼统比较，也未考虑区域内企业绿色创新过程的阶段异质性和不同类型企业的并联创新网络特征，这容易导致效率测算结果失准，且无法确定效率损失的真实来源。本书在梳理绿色创新效率概念及评价指标体系、异质性技术下企业绿色创新效率、两阶段价值链以及并联网络视角下企业绿色创新效率等文献的基础上，对异质性技术视角下基于网络特征结构的中国高技术企业绿色创新效率及其影响机制进行深入理论与实证分析。在总结借鉴国内外已有创新政策基础上，结合实证结果提出一些针对性的政策建议，具体包括八章：

第一章为绪论部分。首先，介绍本书的研究背景、研究目的及意义；其次，从绿色创新效率概念内涵及评价指标体系、异质性技术和两阶段价值链视角下企业绿色创新效率研究、异质性技术和并联网络视角下企业绿色创新效率研究等方面对企业绿色创新效率相关研究现状进行回顾，指出现有研究的不足之处；最后，简要叙述本书的研究内容、研究方法和技术路线以及可能的创新之处。

第二章考虑到我国东部、中部以及西部地区企业间的技术异质性，构建企业绿色创新共同前沿理论框架和 DEA 模型。并将绿色专利申请数、环境综合指数等产出纳入创新效率评价指标体系，在群组前沿和共同前沿下测算分析 2008～2017 年中国内地 30 个省份高技术企业绿色创新效率差异及其区域技术差距。将各省份企业无效率值从区域技术差距无效和管理无效两维度进行分解，寻找绿色创新效率损失的真实根源。

第三章在区域技术异质性理论框架下，考虑两阶段创新价值链因素。首先，构建共同前沿下两阶段关联型网络 DEA 模型和两阶段效率评价指标体系；其次，系统分析中国高技术企业两阶段绿色创新效率、区域技术差距以及效率损失来源，并将各省份企业绿色创新资源利用模式划分为四种类型；最后，利用系统 GMM 动态面板模型从企业特征和区域创新环境等角度出发，分析和检验企业绿色科技研发和成果转化效率的影响因素。

第四章考虑不同性质企业间的技术异质性以及两阶段创新过程，利用共同前沿理论和网络 DEA 模型测度分析 2007～2016 年两种前沿下中国区域不同性质企业两阶段创新效率差异，探索国有与民营、国有与外资企业之间的技术差距。并从政府、技术和市场等因素出发，利用动态 GMM 面板模型对国有—民营、国有—外资企业间技术差距的影响因素进行实证分析。

第五章将区域间技术异质性和区域内行业并联网络特征纳入统一研究框架。首先，在分析各地区高技术企业绿色创新效率时，既考虑地区企业间的技术异质性，又关注区域内五大高技术行业并联网络结构；其次，利用共同前沿—并联网络 DEA 模型测度分析各地区高技术企业整体及分行业创新效率及其区域技术差距，寻找导致地区企业效率低下的具体环节；最后，利用多种面板计量模型检验地区企业整体及分行业创新效率的影响因素。

第六章从群组技术异质性和不同性质企业并联网络视角出发，基于技术水平差异构建高技术群组和低技术群组。首先，考虑我国各地区国有、民营、港澳台资和外资企业并联创新特征，构建共同前沿—并联网络 DEA 模型测度分析 2015～2016 年中国各省份不同性质企业绿色创新整体效率及不同性质企业效率；其次，分析各地区企业技术落差比率；最后，对创新无效率值进行技术差距分解以及分不同性质企业分解。

第七章归纳总结国内现有的关于提升绿色创新水平的相关政策，回顾和借鉴国外绿色创新方面的成功经验，并结合实证分析结果，从技术异质性和创新网络结构特征等角度出发，提出一些切实可行的政策建议和有效措施。

第八章结论与展望。简要回顾本书所做的研究工作结论，包括异质性技术和价值链网络视角下高技术企业绿色创新效率研究、异质性技术和行业并联网络视角下高技术企业创新效率研究、异质性技术和产权性质并联网络视角下高技术企业绿色创新效率研究等，进而，指出本书的研究局限性及未来展望。

感谢钱丽副教授，沈路、胡善银和冯桂彬等研究生为本书出版所做出的资料数据处理等贡献，感谢姜谷静研究生为第七章国内外创新政策文件梳理所做出的贡献。由于写作水平有限，编写时间仓促，所以书中错误和不足之处在所难免，恳请大家批评指正。

肖仁桥

2020 年 9 月 20 日

目　录

第一章　绪论

第一节　研究背景

绿色创新是突破当前资源环境约束、实现中国经济高质量发展的重要途径。党的十九大报告提出要积极倡导绿色发展，建立以市场为导向的绿色技术创新体系，并出台关于产品能效、污染物排放量等绿色创新生产方面的强制性标准，倒逼企业开展绿色技术创新活动。当前我国高技术产业绿色技术创新仍存在一些问题，一是我国各地区高技术企业研发经费投入持续攀升，研发经费内部支出由2007 年的545. 3 亿元增至2018 年的3559. 1 亿元，年均增长18. 6%，试图以此提升中国企业绿色技术创新水平。然而在科睿唯安信息服务（北京）有限公司发布的2018 ~2019 年全球创新企业百强（根据专利相关指标排序）中，美国和日本企业占据了70%，而中国仅华为、比亚迪和小米公司上榜，一味地增加研发投入的做法不可持续，还需关注企业创新产出和效率提升。二是主要关注创新的经济效益，忽略创新对环境的影响。据最新发布的《2018 年全球环境绩效指数》显示，在180 个国家中，中国的环境绩效位居第120 位，凸显出经济快速增长对环境的不利影响。在空气质量问题方面，中国更是因PM2. 5 综合评测等多个指标值偏低，排名位居倒数第4 位，近年来我国工业“三废”污染物和二氧化碳排放量也无明显改善。2008 ~2017 年，我国绿色发明专利申请数从2008 年的2651

件增长到 2017 年的 15561 件，数量有所升高，但仅占发明专利申请总量的 1.249%，绿色技术创新效果并不明显，成为制约绿色发展的关键因素。因此，技术经济与生态环境之间的冲突仍然存在，且存在继续扩大的风险，需将“两山”理念引入传统技术创新活动中，引导企业向绿色创新发展方式转变，实现技术进步与生态保护的统一。

一方面，我国国土辽阔，各地区经济基础、技术水平、资源禀赋以及环境承载力等不平衡，中国各区域高技术企业创新发展差异明显，东部地区企业凭借区位和技术优势，高技术制造业和服务业都得到了快速发展。安徽、湖北、河南等中部六省由于地貌优势使农业产业一直处于全国领先地位，且在承接东部、发展第二产业的同时也注重科技创新发展，进而促进了地区产业结构的不断优化升级。由于西部地区地理位置、自然气候等不可变因素的限制，在一定程度上制约了其第一产业的发展，但国家西部大开发战略以及西电东输计划使其第二产业得到了一定的发展。另外，长期以来形成的区域间技术壁垒和地方政府的环境监管差异，也使它们的绿色技术创新活动在侧重点、发展速度和成效方面存在差异，创新潜力各有不同。如果不考虑区域企业创新生产技术水平的差异，则会无法准确确定不同区域高技术企业创新效率差异的关键因素，不能因地制宜地制定区域发展战略布局。

值得注意的是，近年来尽管我国高技术企业研发投入持续增加，但企业科技成果转化率并不高。科技部、环保部、住建部等多部委发布的《“十三五”环境领域科技创新专项规划》指出，技术研发与应用转化之间脱节的问题突出，有资料显示，我国企业自主研发技术较多处于试制和实验阶段，只有 36%左右的技术能实现产业化，这造成了科研经费的极大浪费。创新是一个从要素投入到知识凝结，然后到产品市场化的多阶段价值转化和创造的过程，企业技术开发活动是核心，而技术成果转化活动是关键，实现技术的商业化价值是目标。在对我国高技术企业绿色创新效率进行分析时，必须要考虑创新价值链创造过程，提高创新过程监管的有效性和针对性。需对科技研发和成果转化阶段效率进行综合评价，进而寻找我国高技术企业绿色创新的具体薄弱环节，这将有利于提升我国企业绿色创新能力，实现科技、经济与环境的协调共同发展。

另一方面，我国是以公有制为主体、多种经济成分并存的共同发展体制。虽然国有企业相比于其他类型企业来说，更易于获得更多的创新资源，但两权分离的所有权特征制约了它们的创新动力，创新资源配置往往忽略了创新效率。虽然民营企业产权明晰，创始人具有冒险精神，经营方式灵活，且社会负担较轻，但其在企业治理结构、资源利用机会以及金融支持等方面不足造成其总体创新效率不高。而外资企业凭借母公司技术、东道国政策扶持等优势，巨大的中国消费市场也会促使其加快技术创新与技术升级，其创新在商业化上相较于其他类型企业更为成功。不同性质企业并联创新生产是高技术企业的基本结构特征，测算我国不同类型企业绿色创新效率值，确定导致地区企业创新效率低下的具体子单元，有利于地方政府制定有针对性的扶持政策，从而实现多种所有制经济共同繁荣。

目前，关于企业技术创新对环境影响的关注还不够，较少将环境效应纳入企业技术创新效率研究框架，也忽略了区域技术异质性、技术创新的阶段异质性以及不同性质企业并联网络等特征。应采取以下三项措施：一是应重视区域间技术异质性、创新价值链以及并联网络结构特征等现实，测算东中西部地区企业间的技术差距，从区域技术差距无效和管理无效两维度对无效率值进行分解，寻找效率损失的真实根源，并进一步探索绿色创新价值增值过程的阶段性差异；二是从区域创新环境和企业特征等角度对两阶段效率的影响因素进行分析；三是分辨不同行业、不同性质企业的绿色创新效率差异，识别导致地区企业效率低下的子单元，分析子单元效率低下的原因。对上述问题的解决，不仅有利于我国企业绿色技术创新和可持续发展方式转变，也有利于针对不同技术水平、不同的价值链分解过程、不同行业以及不同性质高技术企业制定有所差别的绿色创新发展方案，寻找构建基于市场导向绿色技术创新体系的突破口，从而有利于提升我国高技术企业绿色创新能力，实现科技经济与生态环境协调发展。

第二节　研究目的及意义

一、研究目的

随着我国产业结构亟待优化升级以及资源环境约束问题日益突出，技术创新及其环境效应逐渐受到重视。绿色技术创新具有绿色和创新的双重特征和外部性，且具有乘数效应，是推动经济社会可持续发展的根本动力。当前我国环境科技创新体系还是以传统末端治理为主，忽视了源头绿色技术研发、应用以及价值创造过程中的绿色化管理，应该追求适应新时代需要的不同类型企业全面绿色发展导向，持续推进我国产业绿色创新发展，提升全国企业整体绿色技术创新水平。为实现各地区、不同行业以及不同性质企业协同高效绿色发展，向绿色创新发展方式转变。本书拟从区域企业技术异质性、创新价值链以及并联网络理论等角度出发，构建共同前沿下企业绿色创新两阶段关联型网络 DEA 模型和并联网络 DEA 模型，进而采用无效率分解方法对我国分地区、分行业以及不同性质高技术企业绿色创新效率差异、区域技术差距及其效率损失来源进行分析，并利用动态面板 GMM 估计方法构建我国企业绿色创新效率的影响因素回归模型，寻找制约我国高技术企业绿色创新效率提升的关键因素。本书主要解决以下三个关键问题：

（1）企业绿色创新效率评价指标和外生影响因素的确定。对绿色创新效率理论及其影响机制进行深入分析，将绿色发明专利数、单位 GDP 能耗以及单位 GDP 的“三废”污染物等纳入评价指标体系。并考虑绿色创新两阶段价值链，从原始投入、中间产出以及最终产出等对指标进行合理划分。另外，外生影响因素可从区域创新环境（知识产权保护、政府支持等）及企业管理（企业规模、所有制结构等）等角度进行分析，并考虑这些因素的交互项对分阶段、并联子单元效率的影响。

（2）效率测度模型的构建。基于区域企业技术异质性特征并考虑创新价值链、并联网络结构等因素，在共同前沿理论框架下，构建 DEA 模型对我国企业绿色创新效率进行测度与分析。在考虑技术异质性、污染物排放等非期望产出的约束条件下，满足 DEA 模型的凸性及等张性要求，建立用于高技术企业绿色创新效率测度的 DEA 模型及分解公式。根据绿色创新共同前沿理论以及网络 DEA 模型对我国企业绿色创新活动进行深入分析，使理论模型及测算结果与实际情况吻合，提高模型的可靠性和实用性。从异质性技术视角下出发，对企业绿色创新效率进行研究，测算技术差距，并进行无效率值分解。在此基础上，考虑两阶段创新价值链以及不同行业、不同性质企业并联网络结构特征等现实问题，构建共同前沿—两阶段关联型 DEA 模型以及共同前沿—动态并联网络 DEA 模型，分别进行两阶段效率分解以及并联子单元效率分解，寻找效率损失的关键环节。

（3）我国企业绿色创新绩效提升的具体机制和途径。探讨由传统创新向技术异质性、两阶段价值链以及网络视角下企业绿色创新管理转变的具体机制以及缩小区域间企业技术差距的有效途径。通过对异质性技术、价值链以及并联网络视角下我国企业绿色创新效率的测度与比较分析，获得我国企业绿色创新活动向更合法化、可持续创新管理方式转变的路径与机制，并分析我国企业绿色创新效率的影响因素，在借鉴国外成功经验的基础上，从缩小技术差距、分阶段过程管理以及并联网络创新等角度提出一些针对性的建议。

二、理论意义

（1）我国各地区经济和技术发展不平衡，东部与中部、西部地区高技术企业创新生产前沿面是不同的。以往研究较少考虑区域企业创新生产技术水平的异质性，将处在不同技术水平的决策单元置于同一技术前沿下比较，无法确定创新效率损失的真实来源。本书从异质性技术角度出发，考虑区域高技术企业之间的技术差距，构建企业绿色创新活动的共同前沿理论框架及 DEA 模型，测度分析两种前沿下我国高技术企业绿色创新效率及其区域技术差距，并对无效率值进行分解。有助于深刻认识创新效率差异及其形成原因，从异质性技术视角丰富了高技术企业创新效率的理论研究。

（2）从异质性技术和价值链视角出发，将技术异质性和两阶段创新价值链纳入统一的研究框架，建立共同前沿下两阶段关联型网络 DEA 模型。在绿色创新效率研究框架下，分别考虑区域间技术差距和创新资源在两阶段创新过程中的投入共享特征，系统分析我国高技术企业绿色创新效率的区域差异、损失来源以及影响因素，有利于深刻认识中国高技术企业绿色创新效率的真实水平和制约环节，从异质性技术和价值链视角丰富了我国企业绿色创新效率理论及实证研究。

（3）从异质性技术和并联网络视角出发，在两种前沿下，构建并联网络 DEA 模型，测算各地区五大高技术行业整体及分行业创新效率，寻找导致地区企业效率低下的具体子单元，并系统分析和检验各子单元效率的影响因素。另外，从企业性质并联视角出发，测度分析各地区国有、民营、港澳台资和外资企业绿色创新效率差异、区域技术差距及其效率损失来源。基于异质性技术和并联网络视角，对我国高技术企业绿色创新效率进行理论与实证分析，发现了制约我国不同类型企业创新效率的关键环节和提升策略，丰富了我国企业绿色创新效率理论与政策研究，具有一定的理论意义。

三、实践意义

结合我国各地区不同类型高技术企业绿色创新发展现状，从异质性技术、创新价值链和并联网络视角出发，利用共同前沿理论和DEA模型对企业绿色创新效率进行实证分析，指导各地区企业认清自身的技术差距和创新管理局限。跟踪国内外绿色技术发展前沿，深入开展技术引进和消化吸收再创新活动，不断缩小区域技术差距，提升区域企业绿色技术水平。从企业内部管理出发，推进本土化的现代企业管理制度建设，减少内生性障碍，建立和完善科技成果转化平台及利益分配激励机制。

另外，科学客观评价我国高技术企业绿色创新效率，不仅有助于合理评价我国高技术企业发展政策和经济效益，也有利于政府提出我国企业绿色创新绩效的对策建议和措施，充分挖掘各区域企业以及地区内不同行业、不同性质企业创新发展潜力，通过缩小技术差距、分阶段过程管理以及均衡发展各类所有制企业等方式，带动整体和具体子单元企业创新效率提升，实现经济发展方式转变和科技经济与生态环境协调发展，从而提升我国企业整体自主创新能力，为推动我国高技术企业可持续发展提供一定的借鉴价值。

第三节　相关文献述评

一、绿色创新效率概念内涵及指标体系相关研究

1. 绿色创新效率的相关概念

随着环境污染问题日益严峻，如何积极推进绿色创新已成为人类社会可持续发展的必然选择，是一种强调改善环境绩效的经济行为。绿色创新最早起源于对

绿色技术的探寻，Braun 等（1994）提出，绿色技术是旨在降低环境污染、减少资源消耗的工艺或产品的总称。James（1997）认为，绿色创新是指能明显降低环境影响，并实现企业或个人价值增值的新工艺或产品。Chen 等（2006）提出，绿色创新是涉及绿色产品或流程的硬件和软件创新，包括绿色产品设计、节能、废物回收以及环境管理等活动。周力（2010）从系统协调发展视角指出，绿色创新包括绿色技术创新、绿色产品创新、绿色制度创新以及绿色观念创新等。张钢和张小军（2013）、李旭（2015）等认为，绿色创新可分为三种类型，分别是绿色技术创新、绿色制度创新与绿色文化创新，而绿色技术创新是绿色创新的重点。Li 等（2018）通过文献分析发现，绿色创新主要是指绿色技术创新，并可以划分为绿色工艺和绿色产品创新。绿色创新兼具“绿色”和“创新”双重特征，在创新过程上与传统创新没有本质区别，包括研发、试制和商业化等环节（余泳泽和刘大勇，2013；罗良文和梁圣蓉，2016；聂名华和齐昊，2019），但同时还注重技术和产品的环境影响，从而使企业绿色创新过程变得更为复杂，且需要政府、中介组织以及科研机构的共同参与（Weng 和 Lin，2011；Amores - Salvadó 等，2014；Baldassarre 等，2017）。另外，绿色创新还具有双重外部性，Rennings 等（2006）指出，绿色创新不仅具有传统创新的公共品属性和外溢效应，还在创新扩散过程中将负向环境效应内部化而形成积极正溢出效应。由于创新和环境都具有公共品属性，因此，只有当绿色创新获得经济收益时，企业才会积极开展绿色创新活动，故需要一定的政府或市场激励机制，才能克服双重外部性所带来的阻滞效应（Rennings 和 Rammer，2011；李旭，2015）。

从目标维度来看，绿色创新是企业为了减少对环境的不利影响而产生新的或改良的工艺、产品等（Kemp 等，2002；Beise 等，2005；毕克新等，2013），是实现资源要素重新配置与整合的新方式与新途径（Chiou 等，2011；梅亮和陈劲，2015）。绿色创新不仅是能够对环境影响降低的创新，也是能够提高环境绩效的创新，有时也被称作环境创新或环境绩效（Karakaya 等，2014；张钢和张小军，2013）。

从过程维度来看，绿色创新是指绿色技术的新构想经过研究开发或技术组合，并获得实际应用，最终产生经济、社会效益的商业化全过程的活动（Shu 等，2016；李婉红，2017；郭进，2019）。肖仁桥等（2017）认为，绿色创新是指在产品开发、制造、组织管理以及营销的全过程中，研究开发新技术、新思想、新政策，以便减少资源和能源消耗、降低环境污染，为社会带来环境效益，并且帮助企业提高投入产出效率以增加经济效益的创新活动总称。

从类型维度来看，刘晓音和赵玉民（2012）认为，绿色技术创新可分为末端技术创新、绿色工艺创新和绿色产品创新三种类型。郭英远等（2018）认为，绿色技术创新分为绿色产品创新和绿色工艺创新两个维度，其中，绿色产品创新更注重能源节约技术的开发，绿色工艺创新更注重过程中降低污染的新技术开发。另外，尽管概念的出发点和具体表述有所不同，但环境创新、生态创新、可持续创新与绿色创新的核心理念并没有本质的差别，可以互换使用（Schiederig 等，2012；张静和周魏，2015）。

效率是指生产活动中资源投入和产品产出之间的效用比例关系，从过程视角反映企业将投入转化为产出的能力（Farrell，1957；Charnes 等，1978）。绿色创新效率是指绿色创新活动中资源的投入和产品产出之间的效用比例关系，即在综合考虑资源和环境约束的条件下，创新活动的产出与投入之比（张江雪和朱磊，2012；梁文群等，2019）。与以往单纯追求经济利益的传统创新效率不同，绿色创新效率是在综合考虑能源消耗和环境污染后的创新发展水平（王惠等，2016）。任耀等（2015）认为，绿色创新效率是将经济效率、绿色效率和创新效率纳入统一的分析框架，综合考虑生产部门和技术创新部门投入与产出的结果。易明和程晓曼（2018）提出，绿色创新效率是在综合考虑生态和资源环境要素前提下，生产和技术创新过程中各种投入要素的有效利用程度。从投入维度来看，创新效率的投入划分为非资源投入和资源投入，主要包括资本、人力和能源（曾冰，2018；肖仁桥等，2019）。从产出维度来看，绿色创新效率的产出可划分为经济效益产出、资源效益产出以及环境效益产出，也可划分为期望产出和非期望产出（高广阔和王艺群，2018；游达明和欧阳乐茜，2020）。

2. 绿色创新效率评价指标体系相关研究

企业在创新生产过程中，不仅会产生科技经济等期望产出，还会带来工业“三废”污染物等非期望产出，企业绿色创新则旨在通过创新生产获得期望产出的同时，不断降低非期望产出（钱丽等，2015；毕克新等，2015）。另外，绿色创新效率研究最初是将创新过程看成一个整体，从单一阶段来进行分析（张江雪和朱磊，2012；姚西龙等，2015）。随着对绿色创新效率研究的深入，学者们开始把绿色创新过程划分为不同的阶段来进行实证分析（肖仁桥等，2014；罗良文和梁圣蓉，2016；钱丽等，2018）。指标体系具体归纳如表1－1所示。

表1－1　绿色创新效率评价指标体系

指标	指标分类	指标明细
投入	人力	R&D人员全时当量、R&D人员数、科技活动人员数
	财力	R&D经费内部支出、R&D资本存量、新产品开发经费、技术引进及改造经费、引进消化吸收费用、科技活动经费筹集额中金融机构贷款、政府资金、企业资金等
	物力	仪器和设备原价、微电子控制设备原价以及固定资产原价等
	能源	能源消费总量、非煤炭消费占能源消费比重、污染治理完成投资额等
期望产出	科技研发阶段	发明专利申请及授权数、专利申请及授权数、人均科技论文数、绿色专利申请数、绿色发明专利申请数、技术市场成交额、专利技术许可费以及新产品开发项目数等
	成果转化阶段	新产品收益（新产品产值、销售额以及出口额）、产品总收益（销售总额、利润及总产值）、综合能耗产出率、工业增加值、人均地区生产总值以及主营业务收入等
非期望产出	环境污染指数、工业二氧化硫排放量、工业烟（粉）尘排放量、工业“三废”排放量、碳排放量、无效专利申请数、工业废物循环利用率、单位工业产值能源消耗、商业银行不良贷款金额等	

（1）绿色创新投入指标。创新投入指标一般包括人力和财力投入，用于衡量创新投入的资本和人力状况（白俊红等，2009；Bi等，2016）。例如，学者们经常采用研发人员全时当量或研发人员数来表示研发人员投入（官建成和陈凯华，2009；李婉红，2017），用研发经费内部支出或科技活动经费筹集额来表示研发经费投入（赵树宽等，2013；Sharma和Thomas，2008），还有学者考虑技术引进、消化吸收费用投入（冯缨和腾家佳，2010；肖仁桥等，2018）。但由于科研人员需通过仪器设备来完成有关创新活动的研发，所以还需选取物力投入指标，包括仪器和设备、固定资产投资额等（叶锐和朱磊，2012）。而绿色创新效率是在环境约束下企业创新更加强调生态性，提倡节约资源和能源消耗，因此，能源投入指标也需纳入绿色创新投入指标体系中，用以衡量绿色创新投入水平

（韩晶，2012；王惠等，2016）。曹霞和于娟（2015）选择“三废”（废水、废气和固体废弃物）排放量构成的环境污染指数作为非期望产出，但由于环境污染指数为负产出，因此，将非期望产出设置成投入变量。另外，由于研发资本投入是由当期投入和前期投资累积而共同决定的，所以研发资本投入需采用永续盘存法（Chun 等，2015；冯宗宪等，2011）估算其存量。同时由于绿色创新投入转化为创新产出具有一定时滞性，因而需做滞后期处理（王海龙等，2016；梁中和昂昊，2019）。

（2）绿色创新产出指标。关于产出指标的选择，主要从期望产出和非期望产出两个角度进行考虑，期望产出是创新活动得到的正向产出，而非期望产出则是创新活动的负向产出（张雪梅和叶贝贝，2019；王惠等，2016）。在期望产出方面，又可以分为科技研发阶段产出和成果转化阶段产出（肖仁桥等，2015）。科技研发阶段期望产出一般分为专利申请数（Chen 等，2018；肖仁桥等，2020）、绿色专利申请数（李婉红等，2017；肖仁桥等，2019）或新产品开发项目数（钱丽等，2018；Guan 和 Chen，2012），成果转化阶段期望产出主要衡量创新的经济效应，一般从产品创新和工艺创新方面进行选择，且用新产品销售收入、新产品产值来表征产品创新（肖文和林高榜，2014；赵增耀等，2015），而用主营业务收入、利润或工业增加值来反映工艺创新水平（周亚虹，2012；Chen 等，2018）。在非期望产出方面，学者们习惯采用工业“三废”污染物和单位 GDP 能耗指标来表征技术创新的环境影响（王惠等，2016；罗良文和梁圣蓉，2016；肖仁桥等，2020）。另外，吕岩威等（2019）从环境污染和创新失败两个因素考量创新活动非期望产出，考虑创新失败会对企业商业贷款的正常偿还产生影响，无法通过利润弥补则会最终形成不良贷款，因此，选用商业银行不良贷款金额与前一年度的比率作非期望产出指标。崔蓉等（2019）从创新质量视角出发，提出以专利申请受理数作为产出指标夸大了区域创新生产率，可以选取无效专利申请数，即专利申请受理数和专利申请授权数的差额作为区域创新的非期望产出。

3. 绿色创新效率评价方法相关研究

根据现有相关文献，度量绿色创新效率的方法有非前沿分析法和前沿分析法。非前沿分析法包括指数法和生产函数回归分析法，而前沿分析法是目前学术界用来评价绿色创新效率的主要方法。前沿生产函数是描述实际生产前沿的生产函数，是指在一定的前提和条件下，运用相关的理论方法，以实际的投入和产出求得可能达到的生产前沿面，即该系统可能实现的最大产出。前沿分析法包括参数分析法和非参数分析（项本武，2011；Kao，2009）。参数法对单元模型的机理要求比较高，要求给出决策评价单元投入和产出之间明确的函数关系，适用于对决策单元模型机理充分了解的情况下，其中，随机前沿分析法（Stochastic Frontier Approach，SFA）较为常见（肖文和林高榜，2014）。史修松等（2009）采用随机前沿分析 SFA 模型，对中国各省份的区域创新效率进行测算比较并分析其空间差异。党国英等（2015）运用随机前沿函数分析方法，测度分析中国高技术产业五大类 23 个分行业技术创新效率及其差异。王晓珍等（2018）基于核密度估计和 SFA 模型，剖析中国高校创新效率及分解指标动态演进趋势和高校创新效率影响因素。韩兆洲等（2018）采用中国各省份工业专利活动数据，建立随机前沿模型对中国区域专利产出效率以及产业创新效率进行测算和分析。而目前非参数方法的形式主要包括数据包络分析法（Date Envelopment Analysis，DEA）、无边界分析法（Free Disposal Hull，FDH），其中，数据包络分析法（DEA）较为常见（Charnes 等，1978；Tone，2002）。它不要求投入产出中包含所研究问题的全部相关变量，只要求所选变量能够契合研究主题，并且无须事先确定权重，非常适合于决策评价单元之间效率的比较。早期以传统的 DEA－CCR 或 DEA－BBC 模型（Banker 等，1984）为主，随着研究的不断深入，DEA 模型逐渐被优化成各种扩展形式，例如，DEA－Malmquist 指数法（陈元志等，2018；Malmquist，1957）、DEA－SBM 模型（Tone，2002）、DEA－RAM 模型（吴超等，2018）等。例如，Mavi 和 Standing（2016）采用产出导向型 DEA－CCR 模型评估 OECD 国家生态创新效率，发现瑞士、爱尔兰、冰岛和卢森堡的生态创新能力较好。张永安等（2019）运用 DEA－Malmquist 生产率指数法计算高技术制造业及各子行业创新动态效率，并分析各子行业技术创新能力差异。李健等（2019）在考虑非期望产出的前提下，运用 DEA－SBM 模型测度京津冀 13 个城市的绿色创新效率。刘健等（2015）利用 DEA－RAM 模型测度了我国煤炭产业绿色发展效率，并将绿色发展无效率部分进行了分解。陈莹文等（2018）、肖利平等（2017）、韩孺眉等（2017）基于企业创新过程，将其分为两阶段、三阶段、四阶段，并分别测算了每阶段的创新效率。另外，还有学者将参数方法和非参数方法同时运用在企业创新过程的不同阶段，例如，李婉红和刘芳（2019），其采用传统 DEA 与 SFA 模型相结合的方法，构建三阶段 DEA 模型测度高技术企业创新效率并对其影响因素进行分析。

二、异质性技术与企业绿色创新效率相关研究

目前，大部分研究都假定各地区企业处于同一技术前沿水平（肖仁桥等，2014；李新春等，2010；Battese 等，2002）。但事实上，由于我国东中西部地区在研发资金投入、科技人才、创新模式以及技术获取手段上存在差异，使各地区企业的技术前沿面也有所差别，不能笼统进行比较。国内外诸多研究已经证实共同前沿（Meta－frontier）方法可以有效解决技术异质下的效率测度问题（Hayami，1969；汪克亮等，2011；肖仁桥等，2018），可以准确地测算群组前沿下效率与共同前沿下效率（Battese 等，2002；O'Donnell 等，2008；黄奇等，2014；Yu 等，2015）。例如，Hang 等（2015）基于 Meta－frontier 理论测度了中国城市能源效率，发现城市发展水平与能源效率之间存在显著的正相关关系。Wang 等（2014）基于共同前沿 DEA 模型（多投入多产出），将中国分为东中西部地区三个群组，测度比较各地区能源效率及其区域技术差距。汪克亮等（2017）充分考虑不同地区生态技术的差异性特征，基于 Meta－frontier 理论、DDF 与 DEA 方法，分析中国各省份及三大地区生态经济效率与技术差距，利用生产率指数（Meta－frontier Malmquist－Luenberger，MML）考察地区生态经济效率的动态演进特征及其驱动机制。刘海英等（2019）考虑到各省（市）存在生产技术异质性，利用聚类算法将 30 个省份划分为三个小组，并采用共同前沿非径向方向性距离函数去计算能源效率和 CO_2 排放效率以及潜在节能量和 CO_2 减排量。

构建共同前沿面来测算技术异质下的决策评价单元效率，已被运用于环境效率研究中，而针对创新领域的相关研究并不多见。在创新效率方面，李新春等（2010）基于 DEA 方法构建群组前沿和共同前沿，并根据地区和产业间生产前沿存在差异，将中国工业行业划分为东部高技术产业、东部非高技术产业、中西部高技术产业和中西部非高技术产业四个群组，对我国高技术企业创新效率进行整体及分组实证测度。李正锋等（2015）考虑到中国各省份生产技术异质性，运用共同前沿方法分析中国整体以及东中西部创新效率，利用“技术缺口比率”

（Technology Gap Ratio，TGR）测算中国区域创新效率的技术差距。也有少数学者基于技术异质性视角探讨了绿色创新效率。例如，沈能等（2016）基于异质性技术视角，将中国划分为东、中、西、东北四个群组，并采用基于共同前沿生产函数的效率评价模型来测算环境创新效率。姚炯等（2018）综合考虑技术差异性以及非期望产出，构建共同前沿效率模型测度分析两种前沿下我国各省份低碳创新效率。随着深入研究，汪克亮等（2013）考虑中国不同地区绿色生产技术的异质性，基于非参数共同前沿理论和方向性距离函数对中国绿色经济效率进行测算，并采用“共同技术率”衡量三大区域绿色生态技术与全国潜在最优水平之间的差距，从“生产技术”和“管理”两个维度对绿色经济无效率值进行分解。钱丽等（2015）考虑东中西部地区的技术差距，利用共同前沿理论和 DEA 模型测算中国工业企业绿色创新效率，并利用 Chiu 等（2012）提出的分解公式，对创新无效率值进行两维度分解，剖析效率缺失的根源。陈元志等（2018）从共同前沿理论和动态视角出发，构建全局前沿 - Malmquist 指数测度分析不同类型大中型工业企业技术创新效率，并将其分解为群组内技术效率变化、跨期技术进步和群组间技术缺口比率变化。类似的研究还包括 Oh 和 Lee（2010）、沈能和周晶晶（2018）。

三、两阶段价值链和异质性技术视角下企业绿色创新效率相关研究

早期研究往往将企业绿色创新活动看作一个黑箱，并不清楚创新系统的内在结构和运行机制。Roper 等（2008）提出，创新生产是一系列功能性创新活动和实施阶段运营的总和，被认为是由多个相关联的子过程组成的。许多创新活动的失败通常是由于没有认识到创新是一个链条，需要加强每一个子过程的管理（Hansen 等，2007）。在此基础上，Guan 等（2010）将企业技术创新活动分解为科技研发和成果转化两个相关联的子过程：第一阶段为大学、科研院所以及企业一起开展的知识创新过程，它是科技创新资源向技术成果转化的转换环节（Spanos 等，2015）；第二阶段则是以企业为主导的科技成果商业化过程（Freeman，1982；Roberts，1988）。随着研究的深入，学者们开始利用两阶段 DEA 模型对创新效率进行测度分析。罗良文等（2016）基于两阶段创新价值链理论，构建中国工业企业绿色技术创新效率评价体系，并测算分析全国及各区域工业企业绿色技术创新两阶段效率。肖仁桥等（2017）基于两阶段价值链视角，构建包括初始投

入、中间产出及最终产出的绿色创新效率评价指标体系，运用超效率 DEA 模型测度中国工业企业绿色创新整体及两阶段效率，并分析绿色创新效率的溢出效应。窦超等（2018）基于创新价值链视角，考虑企业所有权性质和生命周期、所属区域行业多个维度，将创新过程分解为知识创新和经济产出两个子阶段，并构建两阶段 DEA 模型来评价中小企业分阶段效率。王义新等（2019）基于创新价值链视角，运用 DEA - Tobit 模型对工业细分行业科技创新效率进行测度，发现科技研发平均效率仅为 0.38。

上述研究仍然将创新活动的子过程看作是相互独立的单元，随着研究的不断深入，也有学者利用关联型两阶段模型将创新活动的子过程看作是相互关联的单元。陈凯华等（2011）构建共享投入关联型两阶段生产系统效率的网络 DEA 效率测度与分解模型，并利用银行投资过程的实例来验证建模方法的正确性。随后，各学者展开了针对创新领域的研究。叶锐等（2012）基于两阶段价值链视角，综合考虑初始投入在两阶段的分配以及中间产品产出再投入，构建共享投入关联 DEA 模型，测算高技术产业整体效率和分阶段的纯技术效率。肖仁桥等（2014）基于价值链视角，将企业技术创新活动划分为两个相关联的子过程，且认为初始投入会对两阶段创新效率产生直接影响，运用共享投入关联型两阶段 DEA 模型计算我国工业企业的技术创新整体效率。冯志军等（2014）考虑初始投入在两个子阶段间的分配结构，构建资源约束型两阶段关联型 DEA 模型，实证测评中国高技术产业细分行业研发创新的整体及各子阶段的效率。Liu 等（2015）考虑创新子过程的关联性，构建利用两阶段关联型网络 DEA 模型，测度和比较分析了 40 个国家和地区的创新效率。钱丽等（2018）考虑创新资源在两阶段的共享关联性，将单位 GDP 的工业碳排放量和“三废”污染物纳入两阶段绿色创新效率研究框架，并利用共享投入关联两阶段 DEA 模型测度中国工业企业绿色研发和成果转化效率。范德成等（2019）将高技术产业创新过程划分为技术研发和经济转化两个阶段，考虑初始创新投入在两阶段分配、非研发投入及新产品开发费用等因素对创新产出的影响，构建共享投入关联型两阶段 DEA 模型，测度中国各省份高技术产业技术创新整体效率与两阶段效率。

然而上述研究主要从两阶段价值链视角出发，对我国企业创新整体和分阶段效率进行分析，但同时考虑异质性技术和两阶段价值链的研究并不多见。少数文献包括钱丽等（2015）考虑我国三大地区工业企业之间的技术异质性，并将企业创新活动分解为绿色科技研发和成果转化两个子阶段，构建共同前沿—两阶段DEA模型测度分析我国工业企业绿色创新效率差异及其区域技术差距。不过，目前尚缺乏对企业绿色创新区域技术差距的影响机制分析。总之，异质性技术和价值链视角下的企业绿色创新效率研究还有待深入。

四、并联网络和异质性技术视角下企业绿色创新效率相关研究

也有一些学者认为，现有创新模式不仅包含线性模式，也包含技术推动、市场推动、并行工程等多种模式（Rothwell，1992；Salerno等，2015）。我国多种经济成分并存，各地区企业创新活动可看作由国有企业、民营企业以及港澳台和外资企业等子单元并行参与的过程，各性质企业在地区经济发展过程中均扮演着重要作用（Dilling等，2003；Dachs等，2008；吴延兵，2012），彼此综合又构成区域高技术企业创新整体（Kao，2009；钱丽等，2019）。其中，吴延兵（2012）比较研究中国国有企业、民营企业和外资企业的创新表现，研究结果显示：民营企业在创新投入和专利创新效率上处于领先地位，外资企业在新产品创新效率和生产效率上处于领先地位，而国有企业在各方面上均不占优势。孙晓华和王昀（2013）利用DEA－Malmquist模型对2004～2009年我国15种不同性质企业创新效率测度分析，也得到类似的结论。钱丽等（2019）考虑我国内资、港澳台资和外资企业之间的并联生产网络结构，构建并联网络DEA模型测度分析中国各省份高技术企业创新整体及不同性质企业创新效率，并对创新无效率值进行分解。

这种并联网络结构特征早已被广泛应用于测度供应链和制造业生产效率（李萌，2011；Bi等，2011）之中，Yang等（2000）较早构建了具有并联网络结构的网络DEA模型（称为独立子系统），并列出判别网络决策单元有效性的判别条件。段永瑞等（2006）在假设存在规模收益，允许存在组内与组间合作的基础上，建立三个评价具有独立子系统的决策单元相对有效性的DEA模型。此后，Kao（2009）提出，并联系统整体效率可以分解成子系统效率的加权和的形式。杨锋等（2009）分析并联生产系统的前沿生产能力，构建评估并联生产系统的乘数模型和包络模型。葛虹等（2010）对并行系统的三种网络DEA模型（独立、半独立和关联）进行比较研究，发现关联结构下的系统效率介于子系统效率的最

大值与最小值之间，符合人们对系统效率的基本认识，且系统效率评价结果具有较强的可分性。赵萌（2011）在已有并联决策单元DEA效率评价方法的基础上加入时间维度，增加规划问题的约束条件，推演该种复杂系统的动态DEA效率评价指标，并以中国14家商业银行的数据进行实证。随后，赵萌（2012）将制造业分为低外向度低劳动密集、高外向度低劳动密集度等四个子单元（产业），构建动态并联网络DEA模型测度中国区域制造业子单元的生产效率。夏琼等（2012）构建非独立并联结构生产系统的DEA效率评价模型。柴磊等（2016）采用DEA模型测算银行的服务部门和销售部门效率，并识别并联生产系统的资源分配情况。类似研究还包括李雄英等（2010）、黄祎等（2010）。

在创新领域的研究则并不多见，仅有文献包括陈凯华等（2010）将高技术企业分解为电子通信和医药制造两个代表性产业的并联子系统，构建并联网络DEA模型测算高技术企业产业创新整体效率以及子效率。尹伟华（2012）将区域R&D活动分解为高校、企业和科研机构三个子过程，通过构建并行结构的关联网络DEA模型对我国区域R&D投入绩效进行评价。刘凤朝和姜滨滨（2013）运用并联结构的DEA效率方法测算比较不同R&D经费执行主体的产出效率，研究发现：高等学校产出效率最高，企业产出效率次之，研究机构产出效率最低。孙国锋等（2016）将科技活动分解为科技成果产出和科技成果转化两阶段，并在规模报酬可变情形下构建的链形关联DEA模型，测度分析各类型企业（国有、内资、港澳台资以及外资企业）创新效率。左铠瑞等（2016）构建并联形式的DEA前沿面，并计算各省R&D总过程、企业与科研机构和高校R&D三个子过程效率的变化指数，验证了企业R&D效率提升对总过程R&D效率提升的贡献最大，企业是R&D活动的主体，类似的研究还包括钱丽等（2019）。

然而，以上研究主要关注决策主体内部子单元之间的并联网络结构，且研究对象为产学研合作各方（刘凤朝和姜滨滨，2013；左铠瑞等，2016），聚焦于各地区高技术企业的研究不多见，缺少考虑高技术企业五大行业并联、不同性质高技术企业并联网络结构及子单元效率分析。更为重要的是，虽然考虑了各地区高技术行业的并联特征，但忽视了区域间技术异质性，有必要将区域间技术差距与区域内不同行业（不同性质企业）并联纳入统一的研究框架，有待进一步深入研究。

五、企业绿色创新效率的影响因素相关研究

目前学术界对于企业绿色创新效率的影响因素分析主要是从绿色创新内部驱动和外部驱动两个方面展开的。在外部驱动因素方面，主要包括产业、市场以及政府等方面因素。王惠等（2016）认为，产业集聚对高技术企业绿色创新效率均产生显著正向影响。李金滟等（2017）提出，教育水平的提高对绿色创新效率的提高有着显著的促进作用，而过严的环境规制对绿色创新具有负向作用。刘斌斌等（2017）提出，外商投资以合资方式进入不利于提升环境规制较强地区绿色技术创新效率，而以独资方式进入则将极大促进环境规制较弱地区绿色技术创新效率水平的提升。高广阔等（2018）认为，外商投资有利于高耗能产业绿色创新效率的提升，而资源禀赋则会阻碍高耗能产业绿色创新效率水平的提升。李健等（2019）提出，尽管经济发展水平、政府资助力度、城市信息化程度和产业结构均对绿色创新效率有正向驱动作用，但京津冀的对外开放水平受地区绿色创新发展程度作用，对绿色创新效率的提升影响效果不显著。而李晓阳等（2019）则认为，产业结构和经济发展水平会阻碍工业绿色创新效率的提高。聂名华等（2019）将创新过程分解为技术研发和成果转化两个子阶段，提出对外直接投资对技术研发阶段的工业绿色创新效率有显著的正向作用，但对成果转化阶段效率的影响并不显著。朱永明等（2019）证实了虽然税收优惠有利于提升科技研发和价值实现两阶段的效率，但其对两阶段的效率影响也存在非线性关系。戴魁早等（2019）认为，对于高技术产业来说，市场化水平的提高能通过优化资源配置、促进技术进步的方式来间接提高创新效率。刘婧等（2017）提出，外部知识产权保护水平不仅能直接提升企业创新效率，也能通过强化企业的知识产权能力来间接对创新效率产生积极影响。另外，外部驱动因素还包括交通条件（邝嫦娥等，2019）、能源消费碳排放（徐建中等，2019）等。

学者们更多地聚焦于外部环境因素，对内部驱动因素的研究不多，关注重点主要是企业规模、所有制结构、企业研发管理以及高层管理者背景特征等。在企业规模方面，Chen 等（2004）、余泳泽（2009）研究发现，技术创新具有一定规模效应，企业规模越大，其技术创新效率水平越高。也有学者认为，企业规模越大，容易滋生管理官僚化，导致企业创新决策缓慢或管理失误，制约了企业创新

效率提升（Scherer 和 Ross，1990）。陈修德等（2010）研究发现，企业规模对两阶段效率水平的影响存在差异，对大企业来说，企业规模有利于研发最终产出效率的提高；而对小企业来说，企业规模有利于研发中间产出效率的提高。刁秀华等（2018）认为，企业规模质量有利于促进技术创新效率水平的提升，但在不同的企业规模质量门槛区间内会产生不同的影响力度。就所有制结构而言，陈修德等（2010）证实国有成分会抑制研发效率的提升，国有成分比重越高，研发的中间产出效率和最终产出效率都会下降，Zhang（2003）和吴延兵（2012）也得到类似的结论，但李政和陆寅宏（2014）认为，国有企业并非天然缺乏创新能力，通过机制体制创新，国有企业创新能力会不断增强。在企业研发管理方面，肖文和林高榜（2014）提出，尽管企业研发管理有助于提升市场化导向的技术创新效率，但不利于提升非市场化导向的技术创新效率。就高层管理者背景特征而言，田丹等（2017）基于高阶梯队理论，研究高层管理者背景特征对绿色创新的影响，发现任期、国有企业中的男性所占比重以及具有生产、研发、技术背景的管理者比重会对绿色创新产生不利影响，而受教育程度、非国有企业中的年龄、在政府机构任职的高层管理者则会有利于企业绿色创新。类似的研究还包括朱建民和丁莹莹（2017）、张琴（2018）。另外，刘婧等（2017）将知识产权能力划分为创造、运用和管理三个方面，探讨了知识产权能力对动漫企业创新效率的影响，证实了企业知识产权能力能显著提升动漫企业的创新效率，其中知识产权运用能力对创新效率的影响力度最大。

六、现有文献的不足之处

主要存在以下五个方面：

（1）聚焦高技术企业绿色创新效率研究还不够深入。尽管学者们关于绿色创新效率评价的研究相对丰富，但并未形成统一的结论，针对高技术企业绿色创新研究更为鲜见。须结合高技术企业的特点，将绿色专利申请数、能源消耗以及“三废”污染物等纳入创新效率研究框架，测度分析环境约束下中国各省份高技术企业绿色创新效率差异，并将其与传统创新效率进行对比，分析技术创新与环境之间的关系，引导企业开展绿色创新活动。

（2）以往的研究大都假定中国不同地区企业的生产技术是相似的，而这一假定与现实并不十分吻合。我国区域经济发展不平衡，各地区资源禀赋、经济基础、技术水平、产业结构、市场开放度等多方面存在显著差异，导致不同地区企业创新效率及其所面临的生产技术前沿面有所不同。因此，在测度不同区域省份的绿色创新效率时，需考虑区域生产技术差距这一现实因素，在共同前沿理论框架下研究中国高技术企业绿色创新效率问题，以期找到一个统一的参考标准，并探寻企业绿色创新效率缺失的真实根源。

（3）已有文献多从绿色技术创新一阶段视角去展开相关研究，忽视了绿色创新活动的不同阶段异质性。根据创新价值链理论，绿色创新可被看作是由绿色科技研发和绿色成果转化两个阶段组成，各阶段创新效率及其影响因素可能存在差异。在区域技术异质性视角下，探讨我国高技术企业绿色科技研发和成果转化效率差异及其技术差距，有待进一步研究。

（4）现有文献忽略了地区不同性质企业间效率差异以及内在并联结构等特征。从现有并联创新文献中发现，目前研究对象主要为产学研主体并联，既没有聚焦到企业内部层面，又未涉及企业绿色创新。更为重要的是，未将区域间技术差距和区域内行业（不同性质企业）并联网络理论纳入统一的研究框架，值得深入分析。

（5）现有关于创新影响因素的研究大多是针对传统创新或一阶段绿色创新领域，较少关注两阶段绿色创新、并联网络创新，更忽略了在技术异质性视角下进行创新效率的影响因素分析。因此，有必要在技术异质性视角下，对我国高技术企业绿色创新两阶段效率、并联子单元创新效率的影响因素进行系统分析和检验。

第四节 研究内容

（1）首先，介绍研究目的及意义；其次，从绿色创新效率概念内涵及评价指标体系、异质性技术与企业绿色创新效率、异质性技术和两阶段价值链视角下企业绿色创新效率研究、异质性技术和并联网络视角下企业绿色创新效率研究等方面对企业绿色创新效率相关研究现状进行回顾，进而指出现有文献的不足之处；最后，简要叙述本书的研究内容、研究方法、技术路线以及可能的创新之处。

（2）异质性技术视角下企业绿色创新效率研究。首先，充分认识到我国东部、中部以及西部地区企业间的技术异质性，构建中国高技术企业绿色创新的共同前沿理论框架，将中国高技术企业分为东部、中部和西部三个群组，并利用DEA模型构建技术前沿面。将绿色专利申请数、环境综合指数等产出纳入创新效率评价指标体系，利用《中国高技术产业统计年鉴》《中国工业企业数据库》等资料以及实地调研获取数据。在群组前沿和共同前沿下分别测算分析近年来我国各省份高技术企业绿色创新效率及其差异，进而探索各群组技术与全国最优技术水平之间、各群组之间的技术差距，并将各省份企业无效率值从区域技术差距无效和管理无效两维度进行分解，寻找绿色创新效率损失的真实根源。

（3）异质性技术和两阶段价值链视角下企业绿色创新效率研究。在异质性生产技术理论框架下，考虑两阶段创新价值链因素。首先，将企业绿色创新活动分解为绿色科技研发和成果转化两个相关联的子过程。假定规模报酬可变，构建共同前沿下两阶段关联型网络DEA模型和指标体系（例如，专利等中间产出、最终环境经济产出等）。其次，收集近年来中国省际高技术企业创新发展数据，对中国高技术企业两阶段绿色创新效率及其区域技术差距进行测度分析，并将无效率值进行分解。最后，从区域创新环境（例如，知识产权保护、金融支持以及政府支持）和企业特征（例如，企业规模、创新氛围以及产学研合作）等角度对两阶段绿色创新效率的影响因素进行回归分析。

（4）从异质性生产技术和产权性质差异视角出发，结合两阶段创新价值链理论框架，考虑我国国有、民营、港澳台资和外资企业之间的技术差距，利用共同前沿理论和两阶段DEA模型测度分析2007～2016年共同前沿下中国区域不同性质企业科技研发和成果转化效率差异，并对两种前沿下我国高技术企业科技研发和成果转化效率进行比较分析，探索国有企业与民营企业、国有企业与外资企业之间的技术差距。在此基础上，从政府、市场和技术等因素出发，利用动态GMM面板模型对科技研发和成果转化阶段国有—民营、国有—港澳台资、国有—外资企业之间技术差距的影响因素进行实证分析和检验，从而为针对性创新政策建议的制定提供科学的决策依据。

（5）异质性技术和并联网络视角下企业绿色创新效率研究。该部分试图将异质性技术和行业（或不同性质企业）并联网络理论纳入统一的研究框架，在分析各地区高技术企业绿色创新效率时，既考虑地区企业间的技术异质性，同时关注企业中五大高技术行业（或国有、民营、港澳台资和外资不同性质企业）并联创新生产的结构特征。首先，基于区域企业间技术差距视角，利用共同前沿理论构建高技术企业创新群组前沿和共同前沿。其次，在两种前沿下，利用共同前沿—并联网络 DEA 模型分别测算各地区不同类型企业绿色创新效率以及地区企业整体效率值，寻找导致地区企业效率低下的具体子单元；并将两种前沿下各地区不同类型企业绿色创新效率值进行比较，分析不同类型企业在区域间的技术差距。最后，利用面板计量模型检验地区整体及不同类型企业效率的显著影响因素。

（6）我国高技术企业绿色创新绩效提升的政策研究。首先，归纳总结国内现有的关于提升绿色创新水平的相关政策，并回顾和借鉴国外绿色创新方面的成功经验，为我国企业技术创新与可持续发展战略制定提供参考思路。其次，结合实证分析结果，从技术异质性、创新价值链和并联网络等角度出发，针对我国高技术企业绿色创新活动提出一些切实可行的政策建议和有效措施。

第五节　研究方法与技术路线

一、研究方法

采用理论与实证分析、调研与文献收集、描述性分析与计量模型结合方法，具体如下：

（1）实地调研、收集资料。通过调查研究、实地访谈和文献收集，了解当前我国高技术企业绿色创新的发展现状及存在的问题。分析企业绿色创新效率的概念和内涵，确定企业绿色创新效率评价的投入产出指标体系，进而梳理区域企业绿色创新的技术异质性、两阶段创新价值链以及不同类型企业并联创新理论等。

（2）技术异质性和网络 DEA 效率测度模型。综合考虑技术异质性和两阶段创新价值链理论，利用线性规划技术，构建共同前沿—两阶段关联型网络 DEA 模型测算中国各省份企业绿色创新整体、分阶段效率及区域技术差距；基于技术异质性和并联生产结构，构建共同前沿—动态并联网络 DEA 模型测算各地区内资、港澳台资和外资企业绿色创新效率值，并对创新无效值进行分解，确定绿色创新效率损失的真实来源。

（3）统计计量方法。利用《中国高技术产业统计年鉴》《中国工业企业数据库》《中国科技统计年鉴》及实地调研数据，对企业绿色创新投入产出指标进行描述性分析，并对中国及区域企业绿色创新效率的均值及变异系数等进行统计分析。采用 Kruskal – Wallis 法检验我国三大地区企业是否存在技术差距，进而运用面板数据模型检验企业绿色创新分阶段效率的关键影响因素，寻找效率差异的成因等。

二、技术路线

首先，从绿色创新效率概念及评价指标体系、异质性技术与企业绿色创新效率、异质性技术和两阶段价值链视角下企业绿色创新效率研究、异质性技术和并联网络视角下企业绿色创新效率研究以及绿色创新效率的影响因素相关研究五个方面对现有相关文献进行回顾，指出已有研究忽略技术异质性、两阶段创新价值链和并联创新结构等不足。其次，从异质性技术角度出发，构建中国高技术企业绿色创新的共同前沿理论框架，在群组前沿和共同前沿下分别测算近年来我国各省份高技术企业绿色创新效率，分析各群组技术与全国最优技术水平之间、各群组之间的技术差距，并将各省份无效率值从区域技术差距无效和管理无效两维度进行分解，寻找效率损失的真实根源；从异质性技术、两阶段创新价值链角度出发，构建共同前沿框架下的两阶段效率模型、技术差距以及无效率分解公式，并基于技术异质性和并联网络理论，构建共同前沿—并联网络 DEA 效率测算模型以测算分析各地区不同类型（不同行业或不同性质企业）企业绿色创新效率值及技术差距；通过调研和数据收集，获取近年来中国各省份高技术企业绿色创新相关数据，开展实证研究。最后，归纳我国关于提升绿色创新水平的相关政策，借鉴国外绿色创新方面的成功经验进行战略思考，并从缩小技术差距、分阶段管理和并联创新等角度提出一些发展措施。本书的研究框架如图1-1所示。

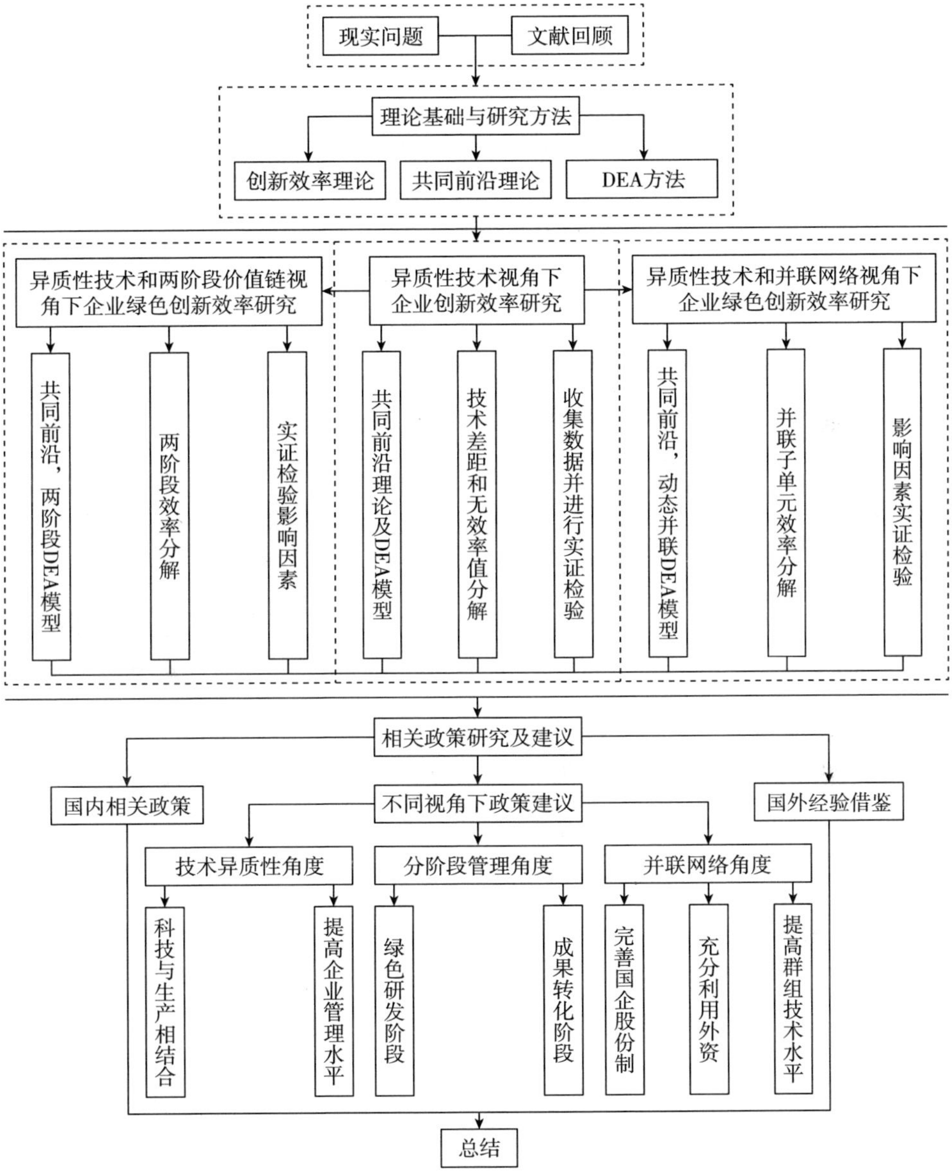

图1-1　本书的研究框架

第六节　本书创新之处

本书的创新之处主要表现为以下三点：

（1）已有关于中国企业绿色创新效率的研究，较少考虑绿色创新的区域技术异质性，其合理性有待商榷。为此，充分认识到东中西部地区企业技术异质性，采用DEA模型构建技术前沿面，在群组前沿和共同前沿下分别测算近年来我国各省份高技术企业绿色创新效率，分析各群组技术与全国最优技术水平之间、各群组之间的技术差距，并进行无效率值分解，具有一定创新性。

（2）考虑技术异质性和两阶段创新价值链特征，采用共同前沿—两阶段关联型网络DEA方法构建生产前沿面，分析比较两种前沿下中国各省份高技术企业绿色科技研发、成果转化率以及区域间技术差距，并对无效率值进行分解，从而获悉我国区域企业绿色创新效率的改进路径及空间，也具有一定创新性。

（3）综合考虑技术异质性和并联网络创新特征，将区域间技术异质性和区域内不同类型企业并联纳入统一研究框架内。在共同前沿理论下，构建共同前沿—并联网络DEA模型分析我国各地区不同类型高技术企业（分行业或不同性质企业）绿色创新整体及子单元效率，寻找导致地区效率损失的具体子单元，并分析我国不同类型企业间的区域技术差距及其影响因素，也是本书的创新之处。

第二章　区域技术异质下高技术企业绿色创新效率研究

第一节　引言

技术创新不仅是不同国家经济发展水平差异的主要因素，同时也是企业竞争力的重要源泉。近年来，由于我国各地区高技术企业研发投入持续增加，因此，希望通过创新资源投入带来企业创新能力的提升。另外，随着气候变暖以及环境污染等问题日趋严重，技术创新的环境影响开始受到重视。绿色创新成为突破当前资源环境约束，促进我国区域经济协调和可持续发展的重要手段。根据企业创新效率差异理论，因企业所在区域的外部环境或行业特征的差异性，其绿色创新效率可能也会有所不同（Hashimoto 等，2008；Afri 等，2018）。因而，有必要将企业创新资源节约和环境友好纳入统一研究框架，系统分析我国高技术企业绿色创新效率的区域差异及其制约因素，引导我国高技术企业向绿色集约型创新发展方式转变。

现有关于绿色创新效率研究文献主要从创新效率测度、影响因素分析等方面展开。例如，罗良文和梁圣荣（2016）考虑单位工业 GDP 的工业废水排放、氮氧化物排放等环境负产出，利用两阶段 DEA 模型测算中国区域工业企业的绿色技术创新效率。袁茜等（2017）基于绿色增长视角，将工业废水和废气污染物排放量作为非期望产出，利用三阶段 DEA 模型测算分析 2011 ~2015 年中国内地 30 个省份制造企业绿色创新效率。黄奇等（2015）研究发现，尽管企业绿色创新效率与人力资本、区域开放度呈显著正相关，但与技术水平呈负相关。肖权和赵路（2020）采用超效率网络 DEA - SBM 模型，测算 2005 ~2017 年中国区域两阶段绿色技术创新效率值，并检验环境规制等因素对效率值的影响。类似的研究还包括张江雪等（2012）、游达明和欧阳乐茜（2020）等。

上述研究为我们提供了重要参考，但仍存在一些不足之处。首先，绿色创新效率的评价指标体系有待改善，已有研究主要采用传统创新经济指标等作为产出变量，且对于环境负产出指标的选用也见仁见智。其次，更为重要的是，已有研究在测算创新效率时，大多假定各地区企业处于相同的技术水平，基于同一技术前沿面展开效率测度分析，忽视了区域间技术异质性。事实上，由于我国区域经济发展平衡、各地区人才资源以及制度安排等方面存在差异，使各地区企业创新模式和技术水平有所不同，因此，彼此间存在一定的技术差距。例如，东部地区高技术企业自主研发水平较高，企业组织形式主要为技术和资本密集型，而中西部地区企业创新模式仍然以引进消化吸收再创新为主要方式，且以劳动密集型企业为主。因此，如果不考虑区域间技术异质性，将处于不同技术水平的决策单元置于同一技术前沿面下进行测算，那么会导致效率测算结果存在偏差，且无法确定效率损失的真实来源。虽然部分研究利用共同前沿理论和 SFA 模型，在共同和群组前沿面下对我国东、中、西部地区企业技术创新效率（李新春等，2010）进行了测算，但并未对区域间技术差距进行衡量与比较，且鲜见对创新无效率值分解和来源分析，关于企业绿色创新技术异质性的研究并不多见（钱丽等，2015）。

综上，本书拟从区域技术异质性视角出发，将单位 GDP 能耗和单位 GDP 的工业“三废”污染物、绿色专利申请数等指标纳入效率研究框架，利用绿色创新共同前沿理论和 DEA 模型，在共同前沿和群组前沿下分析中国各省份高技术企业绿色创新效率的区域差异及其技术差距，从区域技术差距和企业管理等角度对绿色创新无效率值进行分解，探寻企业绿色创新效率损失的真实根源，从而为我国各地区企业绿色创新发展提出针对性的政策建议。

第二节 异质性技术理论与DEA效率测度模型

一、绿色创新区域技术异质性理论

技术异质性理论观认为，由于我国各地区企业因所处区位优势、经济基础、人力资本以及市场环境的不同，使不同地区高技术企业拥有的绿色技术集（技术、人才、资本以及信息等要素的组合）存在差异（O'Donnell等，2008；李胜文等，2013）。传统效率研究忽视了各地区企业绿色创新生产技术的差异性，将不同技术水平的各地区企业置于同一技术前沿下进行比较分析，容易导致绿色创新效率测算失准，也无法确定效率损失的真实来源（李新春等，2010；游达明和欧阳乐茜，2020）。但是，如果考虑区域间技术异质性，将各地区企业基于不同前沿面进行群组分析，又会使地区间企业效率分析缺乏统一的衡量标准（Battese等，2002；李胜文等，2013）。

为了解决上述问题，Hayami（1969）最早提出“共同前沿”的概念，指出它是一般生产函数的包络曲线。在此基础上，Battese等（2002）建立共同前沿理论，O'Donnell等（2008）将其应用于非参数前沿领域。该方法首先考虑各群组技术的差异性构建群组前沿，计算群组内决策单元效率值，进而构建包络所有不同技术水平生产者的随机前沿函数边界，形成具有包络性质的共同前沿面，即共同前沿，如图2-1所示，可测算群组前沿与共同前沿之间的技术落差比率，从而实现了群组分析和共同比较的统一。

对于我国高技术企业而言，共同前沿（全国）表示全国潜在的最优绿色创新技术水平，而群组前沿（如东部地区企业）隐含某一区域最佳绿色创新生产技术，故共同前沿是群组前沿的包络曲线。从效率测算来看，各地区企业在共同前沿下的效率值，以全国最优绿色创新生产技术为参照集，而群组前沿下的效率值，参照的是该省企业所在区域的最佳技术水平。另外，现有研究将共同前沿与群组前沿下效率的比值记为技术落差比率（TGR），以此衡量各省份高技术企业与全国高技术企业最优技术之间的差距。通过将东部、中部以及西部三大地区之间的技术落差比率两两相减，又可得到各地区之间的技术差距（Battese 等，2004）。基于技术差距视角下效率分解理论，地区企业创新效率损失的原因有两点（Chiu 等，2012；王群伟等，2014）：一是由共同前沿与群组前沿下的技术差距导致；二是由群组内各企业自身管理水平低下或决策失误导致。

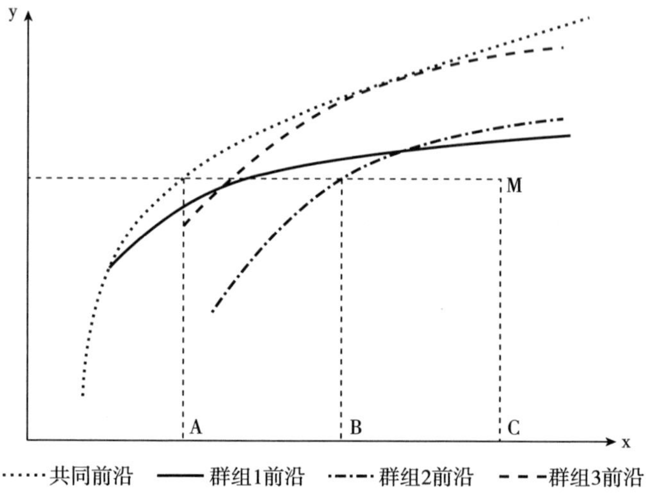

图 2－1　共同前沿与群组前沿

二、共同前沿 DEA 效率测度模型

由于我国东部、中部和西部地区企业绿色创新生产技术水平存在差异，因此，本书从区域技术异质性角度出发，将考察期内全国所有决策评价单元（即 2008～2017 年中国内地 30 个省份高技术企业）划分为 k 个群组（这里 $k=3$，分别是我国东部、中部和西部地区高技术企业），将每个群组下决策评价单元的可行投入产出组合归属于同一技术集合，记为 T^k。那么，$T^k=\{(x,\ y):x$ 在 k 群组中能产出 y；$x\geqslant 0,\ y\geqslant 0,\ k=1,\ 2,\ 3\}$，$T^k$ 的上界即为群组前沿。本书共包含三个群组（即 T^1、T^2、T^3），且均运行于同一技术集 T（包含中国内地 30 个省份）之下。那么，这一共同技术集 T 是 T^1、T^2、T^3 的并集，即 $T=T^1\cup T^2\cup T^3$，

T 的上界即为共同前沿。根据上述定义，共同前沿是群组前沿的包络曲线（Kontolaimou 等，2010；刘志迎等，2013）。共同前沿隐含了全国潜在最优绿色创新生产技术，而群组前沿仅代表某特定群组（如中部地区）企业的最优创新生产技术水平。

结合 DEA－CCR 效率测度模型（Charnes 等，1978），运用式（2－1）和式（2－2）求解共同前沿和群组前沿下考察期内中国 30 个省份高技术企业绿色创新综合技术效率值：

$$[D(x_{i_0t_0}, y_{i_0t_0})]^{-1} = TE(x_{i_0t_0}, y_{i_0t_0}) = \min\theta_1$$

$$\text{s.t.}\begin{cases}\theta_1 x_{i_0t_0} - X_{it}\lambda \geqslant 0, \\ -y_{i_0t_0} + Y_{it}\lambda \geqslant 0, \\ \lambda \geqslant 0,\ i=1,\ 2,\ \cdots,\ 30,\ t=1,\ 2,\ \cdots,\ 10 \\ (x_{it},\ y_{it}) \in T\end{cases} \tag{2-1}$$

$$[D^k(x_{i_0t_0}, y_{i_0t_0})]^{-1} = TE^k(x_{i_0t_0}, y_{i_0t_0}) = \min\theta_1$$

$$\text{s.t.}\begin{cases}\theta_1 x_{i_0t_0} - X_{it}\lambda \geqslant 0, \\ -y_{i_0t_0} + Y_{it}\lambda \geqslant 0, \\ \lambda \geqslant 0,\ i=1,\ 2,\ \cdots,\ 30,\ t=1,\ 2,\ \cdots,\ 10 \\ (x_{it},\ y_{it}) \in T^k\end{cases} \tag{2-2}$$

$\sum_{j=1}^{n}\lambda_j = 1$，$\lambda = (\lambda_1, \cdots, \lambda_n)$ 其中，D（·）表示第 t 期第 i 个决策评价单元在共同前沿下的距离函数；TE（·）表示决策评价单元的综合技术效率，反映决策单元实际投入水平与共同前沿投入水平间的差距，体现中国各省份高技术企业相对于全国潜在最优绿色创新技术的无效率程度。当 $TE(x, y) = 1$ 时，表示该决策评价单元处在共同前沿面上，其绿色创新效率达到最优值。X、Y、λ 分别表示绿色创新投入、绿色创新产出和权值矩阵；θ 表示保持投入不变的情形下，创新产出同比例减少所取的最小值。

上文高技术企业绿色创新综合效率是在假定规模报酬不变情形下测算的结果，如果在式（2－1）的基础上增加约束条件，此时考虑规模报酬可变的情形，可结合 DEA－BCC 模型（Banker 等，1984）测算中国各省份高技术企业绿色创新纯技术效率。这有利于我们探寻企业绿色创新效率损失的根源，即区分导致技术效率不高的原因是创新要素投入的规模不经济效应，还是企业管理制度不合理引发的企业管理水平低下。

三、技术落差比率与绿色创新无效率分解

技术落差比率（TGR）等于各地区企业在共同前沿与群组前沿下绿色创新效率的比值，是共同前沿下最重要的指标，用于衡量各群组与全国潜在最优创新生产技术水平的差距。根据式（2-3），TGR 取值为 0~1，当 TGR 值越接近 1 时，说明共同前沿下效率值与群组前沿下效率值之间的差距越小，即各省份企业所在群组的最优绿色创新技术水平越接近于全国潜在的最优技术水平；当 TGR 值越接近于 0 时，则结论相反。

$$0 \leqslant TGR^k(x, y) = \frac{D^k(x, y)}{D(x, y)} = \frac{TE(x, y)}{TE^k(x, y)} \leqslant 1 \tag{2-3}$$

为了探寻中国三大地区及各省份高技术企业绿色创新效率损失的根源，本书将从“区域创新生产技术”和“企业管理水平”两个维度出发，利用式（2-4）将共同前沿下我国各省份高技术企业绿色创新无效率值（TEI）分解为区域生产技术差距无效率值（TGRI）和企业管理无效率值（MI）（Chiu 等，2012；肖仁桥等，2018）。

$$\begin{aligned} &TEI = TGRI + MI = 1 - TE \\ &TGRI = TE^k \times (1 - TGR^k) = TE^k - TE \\ &MI = 1 - TE^k \end{aligned} \tag{2-4}$$

其中，生产技术差距无效（TGRI）是由于某个地区（如西部地区）企业生产技术水平不高所致，属于外源性阻力；而企业管理无效（MI）则是由某特定区域内企业内部结构性问题或企业管理不当所引发的绿色创新效率低下，内源性动力不足是其根本原因。通过绿色创新无效率分解，以期确定影响我国三大地区及各省份绿色创新效率提升的关键因素，并为我国区域企业创新协同发展提出针对性的政策建议。

第三节　样本、变量与数据来源

一、高技术企业绿色创新投入产出指标

1. 绿色创新投入指标

绿色创新人力与资金投入是企业进行绿色创新活动的关键要素，选取绿色研发人员全时当量和研发经费内部支出作为绿色创新投入，由于很难将绿色研发人员和传统研发人员进行分离，很多项目不仅关注技术经济效应，同时也注重资源节约和环境友好（毕克新等，2013；李婉红，2017），选取研发人员全时当量和研发经费内部支出作为绿色研发人员和经费投入的代理变量。同时，R&D 经费投入可能会对企业后期的创新活动产生影响，因此，本书采用永续存盘法对 R&D 经费内部支出费用进行存量测算（Chun 等，2015），以 2008 年为基期，折旧率为 15.0%。在此之前，利用研发价格指数（研发价格指数 = 46% × 固定资产投资价格指数 + 54% × 居民消费价格指数）对经费指标进行平减（李向东等，2011）。此外，企业在创新生产过程中需要消耗能源，而绿色创新的实质在于提高能源利用效率和减少环境污染，故有必要将能源消耗总量纳入研究框架，并折算为标准煤，作为衡量各省份高技术企业绿色创新的能源投入指标（周力，2010；韩晶，2012）。

2. 绿色创新产出指标

主要包括科技产出、经济产出和环境负产出。在科技产出方面，本书选取发明专利申请数（Y1）和绿色发明申请数（Y2）来表示。专利通常用于衡量创新的科技产出。由于专利审查和授权时间较长，容易受非技术因素影响，又考虑到绿色创新的本质是追求经济效益与环境效益的统一（毕克新等，2015），按照国际专利分类（International Patent Classification，IPC）分类号检索方法，搜集各地区企业的绿色发明专利申请数（李婉红，2017）。这些绿色专利的具体分类指标包括风能、回收机械能、能量供给线路、燃料电池等。在经济产出方面，选取高

技术企业新产品销售收入（Y3）和主营业务收入（Y4）来表征。新产品销售收入常用于表示创新收益，而一些小发明及工艺改进也能提升企业生产效率和促进产品质量升级，这不是新产品销售收入所能准确反映的，故还需考虑主营业务收入这一指标（周亚虹等，2012），并采用工业生产者出厂价格指数对两个经济产出指标进行平减。在环境产出方面，选取环境综合指数来表征，选取单位工业GDP的工业废水排放量、工业固体废弃物产生量、工业二氧化硫排放量、工业烟粉尘排放量四项非期望产出，利用熵值法确定指标权重，并对其作负向标准化处理，将其转化为1～100。

二、样本与数据说明

本书研究对象为2008～2017年中国内地30个省份（香港地区、澳门地区、台湾地区以及西藏除外）高技术企业。因受数据可获取性的限制，部分年份极少数指标数据存在缺失，本书利用线性插值法或均值法进行填补。上文所述投入产出指标所有数据源自国家统计局官网数据库、《中国统计年鉴》、《中国高技术产业统计年鉴》、《中国环境统计年鉴》、《中国能源统计年鉴》等。表2－1对企业绿色创新投入产出指标数据进行描述性统计分析。

表2－1 我国高技术企业绿色创新投入产出指标数据的描述性统计

地区	变量	Y1：发明专利申请数（件）	Y2：绿色发明专利申请数（件）	Y3：新产品销售收入（万元）	Y4：主营业务收入（亿元）	Y5：环境综合指数（%）	X1：研发人员全时当量（人年）	X2：研发经费存量（亿元）	X3：能源消耗总量（万吨标准煤）
东部	最大值	84084.0	2922.0	18867.8	39375.8	99.9	224334.0	3523.1	40053.4
	最小值	54.0	0.0	1.6	48.3	72.2	392.0	2.6	1135.0
	平均值	10486.7	642.6	2439.0	8247.5	91.3	45053.8	488.1	17794.2
	标准差	14894.9	692.9	3355.8	9503.5	6.0	54480.1	675.1	11363.9
中部	最大值	8326.0	981.0	3159.4	7563.8	95.6	27266.0	359.8	24373.3
	最小值	100.0	4.0	22.4	188.2	38.5	724.0	4.8	5383.0
	平均值	1808.0	141.7	426.4	1837.9	79.3	9421.5	99.6	14644.6
	标准差	1689.0	154.1	624.5	1515.6	10.6	6590.1	86.4	5267.0
西部	最大值	8929.0	864.0	1834.0	6518.4	92.8	27809.0	330.7	21695.9
	最小值	0.0	0.0	0.0	14.2	16.4	22.0	0.1	2279.0

续表

地区	变量	Y1：发明专利申请数（件）	Y2：绿色发明专利申请数（件）	Y3：新产品销售收入（万元）	Y4：主营业务收入（亿元）	Y5：环境综合指数（%）	X1：研发人员全时当量（人年）	X2：研发经费存量（亿元）	X3：能源消耗总量（万吨标准煤）
西部	平均值	905.7	77.3	169.2	927.2	64.4	4708.2	41.7	10065.0
	标准差	1601.2	121.3	320.2	1456.5	17.5	6548.6	69.7	4958.0
全国	最大值	84084.0	2922.0	18867.8	39375.8	99.9	224334.0	3523.1	40053.4
	最小值	0.0	0.0	0.0	14.2	16.4	22.0	0.1	1135.0
	平均值	4370.1	285.1	1003.0	3640.5	77.8	19570.7	198.0	14015.3
	标准差	9725.7	487.0	2224.9	6505.5	16.9	36694.3	422.3	8425.1

第四节　区域技术异质下我国高技术企业绿色创新效率实证分析

一、共同前沿下我国高技术企业绿色创新效率测算结果与分析

基于共同前沿理论和DEA模型，在共同前沿和群组前沿下测算2008～2017年中国内地30个省份高技术企业绿色创新效率。囿于篇幅，仅展示部分年份结果，具体如表2－2所示。

表2－2　共同前沿下中国各省份高技术企业绿色创新效率测算结果（2008～2017年）

省份	2008年			2012年			2017年			考察期内均值		
	TE	PE	SE	TE	PE	SE	TE	PE	SE	TE	PE	SE
北京	1.000	1.000	1.000	1.000	1.000	1.000	1.000	1.000	1.000	0.996	1.000	0.996
天津	1.000	1.000	1.000	0.865	0.913	0.948	0.902	0.993	0.908	0.919	0.939	0.980
河北	0.737	0.785	0.939	0.616	0.623	0.989	0.427	0.433	0.987	0.573	0.588	0.974
上海	0.965	1.000	0.965	0.950	0.953	0.997	1.000	1.000	1.000	0.952	0.959	0.993
江苏	0.930	1.000	0.930	0.977	1.000	0.977	1.000	1.000	1.000	0.965	0.999	0.966

续表

省份	2008年			2012年			2017年			考察期内均值		
	TE	PE	SE	TE	PE	SE	TE	PE	SE	TE	PE	SE
浙江	1.000	1.000	1.000	0.694	0.782	0.887	0.618	0.711	0.869	0.707	0.777	0.906
福建	1.000	1.000	1.000	0.578	0.579	0.999	0.596	0.609	0.978	0.637	0.640	0.995
山东	1.000	1.000	1.000	0.540	0.723	0.748	0.757	0.962	0.787	0.668	0.805	0.823
广东	1.000	1.000	1.000	0.907	0.949	0.956	1.000	1.000	1.000	0.945	0.961	0.983
海南	1.000	1.000	1.000	0.946	0.946	1.000	0.899	0.904	0.994	0.914	0.951	0.961
东部均值	0.963	0.979	0.983	0.807	0.847	0.950	0.820	0.861	0.952	0.831	0.862	0.960
山西	0.775	0.865	0.895	0.725	0.835	0.868	0.767	0.768	0.998	0.737	0.857	0.861
辽宁	0.498	0.501	0.995	0.497	0.499	0.997	0.677	0.682	0.993	0.589	0.593	0.993
吉林	0.921	0.974	0.946	0.921	0.924	0.997	0.997	1.000	0.997	0.946	0.962	0.983
黑龙江	0.370	0.374	0.988	0.454	0.458	0.993	0.43	0.431	0.997	0.426	0.430	0.992
安徽	0.862	0.873	0.988	0.767	0.779	0.985	0.867	0.978	0.887	0.757	0.811	0.938
江西	0.778	0.910	0.854	0.652	0.702	0.929	0.855	0.943	0.907	0.740	0.793	0.935
河南	0.733	0.769	0.952	0.832	0.856	0.973	1.000	1.000	1.000	0.854	0.865	0.986
湖北	0.977	1.000	0.977	0.416	0.419	0.993	0.651	0.727	0.895	0.566	0.591	0.960
湖南	0.650	0.725	0.897	0.645	0.650	0.993	0.512	0.567	0.903	0.612	0.645	0.947
中部均值	0.729	0.777	0.944	0.657	0.680	0.970	0.751	0.788	0.953	0.692	0.727	0.955
内蒙古	1.000	1.000	1.000	0.971	0.995	0.976	1.000	1.000	1.000	0.950	0.968	0.981
广西	0.597	0.878	0.681	0.836	0.862	0.970	1.000	1.000	1.000	0.843	0.924	0.909
重庆	0.938	0.969	0.967	0.932	0.949	0.982	1.000	1.000	1.000	0.935	0.950	0.983
四川	1.000	1.000	1.000	0.839	1.000	0.839	0.732	0.876	0.835	0.802	0.904	0.891
贵州	0.549	0.790	0.695	0.481	0.620	0.775	0.632	0.639	0.989	0.533	0.639	0.841
云南	0.870	0.980	0.888	0.700	0.830	0.843	0.716	0.731	0.980	0.763	0.834	0.919
陕西	0.444	0.501	0.886	0.323	0.343	0.943	0.371	0.371	0.999	0.373	0.392	0.956
甘肃	0.827	0.898	0.922	0.801	0.842	0.952	0.747	0.793	0.941	0.764	0.831	0.920
青海	0.942	1.000	0.942	0.895	1.000	0.895	0.866	0.953	0.908	0.894	0.992	0.901
宁夏	0.797	0.996	0.801	0.776	0.948	0.819	0.674	0.823	0.820	0.732	0.933	0.786
新疆	0.936	1.000	0.936	0.789	0.981	0.804	1.000	1.000	1.000	0.871	0.983	0.885
西部均值	0.809	0.910	0.883	0.758	0.852	0.891	0.794	0.835	0.952	0.769	0.850	0.906
全国均值	0.837	0.893	0.935	0.744	0.799	0.934	0.790	0.830	0.952	0.765	0.817	0.938

注：TE、PE、SE分别为中国30个省份高技术企业绿色创新综合效率、纯技术效率和规模效率值。

由表 2-2 可知，共同前沿下 2008~2017 年中国 30 个省份高技术企业绿色创新综合效率均值为 0.765，仍有 23.5% 的提升空间。我国大部分省份企业绿色创新综合效率并未达到最优值，且不同区域、不同省份企业间综合效率值差异明显。其中，我国东部地区高技术企业绿色创新综合效率均值最高（0.831），西部地区次之（0.769），中部地区综合技术效率值最低（0.692）。东部地区绿色创新综合效率值高于全国平均水平，西部地区基本与全国平均水平持平，而中部地区综合效率均值处于全国较低水平，纯技术效率不高（0.727）是制约我国中部地区企业绿色创新综合效率提升的重要原因。

从各省份比较来看，2008~2017 年北京、江苏、上海、内蒙古、吉林高技术企业绿色创新综合效率值排在全国前五位。北京、江苏、上海的绿色发明专利申请数、新产品销售收入等都远高于全国均值，且“三废”排放量较低，科技、经济和环境产出效应明显。内蒙古、吉林则以畜牧业、农业为主导产业，生态环保方面成效明显，虽然经济与科技产出一般，但充分利用了有限的创新资源，实现了科技、经济效应的最大化。绿色创新综合效率排在全国后五位的分别是陕西、黑龙江、贵州、湖北、河北，这些省份企业绿色创新效率值均未达到 0.6，且远低于全国的平均水平（0.765）。纯技术效率偏低是导致其综合效率偏低的重要原因，表明这些地区企业需进一步优化内部组织结构，并在绿色创新制度建设方面做出改进，提升企业创新管理水平。另外，这些低效率省份大多来自于中西部地区，自身技术条件有限，创新资源相对匮乏，企业绿色创新水平难以在短时间内有所突破。虽然河北、黑龙江、陕西等省份矿产资源丰富，但过度依赖资源消耗以发展重工业等不符合创新驱动发展要求，产业结构也亟待转型升级。

共同前沿下考察期内中国 30 个省份高技术企业绿色创新效率变化趋势如图 2-2 所示。由图 2-2 可知，全国企业绿色创新综合效率值在考察期内总体趋势较为平稳。2008~2009 年，中国 30 个省份高技术企业绿色创新效率整体水平有所下降，可能因 2008 年暴发的全球金融危机所致。由于全球经济损失严重，创新活动缺乏必要的资金支持和人员投入，绿色创新效率处于历史相对较低水平。随后，经济慢慢复苏和产业结构调整，逐步加大了对新材料、新能源等技术研发活动的投入与管理，绿色创新效率开始有所回升。分区域来看，东部地区企业效率值虽然一直维持在全国较高水平，但呈现缓慢下降的趋势，西部地区企业效率变化趋势与全国基本吻合，中部地区企业绿色创新综合效率值呈现先下降后缓慢上升的趋势。结合表1－3来看，纯技术效率不高是影响三大地区高技术企业绿色创新综合效率提升的关键因素。因此，我国企业仍需不断学习发达国家先进的绿色研发技术和现代管理理念，提高我国企业绿色创新管理水平。

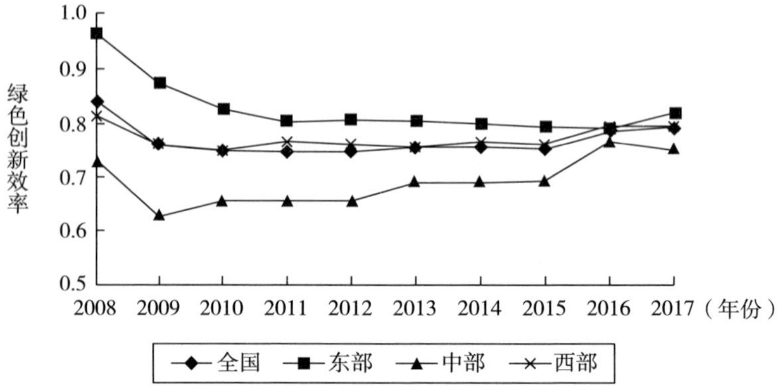

图2－2　共同前沿下各省份高技术产业绿色创新综合效率变化趋势

二、两种前沿下中国高技术企业绿色创新效率的区域差异分析

基于共同前沿理论和DEA效率模型，在两种前沿下测算2008～2017年中国内地30个省份高技术企业绿色创新效率值，结果如表2－3和图2－3所示。

由表2－3可知，考察期内共同前沿和群组前沿下全国高技术企业绿色创新效率均值分别为0.765和0.859。共同前沿下企业绿色创新效率均值相对较低，这是因为两者的决策参考集不同，前者参考的是全国最优绿色创新生产技术，而后者参考的是区域最优生产技术。在两种参考集下，即使全国高技术企业研发投入分别削减23.5%和14.1%，仍能实现与目前相当的科技、经济与环境产出，这表明高技术企业在绿色创新的过程中依然存在创新资源浪费和环境污染的情况。分区域来看，共同前沿下东部、中部和西部地区高技术企业绿色创新综合效率均值分别为0.831、0.692和0.769，群组前沿下高技术企业绿色创新效率均值分别为0.846、0.859和0.871。在共同前沿下，我国西部地区高技术企业绿色创新效率均值高于中部地区，这与“东中西部地区企业效率依次递减”的传统观点并不一致，主要原因在于本书是从绿色创新效率角度进行衡量，西部地区企业在创新人才、研发资金以及市场开放度等方面均不及东部和中部地区优越，但西部地区企业充分利用国家的创新扶持政策，在开展绿色创新活动的同时注重创新资源的节约与环境保护，从而在既定创新投入的基础上实现了高技术企业科技经济与环境效益的共同增长。

表2-3 2008~2017年两种前沿下中国30个省份高技术企业绿色创新效率均值结果

省份	共同前沿				群组前沿			
	最大值	最小值	均值	标准差	最大值	最小值	均值	标准差
北京	1.000	0.980	0.996	0.007	1.000	0.980	0.996	0.007
天津	1.000	0.767	0.919	0.070	1.000	0.786	0.935	0.063
河北	0.737	0.427	0.573	0.107	0.761	0.471	0.612	0.108
上海	1.000	0.872	0.952	0.045	1.000	0.875	0.958	0.045
江苏	1.000	0.899	0.965	0.036	1.000	0.980	0.997	0.007
浙江	1.000	0.543	0.707	0.137	1.000	0.582	0.711	0.133
福建	1.000	0.532	0.637	0.129	1.000	0.532	0.647	0.130
山东	1.000	0.501	0.668	0.143	1.000	0.567	0.742	0.143
广东	1.000	0.874	0.945	0.041	1.000	0.874	0.945	0.041
海南	1.000	0.752	0.914	0.077	1.000	0.753	0.916	0.077
东部地区	1.000	0.427	0.831	0.178	1.000	0.471	0.846	0.169
山西	0.822	0.628	0.737	0.047	1.000	0.831	0.912	0.047
辽宁	0.677	0.497	0.589	0.061	1.000	0.652	0.777	0.100
吉林	1.000	0.907	0.946	0.035	1.000	0.990	0.998	0.003
黑龙江	0.500	0.357	0.426	0.043	0.680	0.588	0.631	0.025
安徽	0.867	0.562	0.757	0.107	1.000	0.743	0.940	0.085
江西	0.941	0.646	0.740	0.091	1.000	0.927	0.971	0.028
河南	1.000	0.618	0.854	0.150	1.000	0.771	0.948	0.088
湖北	0.977	0.375	0.566	0.174	1.000	0.562	0.704	0.134

续表

省份	共同前沿				群组前沿			
	最大值	最小值	均值	标准差	最大值	最小值	均值	标准差
湖南	0.746	0.512	0.612	0.069	0.999	0.735	0.849	0.077
中部地区	1.000	0.357	0.692	0.179	1.000	0.562	0.859	0.143
内蒙古	1.000	0.837	0.950	0.056	1.000	0.859	0.976	0.044
广西	1.000	0.597	0.843	0.135	1.000	0.708	0.907	0.105
重庆	1.000	0.803	0.935	0.069	1.000	0.973	0.996	0.008
四川	1.000	0.661	0.802	0.083	1.000	0.682	0.940	0.096
贵州	0.632	0.467	0.533	0.056	0.751	0.605	0.681	0.042
云南	0.883	0.674	0.763	0.078	1.000	0.779	0.882	0.084
陕西	0.444	0.310	0.373	0.040	1.000	0.517	0.609	0.132
甘肃	0.827	0.693	0.764	0.035	0.939	0.823	0.869	0.033
青海	0.949	0.841	0.894	0.035	1.000	0.908	0.965	0.032
宁夏	0.810	0.674	0.732	0.046	0.927	0.775	0.838	0.055
新疆	1.000	0.782	0.871	0.068	1.000	0.818	0.912	0.065
西部地区	1.000	0.310	0.769	0.181	1.000	0.517	0.871	0.137
全国	1.000	0.310	0.765	0.187	1.000	0.471	0.859	0.150

从图 2-3 不难看出，群组前沿下高技术企业绿色创新综合效率均值高于共同前沿下的创新效率均值。群组前沿仅仅代表该地区内可能达到的最优生产技术水平，一旦生产前沿面拓展到全国范围，即有高创新效率的决策单元加入进来（某些东部省份），群组内原有评价决策单元的效率值会有所降低。例如，西部地区陕西省企业在群组前沿下绿色创新综合效率均值为 0.609，预示着如果采用西部企业最优绿色创新技术，在科技与绿色经济增长方面有 39.1% 的提升空间。在共同前沿下，陕西省企业绿色创新综合效率均值仅为 0.373，效率提升空间增至 62.7%，两者间效率缺口达 23.6%。

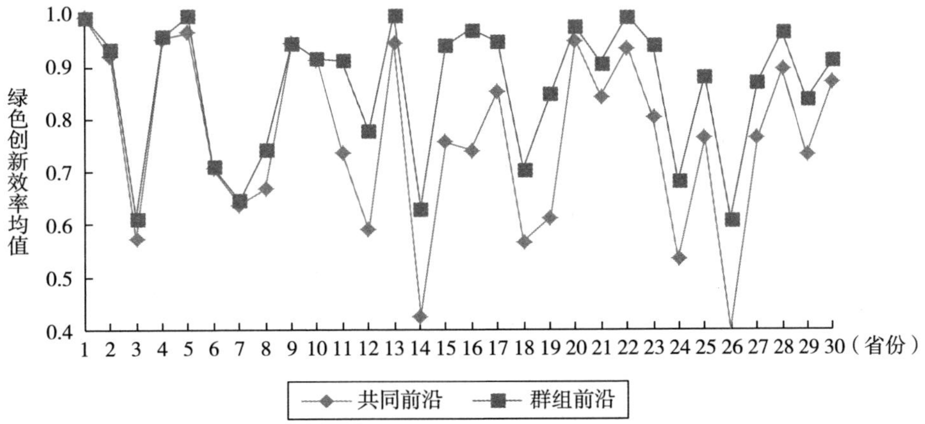

图2－3 两种前沿下中国30个省份高技术企业绿色创新综合效率均值比较

注：图2－3中1～10代表东部10个省份，11～19代表中部9个省份，20～30代表西部11个省份。

三、中国高技术企业技术创新资源利用的技术差距分析

如上文所述，技术落差比率（TGR）可用于衡量群组与总体间的生产技术差距。TGR值越高，表示各省份所在群组最优绿色创新技术越接近于全国潜在最优技术水平。下面测算我国东部、中部和西部地区企业技术落差比率（TGR），并将三大地区企业TGR值进行两两相减，得出不同区域企业间绿色创新技术差距，结果如表2－4所示。

表2－4 2008～2017年中国各省份企业绿色创新技术差距分析结果

年份	技术落差比率			区域技术差距		
	东部地区	中部地区	西部地区	东—中	东—西	西—中
2008	0.986	0.785	0.888	0.201	0.099	0.102
2009	0.967	0.757	0.868	0.210	0.099	0.111
2010	0.942	0.778	0.874	0.164	0.068	0.096
2011	0.974	0.758	0.876	0.216	0.099	0.117
2012	0.978	0.773	0.861	0.205	0.117	0.088
2013	0.984	0.793	0.847	0.191	0.137	0.054
2014	0.983	0.812	0.865	0.171	0.118	0.053

续表

年份	技术落差比率			区域技术差距		
	东部地区	中部地区	西部地区	东—中	东—西	西—中
2015	0.981	0.813	0.881	0.168	0.100	0.068
2016	0.981	0.847	0.887	0.134	0.094	0.040
2017	0.979	0.841	0.885	0.137	0.094	0.044
均值	0.976	0.796	0.873	0.180	0.103	0.077

从表2－4可以看出，2008～2017年东部地区的技术落差比率均值为0.976，即东部地区实现了全国最优创新生产技术的97.6%，在全国处于明显领先地位。事实上，东部地区企业在科技人员、研发资金以及市场开放度等方面均优于中西部地区，其科研起步较高，自主创新能力与环境保护意识更强。中部地区企业的技术落差比率均值为0.796，与全国潜在最优生产技术水平差距高达20.4%，存在较大的改进空间。中部地区多数省份（如山西省、吉林省等）依靠丰富的矿产资源发展区域经济，虽然在短期内促进了经济发展，但环境负效应明显，不利于该地区的绿色可持续发展。这就要求中部地区加快产业结构的转型升级，跟踪学习国际前沿的清洁生产技术和绿色管理经验，注重发展人工智能、清洁能源等新兴产业。西部地区的技术落差比率均值为0.873，距全国潜在最优生产技术水平还有12.7%的提升空间。由表2－4可知，西部地区最优生产技术水平在考察期内略高于中部地区，主要是因为其利用西部开发战略和国家政策扶持，大力发展特色农业、畜牧业和旅游业，能源消耗量和环境污染比中部地区更少。但西部地区自主研发能力与中、东部地区仍有一定差距，其发明专利申请数、高技术企业新产品销售收入和主营业务收入等指标明显落后，需加强研发投入与科技基础设施建设，拓宽对外开放广度与深度，积极承接东南沿海地区的技术转移等。

图2－4反映了我国三大地区高技术企业技术落差比率的动态变化趋势，由图2－4可知，东部地区高技术企业的技术落差比率在考察期内一直大于0.900，且各年份TGR值均明显高于中部和西部地区企业；中部地区企业的技术落差比率先下降后上升，但整体来看略有提升；西部地区企业的技术落差比率在考察期内增减交错，且存在小幅下降。另外，三大地区企业技术落差比率呈现东部、西部和中部地区依次递减的趋势，且彼此间的差值保持在0.1左右。

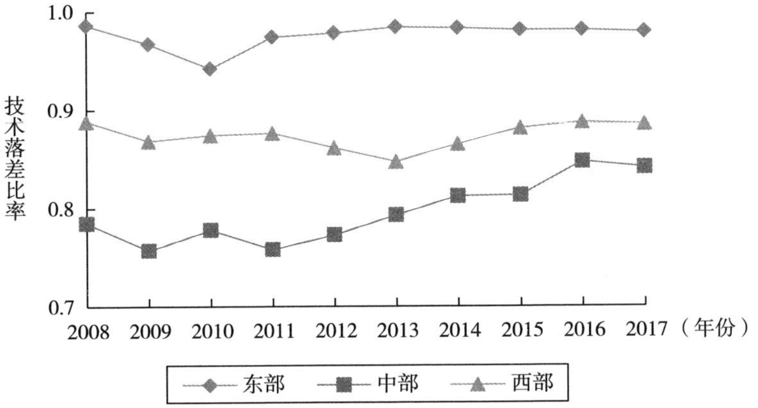

图 2－4　三大地区高技术企业技术落差比率

图 2－5 反映了三大地区高技术企业区域技术差距。考察期内东—西、西—中之间的技术差距维持在 0.05～0.15，东—中之间的技术差距在 0.2 左右徘徊。东—中、西—中之间的技术差距在逐渐缩小，可见中部地区企业的技术落差比率在考察期内有所回升，表明中部地区高技术企业开始逐步加大科技创新力度，通过人才交流、产学研合作等促进区域协同创新发展，不断缩小与东部地区企业之间的技术差距。

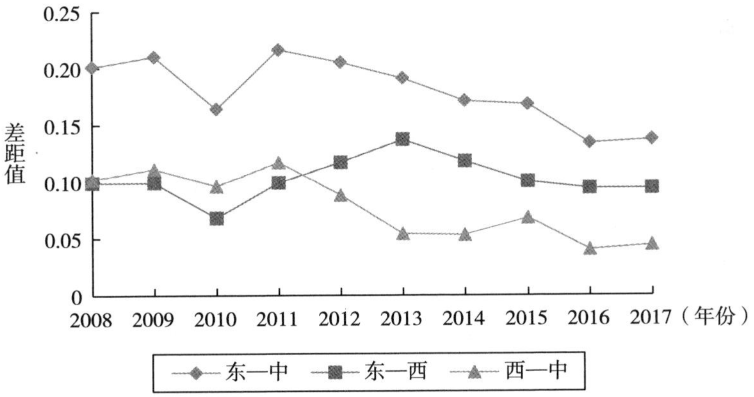

图 2－5　三大地区高技术企业间技术差距

四、中国高技术企业绿色创新无效率值的来源分解

为了进一步探讨中国各省份高技术企业绿色创新无效率的根源，下面利用表（2－4）将共同前沿下我国各省份高技术企业无效率值 TEI 分解为区域生产技术差距无效率值（TGRI）和企业管理无效率值（MI），如果 TGRI（或 MI）占比位于 30%～70%，提升重要性记为“▲”；如果 TGRI（或 MI）占比位于 70%～90%，则记为“▲▲”；如果 TGRI（或 MI）占比超过 90%，则记为“▲▲▲”，中国各省份高技术企业创新无效率分解及提升策略如表 2－5 所示。

表 2－5　2008～2017 年中国各省份高技术企业绿色创新无效率均值及改进策略

省份	无效率值及其分解					提升策略	
	TEI	TGRI	TGRI 占比	MI	MI 占比	提升区域技术	改进管理水平
北京	0.004	0.000	0.0%	0.004	100.0%		▲▲▲
天津	0.081	0.016	19.2%	0.065	80.8%		▲▲
河北	0.428	0.039	9.2%	0.388	90.8%		▲▲▲
上海	0.048	0.007	13.5%	0.042	86.5%		▲▲
江苏	0.035	0.031	90.5%	0.003	9.5%	▲▲▲	
浙江	0.293	0.004	1.3%	0.289	98.7%		▲▲▲
福建	0.363	0.010	2.7%	0.353	97.3%		▲▲▲
山东	0.332	0.074	22.3%	0.258	77.7%		▲▲
广东	0.055	0.000	0.0%	0.055	100.0%		▲▲▲
海南	0.087	0.003	3.0%	0.084	97.0%		▲▲▲
山西	0.264	0.175	66.6%	0.088	33.4%	▲	▲
辽宁	0.411	0.188	45.7%	0.223	54.3%	▲	▲
吉林	0.054	0.052	96.8%	0.002	3.2%	▲▲▲	
黑龙江	0.574	0.205	35.7%	0.369	64.3%	▲	▲
安徽	0.243	0.184	75.5%	0.060	24.5%	▲▲	
江西	0.260	0.231	88.7%	0.029	11.3%	▲▲	
河南	0.146	0.093	64.1%	0.052	35.9%	▲	▲
湖北	0.435	0.139	31.9%	0.296	68.1%	▲	▲
湖南	0.388	0.237	61.0%	0.152	39.0%	▲	▲

续表

省份	无效率值及其分解					提升策略	
	TEI	TGRI	TGRI 占比	MI	MI 占比	提升区域技术	改进管理水平
内蒙古	0.050	0.026	52.1%	0.024	47.9%	▲	▲
广西	0.157	0.063	40.3%	0.094	59.7%	▲	▲
重庆	0.065	0.062	94.2%	0.004	5.8%	▲▲▲	
四川	0.198	0.138	69.7%	0.060	30.3%	▲	▲
贵州	0.467	0.148	31.8%	0.319	68.2%	▲	▲
云南	0.237	0.119	50.2%	0.118	49.8%	▲	▲
陕西	0.627	0.237	37.7%	0.391	62.3%	▲	▲
甘肃	0.237	0.106	44.6%	0.131	55.4%	▲	▲
青海	0.106	0.071	67.0%	0.035	33.0%	▲	▲
宁夏	0.268	0.106	39.6%	0.162	60.4%	▲	▲
新疆	0.231	0.143	61.9%	0.088	38.1%	▲	▲
东部	0.169	0.015	8.9%	0.154	91.1%		▲▲▲
中部	0.308	0.167	54.2%	0.141	45.8%	▲	▲
西部	0.231	0.102	44.2%	0.129	55.8%	▲	▲
全国	0.235	0.094	40.0%	0.141	60.0%	▲	▲

由表2－5可知，全国高技术企业绿色创新无效率均值（TEI）为0.235，其中，技术差距无效值（TGRI）为0.094，占比为40.0%，而企业管理无效值（MI）为0.141，占比为60.0%，表明中国高技术企业因技术差距无效和管理无效所造成的效率损失均占一定比例，需双管齐下。分区域来看，东部地区企业绿色创新无效率均值（TEI）为0.169，技术差距无效值（TGRI）和企业管理无效值（MI）占比分别为8.9%和91.1%，东部地区企业绿色技术水平已接近于全国潜在最优水平，其效率损失主要源自企业自身管理不当或决策失误等。中部地区企业绿色创新无效率均值（TEI）为0.308，其中，TGRI和MI占比分别为54.2%和45.8%，该地区企业因区域技术差距无效和企业管理无效均造成一定效率损失，尤其是区域技术水平因素超过了50%，这也验证了本书考虑区域技术差距的合理性。西部地区企业绿色创新无效率均值（TEI）为0.231，其中，TGRI和MI占比分别为44.2%和55.8%，与中部地区企业类似，其区域技术水平和企业自身管理能力均有待提升。

从各省份企业来看，由表 2－5 可知，①北京、天津、河北、上海、浙江、福建、广东、海南等省份企业管理无效率（MI）对高技术企业绿色创新无效率（TEI）的贡献度均超过了 80%，山东省贡献度也超过 75%。这些省份高技术企业的区域技术差距无效率值占比相对较低，且都来自于东部地区，高等院校和科研所较多，拥有大量的科研创新人员和创新资源，基本代表了全国最优的绿色创新水平。但这些省份企业仍存在内源动力不足的问题，企业创新管理水平有待提高。此外，江苏省区域生产技术差距无效率值占比竟高达 90.5%，这貌似与“东部地区企业基本代表全国最优绿色创新水平”这一结论不符。我们发现，江苏省高技术企业绿色创新效率均值高达 0.965，无效率水平（分母）较低。而其技术差距无效值（TGRI）（分子）与东部其他省份差距不大，致使其 TGRI 占比（分数）较高，因而并不矛盾，且表明江苏省企业技术和管理水平均处于全国领先水平。②吉林、重庆、安徽、江西四个省份企业管理无效（MI）占比较低，而技术差距无效（TGRI）占比偏高。表明这些省份高技术企业在绿色创新制度建设方面较为完善，有独特的企业创新文化与企业管理理念，但外生动力不足是制约其创新发展的关键因素，例如，绿色研发水平、成果转化平台建设以及营商环境等都与东部地区有较大差距。③山西、内蒙古、辽宁、黑龙江、河南、湖北、湖南、广西、四川、贵州、云南、陕西、甘肃、青海、宁夏、新疆 16 个省份区域生产技术差距无效和企业管理无效均占有相当比例。因此，这些省份企业需要内外兼修。一方面，企业应该通过加强区域人才交流和产学研合作，进而促进区域创新水平的提升，营造良好的创新氛围；另一方面，企业应根据市场环境适当调整企业内部组织结构，提高企业自身的管理水平。

第五节　本章小结

本章将绿色发明专利申请数、环境综合指数等产出指标纳入高技术企业绿色创新效率研究框架，考虑区域技术异质性，基于共同前沿理论和 DEA 模型测度分析两种前沿下 2008～2017 年中国内地 30 个省份高技术企业绿色创新效率及其区域差异，利用技术落差比率（TGR）指标探索我国东部、中部和西部地区高技术企业之间的技术差距，并从区域技术差距无效和管理无效两维度对创新无效率值进行分解，寻找企业绿色创新效率损失的真实来源，明确绿色创新效率改进的重点策略。研究结果表明：

（1）在共同前沿下，2008～2017年全国高技术企业绿色创新综合效率均值为0.765，还有23.5%的提升空间，且考察期内绿色创新效率总体趋于平稳，并未有明显的改进迹象。我国三大地区及各省份高技术企业间绿色创新效率差异明显，东部地区企业绿色创新综合效率均值最高（0.831），西部地区次之（0.769），中部地区综合技术效率值最低（0.692），纯技术效率不高（0.727）是影响其中部地区企业绿色创新综合效率提升的重要原因。共同前沿下效率值均不超过群组前沿下效率值，前者参考的是全国最优绿色创新生产技术，而后者参考的是区域最优创新生产技术。

（2）技术落差比率（TGR）显示，中国三大地区高技术企业绿色创新的区域技术差距显著，东部地区技术水平已接近于最优值，处于全国领先水平。而中西部地区企业的生产技术水平与全国潜在最优水平仍有一定差距，分别还有20.4%和12.7%的提升空间。考察期内东部地区高技术企业TGR一直大于0.900，且各年份TGR值均明显高于中部和西部地区企业。东—西、西—中地区之间的技术差距维持在0.05～0.15，东—中地区之间的技术差距在0.2左右徘徊，区域间技术差距明显。

（3）从“区域创新技术水平”和“企业管理”两个维度对中国内地30个省份高技术企业绿色创新无效率值进行分解，发现三大地区、各省份企业间创新效率损失根源存在明显差异。全国企业绿色创新无效率均值（TEI）为0.235，技术差距无效值（TGRI）占比为40.0%，而企业管理无效值（MI）占比为60.0%，表明全国企业因TGRI和MI所造成的效率损失均占一定比例，需双管齐下。东部地区大多数省份受制于企业内部管理水平不高，吉林、安徽、江西以及重庆四个省份则因外生动力不足，绿色创新生产技术水平较低，其他中西部省份企业区域技术差距无效和企业管理无效均占有相当比例。尤其是中部地区企业TGRI占比高达54.2%，区域技术水平相对落后是导致中部地区企业绿色创新效率损失的主要原因之一。

第三章　区域技术异质和价值链视角下高技术企业绿色创新效率研究

早期研究往往将企业绿色创新活动看作一个黑箱，忽视创新系统内在结构的复杂性与关联性，从而导致创新活动进程缓慢（Hansen 等，2007）。在此基础上，Guan 和 Chen（2010）将企业创新活动分解为科技研发和成果转化两个阶段，为学术界深入研究创新过程提供了新思路。因此，本节在现有研究的基础上，对前文内容进行拓展，从两阶段创新价值链理论出发，对考虑区域技术异质性在内的中国高技术企业绿色创新两阶段效率进行具体分析。

第一节　异质性技术与价值链视角下绿色创新效率及影响机制分析

一、两阶段价值链视角下企业绿色创新效率分析

由于前面一章已对绿色创新的区域技术异质性做了较为详细的理论分析，因此，本节主要探讨两阶段绿色创新价值链理论。高技术企业绿色创新活动由一系列具有复杂内在联系的子过程构成，基于两阶段创新价值链理论，绿色创新活动可以分为绿色科技研发与绿色成果转化两阶段。其中，绿色科技研发涉及研究设

计、技术开发、干中学以及测试等方面（Spanos 等，2015），是将企业创新资源（如研发人员和经费等）转化为专利等中间产出的关键环节（Guan 和 Chen，2010；钱丽等，2018）。而绿色成果转化活动侧重经济和环境效应价值创造。企业在前期科研探索和技术开发的基础上，持续开展生产制造以及市场推广活动，将专利技术转化为新产品销售收入和环境优化等经济收益。需要注意的是，绿色科技研发阶段的研发人员以及研发经费既是推动专利等中间产出涌现的必要资源投入，同时对转化阶段的经济产出和环境优化也具有显著作用，且两阶段产出都依赖于引进消化吸收活动的支持，故企业初始创新投入实质上在绿色科技研发和成果转化阶段间实现了共享（Kao 等，2010；陈凯华和官建成，2011；钱丽等，2018）。

本节将单位工业 GDP 的能源消耗量以及“三废”排放量纳入绿色创新效率的指标测算体系，绿色成果转化效率在数值上等于绿色创新产出（如新产品销售收入、单位工业 GDP 能耗）与中间产出和初始创新投入之和的比值，反映企业将部分研发投入和科技成果产出转化为绿色经济产出的水平。而绿色科技研发效率则为中间产出与初始创新投入之比，反映企业将初始创新投入转化为科技产出的知识转化和技术开发能力。基于两阶段价值链视角的企业绿色创新过程如图 3－1 所示，通过对企业绿色创新两阶段过程进行具体分析，有利于深入挖掘我国高技术企业绿色创新效率低下的主要原因，提升我国企业绿色技术创新能力。

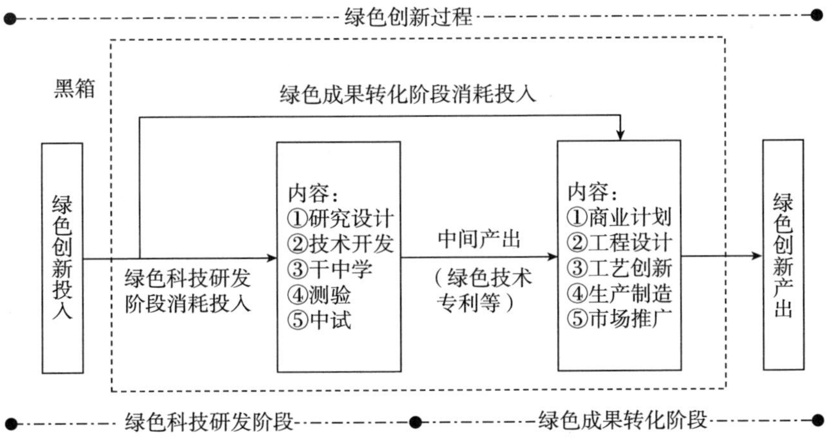

图 3－1 基于共享投入关联的高技术企业两阶段创新活动

二、企业绿色创新效率的影响机制分析

下面对高技术企业绿色创新效率的影响机制进行分析，通过梳理文献发现，现有创新效率影响因素研究多从内部因素与外部环境结合的角度展开。首先，从内部因素来看，企业规模（刁秀华等，2018；张珺涵和罗守贵，2018）、创新文化氛围（冯伟等，2014；肖仁桥等，2018）以及产学研合作（Guan 和 Chen，2012；钱丽等，2018）为企业绿色创新发展提供微观基础。企业规模影响企业的合作主体和响应速度，创新氛围隐含企业对绿色创新活动的参与程度，包括企业家创新精神和全面质量管理的理念等，而产学研合作是企业寻求合作创新的体现。其次，从外部环境来看，创新活动的开展离不开制度与相关产业的支持。其中，政府的政策支持（Czarnitzki 等，2006；庞兰心和官建成，2018），不断完善的知识产权保护制度（Krammer，2009；钱丽等，2019）以及环境规制的加强（潘宏亮，2017）等均为企业创新活动的开展创造了必要的外部条件。在借鉴现有研究的基础上，本章节拟从企业创新内部驱动（企业管理）以及外部创新环境驱动（区域创新环境）两个方面探讨高技术企业绿色创新效率的影响因素。具体分析如下：

1. *在企业管理方面*

（1）企业规模。技术创新活动需要不断地进行资金投入，规模较大的企业在资金、人力以及融资渠道方面优于小企业，且大企业的多样化投资也有利于降低投资风险，从而为企业研发活动的展开提供保障（于君博和舒志彪，2007；余泳泽，2009）。但规模较大的企业也容易滋生官僚化，导致资源内耗严重、管理无效以及决策缓慢等问题的产生（Scherer 等，1990）。此外，大企业投资项目多且投资规模大，可能会挤占企业在研发阶段的资金投入，因此，企业规模对绿色创新两阶段效率的影响还有待验证。

（2）创新氛围。创新氛围往往反映出企业对技术创新的重视程度。企业组织氛围越浓厚，企业内部员工间的知识与技术交流活动越密切，使员工的创新积极性以及创新能力得到极大的提高（冯伟等，2014；Anderson 和 West，1996），从而有助于绿色创新效率的提升。因此，笔者认为，创新氛围与绿色创新两阶段效率呈正相关关系。

（3）产学研合作。产学研合作对企业绿色创新效率的影响主要体现在两个

方面：一是企业通过与高校、研究机构合作，可以充分利用高校以及科研机构的基础研究成果，从而弥补企业自身在研发方面的不足；二是高校优质人才输送到企业，使企业能够更大限度地获得相关隐性知识。但结合现实来看，产学研合作的重点还集中在绿色科技研发阶段，且产学研合作尚存在相关主体利益分配不均的问题，也忽略了对环境的关注，故产学研合作对绿色科技研发和成果转化效率的影响还有待检验。

2. *在创新环境方面*

（1）政府支持。尽管政府支持与企业创新效率之间的关系一直受到学术界的关注，但尚未取得一致的结论。有学者指出，政府支持与企业研发效率之间呈正相关关系，因为政府支持降低了企业的研发风险和创新成本，从而为科技成果的产出提供许多便利（Czarnitzki 等，2004）；也有学者研究发现，政府资金支持会挤占企业在创新方面的投入，从而降低了企业的研发积极性。本书将高技术企业作为研究对象，高技术企业作为知识与技术密集型企业，已成为我国创新经济发展的关键所在。但是结合现有研究发现，我国高技术企业整体发展水平还存在较大的提升空间，因此，无论是在企业绿色研发还是成果转化阶段，政府支持对高技术企业绿色创新活动的开展都是不可或缺的。

（2）知识产权保护水平。Maskus（1998）和胡凯等（2012）的研究均表明，知识产权保护对企业创新能力的提升具有积极影响。刘思明等（2015）认为，知识产权保护需要把握度，过紧或过松都不适合。Yang 等（2001）通过研究发现，知识产权保护对技术创新的影响存在行业差异，高技术企业相较传统行业更加关注知识产权保护，因此，知识产权保护对绿色创新效率的影响还有待进一步研究。

（3）环保投入强度。随着环保投入的增加，企业更有实力购入技术含量较高的清洁设备，从而减少末端污染物的排放，提高成果转化阶段的环境产出（宋马林等，2013）。然而增加环保投入，也表明一个企业对环境的重视度提高，那么企业在进行基础研究的过程中会更加慎重，这可能会减少企业科技成果产出，从而降低企业研发效率。马艳艳等（2019）的研究发现，环境规制强度过大会减少企业的专利申请数，且企业规模在两者之间具有调节作用。本书认为，环保投入增加可能会挤占企业的一部分研发投入，从而导致企业科技研发成果减少，致使企业绿色研发效率降低。而在绿色成果转化阶段，由于环保投入的增加，企业的绿色技术创新水平得到提升，使能源消耗减少，进而提高了企业的环境效益。

（4）企业规模和政府支持的交互项。卢方元和李彦龙（2016）在其研究中指出，企业规模在高技术企业利用政府资助提升其研发效率的过程中具有正向调节作用，即规模越大的企业更能充分吸收以及利用政府资金和优惠政策来实现企业创新效率提升的目标。但也有学者得出企业规模在政府支持与创新产出之间的调节作用不显著（庞兰心和官建成，2018）以及企业规模的增大弱化了政府支持对创新效率积极效应发挥的结论（肖仁桥等，2018），故企业规模在政府支持与创新效率之间发挥的调节作用还有待检验。本书将企业规模与政府支持的交互项纳入绿色创新效率影响因素研究框架，认为政府支持可能会挤占规模较大的企业在绿色研发阶段的投入，因为大企业相对小企业而言，资金实力更强，如果增加政府支持，反而会降低企业在绿色创新的必要投入，致使企业绿色创新效率下降，即企业规模在政府支持对企业绿色创新效率的促进过程中具有负向调节作用。

为此，本书拟对区域技术异质性视角下高技术企业绿色创新两阶段效率进行系统分析，基于共同前沿理论和两阶段 DEA 模型（O'Donnell 等，2008；沈能等，2018），将中国各省份高技术企业分为东部、中部和西部地区企业三个群组。在此基础上，构建基于三大地区的群组前沿和基于全国样本的共同前沿，并在两种前沿下测算中国高技术企业绿色创新两阶段效率以及区域间技术差距。最后，结合前文理论机制分析，对影响高技术企业绿色创新两阶段效率的因素进行实证检验。

第二节　研究方法与指标选取

一、企业绿色创新两阶段效率测度理论方法

基于两阶段创新价值链理论，企业绿色创新活动可以分为绿色科技研发和成果转化两阶段（Guan 和 Chen，2012；钱丽等，2018），其中，绿色研发阶段的产出（如专利申请数、有效发明专利数）即是绿色成果转化阶段的主要投入。另外，为突出创新的“绿色”特征，参考王惠等（2016）、肖仁桥等（2020）的

做法，本书将单位工业 GDP 的工业能耗与“三废”污染物排放量纳入绿色创新效率指标体系，由于这两项指标代表的是非期望产出，因此，依据“非期望产出越大则效益越小”的原则，对其进行负向标准化处理，将负向标准化公式设定为“$1+99\times$（最大值 $-x_{ij}$）/（最大值 − 最小值）”。绿色科技研发阶段的初始投入（如绿色研发人员全时当量、研发经费内部支出）不仅对中间产出起作用，同时也会对绿色成果转化阶段的经济效应（如新产品销售收入、主营业务收入）和环境效益（如负向化的单位工业 GDP 能耗等）产生影响，且绿色创新两阶段在将创新资源投入转化为产出的过程中，离不开技术引进消化吸收等活动的支持，因此，绿色成果转化阶段投入不仅包括专利等中间产出，同时也涵盖初始创新投入的部分，从而体现出绿色创新两阶段活动之间的关联性。

设有 n 个决策评价单元 $DMU_j(j=1,2,\cdots,n)$，本书指 2009 ~ 2017 年中国内地 30 个省份高技术企业。基于前文理论分析，高技术企业绿色创新活动可分解为绿色科技研发与成果转化两个相关联的子阶段，故设 $x_{ij}(i=1,2,\cdots,m)$ 为企业绿色研发阶段的初始投入，$z_{pj}(p=1,2,\cdots,q)$ 为中间产出，$y_{rj}(r=1,2,\cdots,s)$ 表示成果转化阶段的最终产出，其中，m，q 以及 s 分别表示初始投入 x_{ij}、中间产出 z_{pj} 与最终产出 y_{rj} 的指标个数。则企业绿色科技研发和成果转化阶段的投入与产出指标数据构成的样本参考集分别为：

$Z_j^1=\{(x_{ij},z_{pj})$：x_{ij} 可生产 z_{pj}，$i=1,2,\cdots,m$；$p=1,\cdots,q$；$j=1,2,\cdots,n\}$

$Z_j^2=\{(x_{ij},z_{pj},y_{rj})$：$x_{ij}$ 和 z_{pj} 可生产 y_{rj}，$i=1,2,\cdots,m$；$p=1,\cdots,q$；$r=1,\cdots,s$；$j=1,2,\cdots,n\}$

于是，第 j 个决策评价单元 DMU_j（$j=1,2,\cdots,n$）的绿色科技研发效率与成果转化效率值分别为式（3-1）和式（3-2）线性规划问题的最优解：

$$\min\theta_1$$

$$\text{s.t.}\begin{cases}\sum\limits_{j=1}^{n}\lambda_j x_{ij}+s^-=\theta x_{i0},\ j=1,2,\cdots,n\\ \sum\limits_{j=1}^{n}\lambda_j z_{pj}-s^+=z_{k0}\\ \sum\limits_{j=1}^{n}\lambda_j=1,\lambda_j\geqslant 0,\ s^-\geqslant 0,s^+\geqslant 0\end{cases}\tag{3-1}$$

$$\min\theta_2$$

$$\text{s.t.}\begin{cases}\sum_{j=1}^{n}\lambda_j x_{ij}+s^-=\theta x_{i0},\ s^-\geqslant 0\\ \sum_{j=1}^{n}\lambda_j z_{pj}+s^-=\theta z_{k0}\\ \sum_{j=1}^{n}\lambda_j y_{rj}-s^+=y_{k0},s^+\geqslant 0\\ \sum_{j=1}^{n}\lambda_j=1,\lambda_j\geqslant 0,j=1,2,\cdots,n\end{cases}\tag{3-2}$$

其中，θ 为决策评价单元 DMU_j 的效率值；S^-、S^+ 表示决策评价单元 DMU_j 的投入产出指标所对应的松弛变量。此外，由于本节是在规模报酬可变情形下测算的效率值，故在式（3－1）与式（3－2）上加入了约束条件：$\sum_{j=1}^{n}\lambda_j=1$，即式（3－1）与式（3－2）为 DEA－BC² 模型。

二、共同前沿框架下的两阶段效率测度函数及其技术差距模型

传统研究假定各地区企业拥有相同的生产技术前沿，忽视了区域间的技术差距。本书基于区域技术异质性，将中国高技术企业分为东部地区（包括北京、天津、河北等11个省份）、中部地区（包括山西、黑龙江以及吉林等8个省份）以及西部地区企业（包括内蒙古、甘肃以及青海等11个省份，西藏因数据缺失严重而未考虑在内）三个群组。

1. 构建群组前沿

将考察期内中国内地30个省份划分为 k（$k=3$）个群组，即东部、中部与西部地区企业三个群组，并将每个群组下决策评价单元绿色创新两阶段投入与产出数据归入同一技术集合，分别记为 T_1^k（企业绿色科技研发阶段投入产出技术集）和 T_2^k（绿色科技成果转化阶段投入产出技术集）。即 $T_1^k=\{(x,\ y):\ x\geqslant 0,\ y\geqslant 0;\ x$ 在 k 群中能出 $y\}$，$T_2^k=\{(y,\ b,\ c):\ y$ 在 k 群中能出$(b,\ c)\}$。这里 $k(k=1,\ 2,\ 3)$表示前文的三个群组（东部、中部和西部），x 表示决策评价单元的初始创新投入指标值，y 表示决策评价单元的中间产出指标值，b 和 c 分别表示绿色成果转化阶段的好产出（期望产出）和坏产出（非期望产出）。本章采取负

向标准化方法，将单位工业 GDP 的工业能耗和单位工业 GDP 的工业“三废”排放量转化为期望产出，因为这些产出要求越小越好。下面以绿色科技研发阶段为例进行分析，群组 k 的生产可能集为：$P^k(x)=\{y:(x, y)\in T^k\}$，$P^k(x)$的上界被称为“群组 k 的前沿”。

2. 构建共同前沿

由于 $k(k=1, 2, 3)$个子技术集合 T^k，均在同一技术集 T(包括全国30个省份高技术企业)下运行，因此，共同技术集 T 为各子技术集合 $T^k(k=1, 2, 3)$的并集，即 $T=T^1\cup T^2\cup T^3$，此时生产可能集为：$p(x)=\{y:(x, y)\in T\}$，$p(x)$的上界为中国各省份高技术企业绿色科技研发的共同前沿。

基于上述绿色创新共同前沿理论和两阶段 DEA 效率测度方法，我国东部、中部以及西部企业群组前沿下各省份高技术企业绿色科技研发效率和成果转化效率值可依次通过求解线性规划式（3-3）和式（3-4）得出：

$$[D^k(x_{it}, y_{it})]^{-1}=TE^k(x_{it}, y_{it})=\min\theta_1$$

$$\text{s. t.}\begin{cases}\theta_1 x_{it}-X_t\lambda\geqslant 0, \quad -y_{it}+Y_{it}\lambda\geqslant 0,\\ \lambda\geqslant 0, \ i=1, 2, \cdots, 30; \ t=1, 2, \cdots, 9\\ (x_{it}, y_{it})\in T^k(k=1, 2, 3)\end{cases}\tag{3-3}$$

$$[D^k(y_{it}, b_{it}, c_{it})]^{-1}=TE^k(y_{it}, b_{it}, c_{it})=\min\theta_2$$

$$\text{s. t.}\begin{cases}\theta_2 y_{it}-Y_t\lambda\geqslant 0, \quad -b_{it}+B_{it}\lambda\geqslant 0\\ -c_{it}+C_t\lambda\geqslant 0\\ \lambda\geqslant 0, \ i=1, 2, \cdots, 30; \ t=1, 2, \cdots, 9\\ (y_{it}, b_{it}, c_{it})\in T'^k(k=1, 2, 3)\end{cases}\tag{3-4}$$

其中，$D(\cdot)$ 表示共同前沿下第 i（$i=1, 2, \cdots, 30$）个决策评价单元第 t 时期的距离函数，$TE(\cdot)$ 则为决策评价单元 i 的技术效率，以此衡量中国各省份高技术企业相对于共同前沿下全国最优绿色科技研发（或者绿色成果转化）技术无效率的程度。X、Y、B、C、λ 分别表示初始绿色创新投入、中间产出、期望产出、非期望产出（包括单位工业 GDP 能耗和单位工业 GDP 的“三废”排放量）以及权值矩阵。θ 表示在创新投入不变情形下，创新产出同比例减少所能得到的最小值。同理，共同前沿下中国各省份高技术企业绿色科技研发效率和成果转化效率值可分别通过式（3－5）和式（3－6）计算得出：

$$[D(x_{it}, y_{it})]^{-1} = TE(x_{it}, y_{it}) = \min\theta_1$$

$$\text{s. t.}\begin{cases}\theta_1 x_{it} - X_{it}\lambda \geqslant 0, \; -y_{it} + Y_{it}\lambda \geqslant 0, \\ \lambda \geqslant 0, \; i = 1, 2, \cdots, 30; \; t = 1, 2, \cdots, 9 \\ (x_{it}, y_{it}) \in T \end{cases} \tag{3-5}$$

$$[D(y_{it}, b_{it}, c_{it})]^{-1} = TE(y_{it}, b_{it}, c_{it}) = \min\theta_2$$

$$\text{s. t.}\begin{cases}\theta_2 y_{it} - Y_t\lambda \geqslant 0, \; -b_{it} + B_{it}\lambda \geqslant 0 \\ -c_{it} + C_t\lambda \geqslant 0 \\ \lambda \geqslant 0, \; i = 1, 2, \cdots, 30; \; t = 1, 2, \cdots, 9 \\ (y_{it}, b_{it}, c_{it}) \in T' \end{cases} \tag{3-6}$$

需要说明的是，本书考虑初始创新投入在两阶段之间的共享关联性，因此，式（3－6）中的 Y 不仅包括中间产出，还包括初始创新投入。另外，技术落差比率（TGR）是共同前沿框架下的重要指标，该指标通过将各地区企业在共同前沿下效率值与群组前沿下效率值进行比较（相除）得到。一般而言，技术落差比率（TGR）越高，两者之间的技术差距越小。如果 TGR 接近于 1，则表明该省份企业所在区域的绿色技术水平越接近于全国潜在绿色创新最优技术水平，如果 TGR 接近于 0，则结论恰好相反。

$$0 \leqslant TGR^k(x, y) = \frac{D^k(x, y)}{D(x, y)} = \frac{TE(x, y)}{TE^k(x, y)} \leqslant 1 \tag{3-7}$$

其中，$TGR^k(x, y)$ 表示决策评价单元 (x, y) 在第 k 个群组中的技术落差比率，$D(x, y)$ 与 $D^k(x, y)$ 分别表示决策评价单元在共同前沿和第 k 个群组前沿下的距离函数。

由图 3－2 可知，群组 1、群组 2 与群组 3 分别表示我国东部、中部和西部地区企业三个群组，共同前沿为上述 3 个群组前沿的包络曲线，代表最优绿色创新生产技术。假设 H 表示我国某中部省份企业绿色科技研发阶段（成果转化阶段类似），则其高技术企业在共同前沿和群组 2 前沿下的绿色科技研发效率 $TE(H)$、$TE^2(H)$ 以及技术落差比率 $TGR^2(H)$ 分别为（Battese 等，2002；刘志迎等，2013）：

$$TE(H)=\frac{OA}{OC};\ TE^2(H)=\frac{OB}{OC};\ TGR^2(H)=\frac{OA/OC}{OB/OC} \tag{3-8}$$

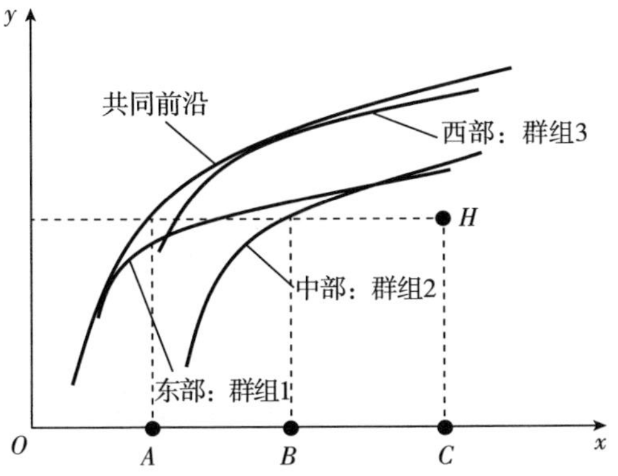

图 3-2　共同前沿和群组前沿

在绿色创新共同前沿框架下，利用技术落差比率（TGR）指标，可分析我国东部、中部与西部地区高技术企业绿色创新技术的异质性，探索三大地区企业最佳绿色创新技术与全国潜在最优绿色创新水平之间的差距。

三、效率影响因素的动态面板模型

依据前文影响因素理论分析，分别以各省份高技术企业绿色科技研发效率和绿色成果转化效率作为被解释变量，将企业规模（SCALE）、创新氛围（INNO）、政府支持（GOVM）、知识产权保护（PROP）、产学研合作（COORP）、环保投入强度（ENVIR）以及企业规模和政府支持的交互项（SCALE × GOVM）作为解释变量。同时，为避免遗漏变量以及影响因素与被解释变量之间可能存在的内生性问题，导致结果出现偏差，借鉴胡凯等（2012）、钱丽等（2018）的做法，构建系统 GMM 动态面板计量模型，系统分析各影响因素对我国 30 个省（市）高技术企业绿色创新两阶段效率的影响。本书分别选取中国各省份高技术企业绿色科技研发效率（E1）和成果转化效率（E2）作为被解释变量，构建回归计量模型如下：

$$E_{it}^1=\alpha_0+\alpha_1E_{it-1}^1+\alpha_2SCALE_{it}+\alpha_3INNO_{it}+\alpha_4GOVM_{it}+\alpha_5PROP_{it}+\alpha_6COORP_{it}+\alpha_7ENVIR_{it}+\alpha_8SCALE_{it}\times GOVM_{it}+\varepsilon_{it} \tag{3-9}$$

$$E_{it}^2 = \alpha_0 + \alpha_1 E_{it-1}^2 + \alpha_2 SCALE_{it} + \alpha_3 INNO_{it} + \alpha_4 GOVM_{it} + \alpha_5 PROP_{it} + \alpha_6 COORP_{it} + \alpha_7 ENVIR_{it} + \alpha_8 SCALE_{it} \times GOVM_{it} + \varepsilon_{it} \quad (3-10)$$

四、样本、变量和数据说明

本书以我国内地30个省份高技术企业为研究对象，由于西藏自治区、香港地区、澳门地区、台湾地区数据不全，因此，不纳入本次研究范围之内。选取研发人员全时当量、研发经费内部支出存量以及引进消化吸收经费存量等指标作为创新投入指标，以专利数（专利申请数和有效发明专利数）为中间产出，以期望产出（新产品销售收入和主营业务收入）和非期望产出（单位工业GDP的工业能耗和单位工业GDP的工业“三废”污染物）为最终产出指标。

1. 建立高技术企业绿色创新两阶段效率评价体系

（1）绿色创新投入。创新活动的开展往往离不开人员和经费的支持，而R&D人员全时当量与R&D经费内部支出是衡量人力与财力投入的常用指标。此外，考虑到我国技术发展主要依靠“引进模仿再创新”的路径，故将引进消化吸收费用（数值上等于技术引进经费支出+消化吸收经费支出+购买国内技术经费支出+技术改造经费支出）纳入创新效率测算指标体系。由于前期经费投入会对后期产生累积效应，因此，本书采用永续盘存法（Chun等，2015）对经费类指标（如研发经费内部支出和引进消化吸收费用）进行存量处理。借鉴李向东等（2011）的方法，在对经费类指标做存量处理之前，用研发价格指数将其平减至2009年，研发价格指数在数值上等于0.46×固定资产价格指数+0.54×居民消费价格指数。此外，取折旧率为15%，并按照基期存量等于平减后基期R&D经费内部支出/（R&D经费年均增长率+折旧率）的方法计算最终研发存量。

（2）中间产出。中间产出既是绿色科技研发阶段的产出，同时也是成果转化阶段的投入（冯志军和陈伟，2014）。绿色科技研发阶段产出以专利等科技成果为主，虽然专利产出可以用专利申请数和专利授权数表示，但专利授权数在机构审核过程中易受主观因素的影响，因此，采用专利申请数来表示专利产出。另外，专利分为发明专利、实用新型和外观设计三种类型，有效发明专利拥有数也是常被采用的科技成果产出指标，其在一定程度上反映了专利的质量，因此，也被纳入中间产出指标体系。

（3）绿色创新产出。绿色成果转化阶段的主要任务是将科技成果转化为经济和环境效益（肖仁桥等，2014）。首先，基于环境产出角度，选取单位工业GDP的能源消耗量与单位工业GDP的“三废”污染排放物作为非期望产出。其中，能源消耗量是将工业终端能源（如原煤、洗精煤、其他洗煤、焦炭、焦炉煤气等15种能源）折算成万吨标准煤而得到，单位工业GDP“三废”污染排放物则是通过熵值法将平减后的单位工业GDP的工业废气、废水、固体废物、二氧化硫以及烟粉尘排放量五个指标转换成一个环境综合指数而得出。需要注意的是，非期望产出与环境产出存在反向关系，即非期望产出越大，环境产出越小，因此，在上述处理过程中，单位工业GDP的能源消耗量以及单位工业GDP的“三废”污染排放物均采用负向标准化处理，转化为区间［1，100］的数值。其次，基于创新经济效益角度，本书采用较为广泛的新产品销售收入和主营业务收入指标来衡量经济产出（周亚虹等，2012），并采用工业生产者出厂价格指数将其转换为2009年不变价。

2. 影响因素代理变量

（1）企业规模，用各省份高技术企业主营业务收入除以企业数，并取对数来衡量，其中，主营业务收入用工业生产者出厂价格指数将其平减至2009年。

（2）创新氛围，用各省份有研发机构的企业数占各省份总企业数的比重来衡量（冯伟等，2014；肖仁桥等，2018）。

（3）产学研合作，用高校科技经费支出中的企事业单位经费占比来表示。

（4）政府支持，用高技术企业研发经费内部支出中政府资金所占的比重来表示（肖文和林高榜，2014）。

（5）知识产权保护，用各省份技术市场交易额与GDP的比值来衡量（胡凯等，2012；钱丽等，2018）。

（6）环保投入强度，借鉴张可等（2016）的做法，采用“工业污染治理完成投资额/工业增加值”来表示。

本书数据来源于2009~2017年《中国科技统计年鉴》《中国高技术产业统计年鉴》《中国统计年鉴》《中国环境统计年鉴》《中国能源统计年鉴》。关于投入产出变量滞后期选择的问题，目前尚无定论。一般而言，研发投入若经过存量处理，则表示已将滞后效应考虑进去。由于已采用存量指标，且研究对象为高技术企业，企业创新以市场为导向，且绿色创新两阶段效率间隔周期较短，因此，未进行滞后期处理。

第三节　异质性技术和价值链视角下绿色创新效率实证分析

一、共同前沿下中国高技术企业绿色创新两阶段效率分析

在共同前沿下，基于企业绿色创新两阶段投入关联视角，将绿色研发投入、单位 GDP 的“三废”污染物以及单位 GDP 能耗等指标纳入绿色创新效率评价指标体系，运用共同前沿 DEA 效率测度模型进行效率测算，得出 2009 ~ 2017 年中国内地 30 个省份高技术企业绿色创新两阶段效率值，具体见表 3 - 1、图 3 - 3 和图 3 - 4。

表 3 - 1　2009 ~ 2017 年共同前沿下中国高技术企业绿色科技研发效率和绿色成果转化效率测度结果

省份	绿色科技研发效率					绿色成果转化效率				
	2009 年	2013 年	2017 年	均值	排名	2009 年	2013 年	2017 年	均值	排名
北京	1.000	1.000	1.000	0.988	4	1.000	1.000	1.000	1.000	1
天津	1.000	0.820	0.440	0.731	12	1.000	1.000	1.000	1.000	1
河北	0.773	0.405	0.435	0.469	28	1.000	0.949	0.600	0.859	20
辽宁	0.673	0.656	0.598	0.603	22	0.754	0.577	0.348	0.620	26
上海	0.781	0.752	0.747	0.747	11	1.000	1.000	1.000	1.000	1
江苏	0.508	0.812	0.748	0.799	9	1.000	1.000	1.000	1.000	1
浙江	0.963	1.000	0.650	0.844	7	0.702	0.818	1.000	0.847	22
福建	0.653	0.390	0.579	0.498	27	1.000	0.832	1.000	0.967	12
山东	0.661	0.607	0.797	0.683	15	1.000	1.000	0.778	0.953	13
广东	1.000	1.000	1.000	1.000	1	1.000	1.000	1.000	1.000	1

续表

省份	绿色科技研发效率					绿色成果转化效率				
	2009 年	2013 年	2017 年	均值	排名	2009 年	2013 年	2017 年	均值	排名
海南	0.699	0.906	1.000	0.879	6	1.000	1.000	1.000	1.000	1
山西	0.422	0.717	0.596	0.679	17	0.708	1.000	1.000	0.945	14
吉林	0.922	0.658	0.467	0.572	25	1.000	1.000	1.000	1.000	1
黑龙江	0.173	0.315	0.249	0.305	30	0.766	0.433	0.462	0.507	28
安徽	1.000	1.000	1.000	1.000	1	0.930	0.964	0.749	0.900	17
江西	0.241	0.437	0.896	0.525	26	1.000	0.785	0.608	0.864	19
河南	0.807	0.561	0.517	0.586	24	0.880	1.000	1.000	0.977	11
湖北	1.000	0.573	0.669	0.636	20	0.740	1.000	0.708	0.821	23
湖南	0.711	0.833	0.470	0.680	16	0.453	0.972	0.697	0.762	24
内蒙古	1.000	0.640	1.000	0.672	19	1.000	1.000	1.000	1.000	1
广西	0.959	0.684	0.818	0.694	14	0.600	1.000	1.000	0.901	16
重庆	1.000	0.875	0.676	0.790	10	1.000	1.000	1.000	0.990	10
四川	0.323	0.779	0.776	0.813	8	1.000	0.817	0.577	0.855	21
贵州	0.929	0.546	0.625	0.628	21	0.257	0.178	0.391	0.298	30
云南	1.000	1.000	0.689	0.906	5	1.000	0.532	0.608	0.713	25
陕西	0.485	0.317	0.317	0.338	29	0.514	0.301	0.265	0.371	29
甘肃	0.315	0.564	0.564	0.587	23	0.968	0.465	0.862	0.544	27
青海	1.000	1.000	1.000	1.000	1	1.000	1.000	1.000	1.000	1
宁夏	0.650	1.000	0.501	0.708	13	1.000	0.555	1.000	0.903	15
新疆	1.000	1.000	1.000	0.672	18	1.000	1.000	1.000	0.888	18
东部	0.792	0.759	0.727	0.749	(1)	0.951	0.925	0.884	0.931	(1)
中部	0.660	0.637	0.608	0.623	(3)	0.810	0.894	0.778	0.847	(2)
西部	0.787	0.764	0.724	0.710	(2)	0.849	0.713	0.791	0.769	(3)
全国	0.755	0.728	0.694	0.710		0.876	0.839	0.822	0.846	

由表 3 – 1 可以发现，2009 ~ 2017 年中国高技术企业绿色科技研发和成果转化效率均值分别为 0.710 和 0.846。其中，我国高技术企业绿色科技研发效率和成果转化效率损失分别为 29% 和 15.4%，中国高技术企业绿色科技研发和成果转化效率均存在较大的提升空间，且绿色科技研发效率是提升我国企业绿色创新整体水平的关键。

从区域角度来看，在绿色科技研发效率阶段，东部、西部和中部地区绿色科技研发效率依次递减，效率均值分别为0.749、0.710和0.623，中部地区企业绿色科技研发效率明显偏低，效率损失高达37.7%。这与以往“由东向西依次递减格局”的结论并不完全一致，可能原因存在于两点：其一，在西部大开发战略的扶持下，西部地区现有科研基础设施以及特色企业，使该地区企业在有限的资源（既定的研发人员和研发经费）条件下，实现较大的专利等知识产出（钱丽等，2018）。加之该地区大力开展自主创新活动，具有典型的低科研投入、低成果产出的特征，通过较少创新投入实现了一定产出，使绿色科技研发效率处于全国较优水平。其二，较之东部与西部地区，中部地区相对缺少中央政府支持，也没有东部地区优越的市场条件和创新氛围，且产学研合作机会较少，知识溢出效应较弱，故中部地区企业绿色研发效率居于全国最低水平，仍有较大的提升空间。在绿色成果转化效率阶段，东部、中部和西部地区高技术企业成果转化效率均值分别为0.931、0.847和0.769。其中，东部地区效率最高，是全国绿色成果转化实施的标杆，东部地区拥有全国最先进的工业技术、雄厚的经济实力、良好的市场环境和较为完善的成果转化平台，因而成为绿色成果转化领域的领头者。而中西部地区企业成果转化效率偏低，分别还有15.3%和23.1%的提升空间，是未来发展的重点。

从各省份角度来看，我国高技术企业绿色科技研发与成果转化两阶段效率值均存在较大差异。在绿色科技研发阶段，效率值排名靠前的省份主要有位于东部的北京、浙江、广东和海南以及位于西部的青海与云南等地，这些省份企业研发效率均值位于0.800以上。就广东和浙江而言，其规模与效率同步领先发展，而对于青海等西部省份来说，其较高的效率值主要得益于较高的资源利用水平。此外，黑龙江、陕西、福建、江西、河南、河北、吉林、甘肃等省份企业绿色研发效率值不足0.600，说明这些地区在将创新资源转化为专利等中间产出的过程中存在一定瓶颈和制约因素。在绿色成果转化效率阶段，北京、天津、上海、江苏、内蒙古、青海、吉林、海南以及广东等省份企业绿色成果转化效率值均为1.000，是中国高技术企业绿色成果转化领域的标杆。而贵州、陕西、黑龙江、辽宁、甘肃、云南以及湖南等地效率值排名靠后，可能与创新资源在地区之间分配不平衡有关，企业缺乏可供转化的有效技术，且技术转化交易市场还不够成熟。地方政府需在技术向经济和环境效益转化方面提供一些政策支持，建立和完善科技成果转化平台，引导企业持续开展绿色成果转化活动。

图3－3和图3－4给出了2009～2017年全国及三大地区高技术企业绿色科技研发与成果转化效率的变化趋势，发现全国企业绿色科技研发效率呈现增减交错且微幅递减的趋势，东部和西部地区企业绿色科技研发效率相对较高，而中部地区企业效率始终处于相对较低水平，且中部地区企业没有出现明显递增趋势，基本徘徊于0.6左右，西部地区也呈现出微幅下降趋势，是导致中国企业绿色科技研发效率不高且微幅递减的主要原因。由图3－4可知，在绿色成果转化阶段，考察期内全国企业绿色成果转化效率虽处于相对较高水平，基本位于0.8～0.9，但总体呈现微幅递减趋势，需引起相关部门高度关注。分区域来看，东部地区企业绿色成果转化效率相对较高，其次是中部地区，而西部地区企业成果转化效率最低，不过，西部地区企业在2015～2017年效率呈现反弹和递增趋势，与中部地区效率差距不明显，但仍与东部地区企业效率相差约0.1。

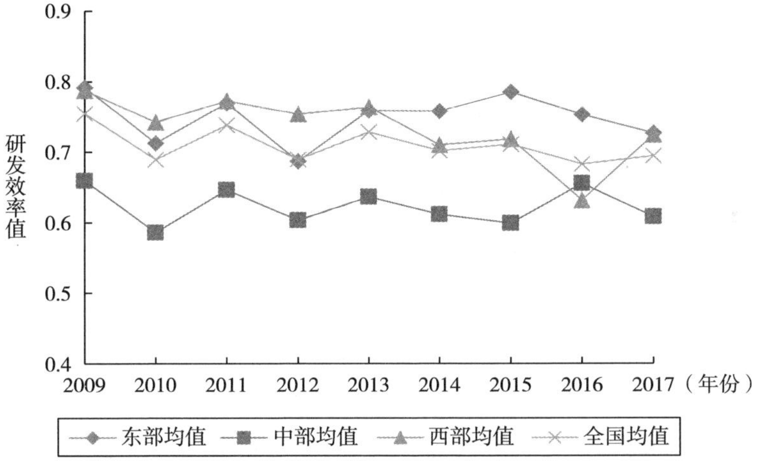

图3－3 全国及三大地区高技术企业绿色科技研发效率均值

综上，本书基于共同前沿理论和共享投入关联视角，并将单位工业GDP能耗以及单位工业GDP的“三废”污染排放物纳入企业绿色创新两阶段效率测算框架。共同前沿下绿色创新效率测算结果表明，东部地区和西部地区高技术企业绿色科技研发效率明显高于中部地区企业。此外，无论是在绿色研发还是绿色成果转化阶段，东部地区企业的效率值一直处于全国最优水平，而中西部地区企业创新水平相对落后，仍然存在较大的提升空间。

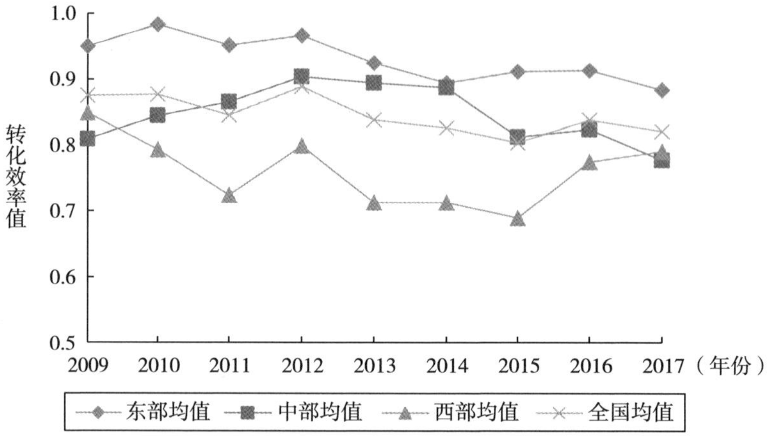

图3－4　全国及三大地区高技术企业绿色成果转化效率均值

二、中国各省份高技术企业绿色创新资源利用模式分析

上文分析发现，我国高技术企业绿色创新两阶段效率区域差异明显，下面探讨中国30个省份企业绿色创新资源利用方式与绿色科技研发、成果转化两阶段之间的关系。本书以上文中考察期内共同前沿下全国高技术企业绿色科技研发阶段效率均值（0.710）和绿色转化阶段效率均值（0.846）为分界点，将中国各省份企业绿色创新活动划分为低绿色研发—低成果转化、低绿色研发—高成果转化、高绿色研发—低成果转化、高绿色研发—高成果转化四种模式，中国各省份企业绿色创新资源利用模式分类结果具体如图3－5所示。

1. 低绿色研发低成果转化型

包括黑龙江、辽宁、甘肃、陕西、贵州、湖北、湖南7个地区，约占23.3%，主要来自我国中部和西部地区企业。绿色科技研发和成果转化效率均处于较低水平，因而需双管齐下，加大各地区特色高技术产业的布局，在注重绿色科技研发的同时，加强绿色技术成果的商业化。或者采取迂回策略，先侧重于研发或转化某一环节投入、管理以及效率提升，然后逐步过渡到“研发转化双高型”发展模式。

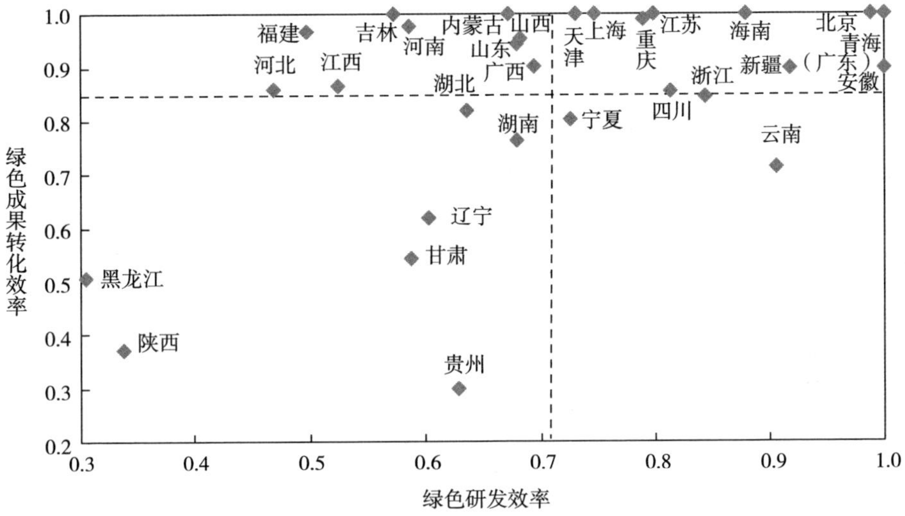

图 3-5　2009~2017 年高技术企业绿色创新资源利用模式分类

2. 低绿色研发高成果转化型

包括福建、河北、江西、吉林、河南、内蒙古、山东、山西、广西 9 个地区，约占全国的 30%。这些地区企业绿色成果转化效率比较高，但绿色科技研发效率相对落后，不利于高技术企业绿色创新整体水平的提升。因此，这些省份企业既需要通过技术引进与消化吸收再创新，将现有技术转化为生产能力，使绿色成果转化处于较优水平。又需要优化自主研发投入规模，壮大科研队伍，加强产学研合作以及持续跟踪国际技术前沿，从而促进企业绿色科技研发效率以及整体绿色创新能力的提升。

3. 高绿色研发低成果转化型

包括宁夏、云南、四川、浙江 4 个地区，约占 13.3%。这些地区绿色科技研发效率较高，但成果转化效率水平低下，尤其是四川和浙江等地区企业，较高的科技产出并未转化为相应的经济效益。因而，需要在保持企业绿色研发效率优势的同时，着力打造和完善具有竞争力的企业绿色科技成果转化平台，营造良好的创新氛围和环境，促进企业技术成果向经济和环境效益转化，不断提升企业绿色成果转化水平。

4. 高绿色研发高成果转化型

包括北京、天津、上海、重庆、江苏、安徽、广东、青海、新疆、海南 10 个地区，约占 33.3%，主要来自东西部地区。这些地区拥有较高的技术水平和开放成熟的市场环境，使该地区在绿色研发和成果转化阶段均表现出较高的水平，属于高效集约型绿色创新模式。不过，本书所指的高绿色研发高成果转化型，只是相对于 2009 ~ 2017 年全国高技术企业而言，一旦样本超出了研究范围，结果可能会有所变化。因此，这些地区企业需持续开展绿色科技研发和成果转化活动，注重绿色创新资源的高效利用等。

三、异质性技术下中国高技术企业绿色创新效率差异分析

上文主要探讨了共同前沿下中国各省份企业绿色创新两阶段效率的差异及其模式分类，本节从群组技术异质性角度出发，首先，将中国各省份高技术企业划分成东部地区企业、中部地区企业和西部地区企业三个群组；其次，利用前述共同前沿理论、两阶段 DEA 模型和考察期内样本数据，测算得出两种前沿下 2009 ~ 2017 年中国各省份高技术企业绿色科技研发和成果转化效率值及比较结果，具体如表 3 - 2 和图 3 - 6 所示。

表 3 - 2　2009 ~ 2017 年两种前沿下中国企业绿色创新两阶段效率均值结果

地区	绿色科技研发效率				绿色成果转化效率			
	共同前沿		群组前沿		共同前沿		群组前沿	
	均值	方差	均值	方差	均值	方差	均值	方差
北京	0.988	0.001	1.000	0.000	1.000	0.000	1.000	0.000
天津	0.731	0.040	0.833	0.031	1.000	0.000	1.000	0.000
河北	0.469	0.012	0.662	0.016	0.859	0.021	1.000	0.000
辽宁	0.603	0.011	0.680	0.022	0.620	0.048	0.872	0.012
上海	0.747	0.007	0.771	0.008	1.000	0.000	1.000	0.000
江苏	0.799	0.021	0.824	0.024	1.000	0.000	1.000	0.000

续表

地区	绿色科技研发效率				绿色成果转化效率			
	共同前沿		群组前沿		共同前沿		群组前沿	
	均值	方差	均值	方差	均值	方差	均值	方差
浙江	0.844	0.015	0.918	0.013	0.847	0.013	0.870	0.015
福建	0.498	0.014	0.688	0.010	0.967	0.004	0.993	0.000
山东	0.683	0.010	0.751	0.015	0.953	0.006	0.992	0.000
广东	1.000	0.000	1.000	0.000	1.000	0.000	1.000	0.000
海南	0.879	0.023	1.000	0.000	1.000	0.000	1.000	0.000
东部	0.749	0.001	0.830	0.002	0.931	0.001	0.975	0.000
山西	0.679	0.011	1.000	0.000	0.945	0.011	1.000	0.000
吉林	0.572	0.022	0.938	0.006	1.000	0.000	1.000	0.000
黑龙江	0.305	0.009	0.596	0.016	0.507	0.011	0.919	0.011
安徽	1.000	0.000	1.000	0.000	0.900	0.005	1.000	0.000
江西	0.525	0.055	0.673	0.042	0.864	0.020	0.932	0.013
河南	0.586	0.019	0.683	0.033	0.977	0.002	1.000	0.000
湖北	0.636	0.026	0.977	0.004	0.821	0.013	1.000	0.000
湖南	0.680	0.027	0.791	0.042	0.765	0.024	1.000	0.000
中部	0.623	0.001	0.832	0.001	0.847	0.002	0.981	0.001
内蒙古	0.672	0.074	0.717	0.060	1.000	0.000	1.000	0.000
广西	0.694	0.017	0.803	0.023	0.901	0.025	0.971	0.007
重庆	0.790	0.010	1.000	0.000	0.990	0.001	1.000	0.000
四川	0.813	0.051	1.000	0.000	0.855	0.017	1.000	0.000
贵州	0.628	0.014	0.966	0.003	0.298	0.008	0.561	0.046
云南	0.906	0.017	0.993	0.000	0.713	0.032	0.902	0.035
陕西	0.338	0.003	0.666	0.039	0.371	0.012	0.912	0.035
甘肃	0.587	0.014	0.734	0.035	0.544	0.047	0.711	0.055
青海	1.000	0.000	1.000	0.000	1.000	0.000	1.000	0.000
宁夏	0.727	0.043	0.771	0.037	0.803	0.044	0.956	0.005
新疆	0.917	0.026	0.929	0.022	0.897	0.026	0.913	0.019
西部	0.734	0.002	0.871	0.001	0.761	0.002	0.902	0.005
全国	0.710	0.001	0.845	0.000	0.847	0.001	0.950	0.001

由表3-2可知，无论是在绿色科技研发，还是绿色成果转化阶段，两种前沿下各区域以及各省份高技术企业绿色创新效率均存在明显差异。例如，共同前沿和群组前沿下中国企业绿色科技研发效率均值为0.710和0.845，预示着如果采取上述两种测算方法，中国企业研发要素投入量依次削减21%和16.5%，也能实现既定的发明专利等科技产出，还有较大的发展潜力。共同前沿和群组前沿下效率测算的参照对象有所不同，共同前沿下效率测算参考的是全国潜在的最佳研发技术，而群组前沿参考的是区域最优技术，因此，共同前沿下得出的效率值均低于群组前沿下的效率值。从三大区域来看，共同前沿下三大地区高技术企业绿色研发效率分别为0.749、0.623和0.734，而群组前沿下三大地区企业科技研发效率分别为0.830、0.832和0.871。由于群组前沿参照的是各群组最优绿色研发技术，不具有可比性，因而在群组之间效率比较时，以共同前沿下效率值为准。我们发现东部（0.749）和西部地区企业（0.734）绿色研发效率值相对接近，且高于中部地区企业（0.623）效率值，这与以往“东部、中部以及西部地区效率依次递减”的结论不完全一致，可能原因在于本节是从效率和绿色创新角度展开分析，虽然西部地区科技产出数量处于全国相对较低水平，但研发人员和资金投入较少，且西部地区拥有传统老工业基地的技术基础，加上近年来西部大开发等国家发展战略的扶持，吸引一些高技术人才持续开展绿色创新活动，故西部地区企业虽然在技术、人力资本以及市场开放度方面不及东部地区，但是企业研发效率仍处于全国较高水平。

由图3-6可知，共同前沿下各省份企业绿色科技研发效率均值均不高于群组前沿下的效率值。在共同前沿下测算效率时，参照的是全国的投入与产出数据，而群组前沿下效率值仅参考区域的高技术企业，当参考的区域省份增加时，那么原来的其他区域省份企业效率会有所下降。以中部地区的河南为例，群组前沿下企业绿色科技研发效率均值为0.683，如果以中部地区最优绿色研发技术为参照，其创新资源节约以及科技产出增长还有31.7%的上升空间。但共同前沿下河南省企业绿色科技研发效率值为0.586，表明如果采用全国的最优绿色研发技术，其还存在41.4%的效率改进空间，群组前沿和共同前沿下河南省企业绿色科技研发效率均值之间相差9.7%。

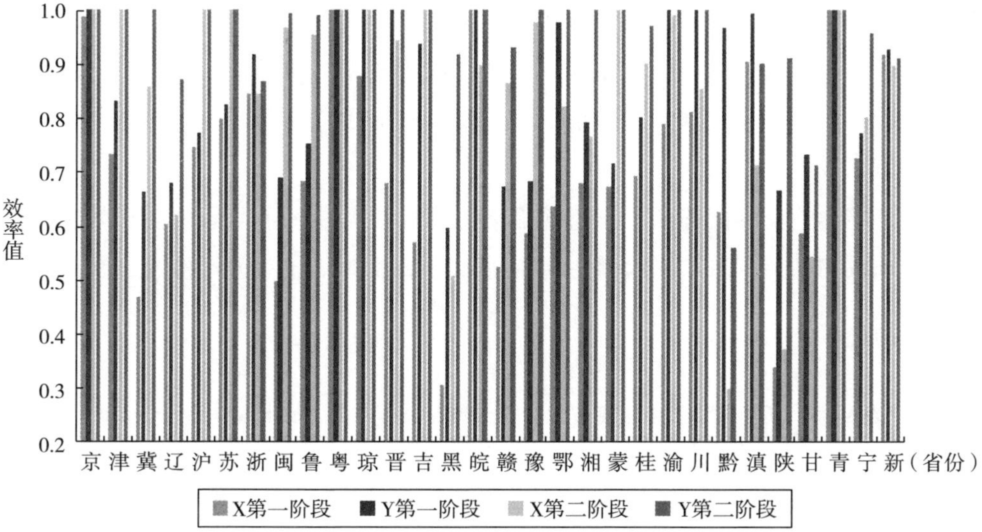

图3-6 两种前沿下中国各省份高技术企业绿色科技研发和成果转化效率均值

注："X第一阶段"表示共同前沿下高技术企业绿色研发效率，"Y第一阶段"表示群组前沿下高技术企业绿色研发效率，"X第二阶段"表示共同前沿下高技术企业绿色成果转化效率，"Y第二阶段"表示群组前沿下高技术企业绿色成果转化效率。

在成果转化阶段，由表3-2可知，两种前沿下中国各省份高技术企业绿色成果转化效率均值分别为0.847和0.950，效率还存在一定的提升空间。共同前沿下三大地区企业绿色成果转化效率均值分别为0.931、0.847和0.761。东部、中部和西部地区效率依次递减，东部地区效率值明显高于中西部地区，主要原因在于东部地区拥有雄厚的经济和技术基础、丰富的管理经验、成熟的技术交易市场和风险投资体系，其绿色成果转化水平是全国学习的标杆。中西部地区高技术企业绿色成果转化效率有所偏低，在企业科技成果向经济、环境效益转化过程中存在瓶颈。群组前沿下三大地区企业成果转化效率均值依次为0.975、0.981和0.902。以西部地区为例，2009~2017年企业绿色成果转化效率均值为0.902，表明如果以西部地区最佳成果转化技术为参照，在实现既定经济和环境效益产出情形下，西部地区企业专利产出以及引进消化吸收等经费投入还有9.8%的节约空间。结合图3-7发现，中国各省份高技术企业在群组前沿下的效率均值均高于共同前沿下的效率值。以西部的甘肃为例，共同前沿下企业绿色转化效率均值为0.544，预示着采用全国最佳成果转化水平，其经济增长和环境改善还存在45.6%的空间。而群组前沿下绿色成果转化效率均值为0.711，表明如果以西部地区的最优成果转化技术为参照集，其效率改进空间降至28.9%，两者间效率均值相差16.7%。

为了继续验证共同前沿和群组前沿下全国及三大地区企业绿色创新效率的差异性，选取Mann－Whitney检验法对两种前沿下效率差异性进行检验，结果如表3－3所示。

表3－3　两种前沿下中国高技术企业绿色创新效率的Mann－Whitney检验

指标	绿色科技研发阶段				绿色成果转化阶段			
	东部	中部	西部	全国	东部	中部	西部	全国
Z检验值	－2.699	－5.118	－4.286	－7.015	－2.130	－5.770	－4.136	－6.728
Prob＞|Z|	0.007***	0.000***	0.000***	0.000***	0.033**	0.000***	0.000***	0.000***

注：**表示在5%的水平下显著，***表示在1%的水平下显著。

由表3－3可知，无论是在绿色科技研发还是成果转化阶段，两种前沿下全国以及三大地区企业效率值差异明显。原因在于群组前沿下的效率值参考的是省份企业所在区域（如中部地区）最佳绿色创新水平，而共同前沿参照的是全国潜在的最优创新技术。由于东部地区经济基础、技术水平以及市场环境明显优于中西部地区，后者在群组前沿下的绿色创新两阶段效率被高估了，创新技术低于全国最优水平，具有较大的提升空间，因此，在两种前沿下绿色研发和成果转化效率差异均较为明显。此外，东部地区在两种前沿下分阶段效率差异的显著性弱于中西部地区。东部地区企业技术创新水平较高，相对接近全国最优研发和成果转化技术水平，故东部地区企业在两种前沿下绿色创新两阶段效率差异均相对较小。

四、中国区域高技术企业技术创新资源利用的技术差距分析

根据前文异质性技术理论分析，技术落差比率（TGR）是共同前沿理论下的关键指标之一，下面通过TGR值来分析我国东部、中部和西部地区企业最优创新技术与全国潜在最佳技术之间的差距。另外，对不同地区企业TGR值进行两

两相减，得到我国三大地区企业之间绿色科技研发和成果转化技术差距，测算结果如表 3 –4 所示。

表 3 –4　2009 ~2017 年高技术企业绿色科技研发和成果转化的区域技术差距

年份	绿色科技研发阶段						绿色成果转化阶段					
	技术落差比率			区域技术差距			技术落差比率			区域技术差距		
	东部	中部	西部	东—中	东—西	中—西	东部	中部	西部	东—中	东—西	中—西
2009	0.933	0.729	0.881	0.204	0.052	-0.152	0.992	0.810	0.903	0.183	0.089	-0.094
2010	0.906	0.675	0.803	0.230	0.103	-0.128	1.000	0.845	0.816	0.155	0.184	0.029
2011	0.909	0.752	0.890	0.158	0.019	-0.138	0.984	0.866	0.892	0.118	0.092	-0.026
2012	0.922	0.694	0.839	0.228	0.084	-0.145	0.981	0.905	0.829	0.077	0.152	0.076
2013	0.906	0.763	0.854	0.143	0.053	-0.091	0.934	0.894	0.732	0.040	0.202	0.162
2014	0.863	0.773	0.815	0.090	0.048	-0.042	0.920	0.895	0.805	0.024	0.114	0.090
2015	0.891	0.774	0.864	0.117	0.027	-0.090	0.924	0.855	0.881	0.069	0.043	-0.026
2016	0.835	0.770	0.769	0.065	0.066	0.001	0.922	0.839	0.867	0.084	0.055	-0.028
2017	0.881	0.748	0.835	0.132	0.045	-0.087	0.906	0.836	0.791	0.070	0.114	0.045
均值	0.894	0.742	0.839	0.152	0.055	-0.097	0.951	0.861	0.835	0.091	0.116	0.025

由表 3 –4 可知，考察期内我国东部地区企业绿色科技研发和成果转化阶段 TGR 均值依次为 0.894 和 0.951，均位于全国首位。在绿色科技研发和成果转化阶段，东部地区企业分别实现了全国潜在最优创新技术的 89.4% 和 95.1%。中部地区高技术企业在两阶段 TGR 均值依次为 0.742 和 0.861，分别还有 25.8% 和 13.9% 的提升空间。西部地区企业则在两阶段 TGR 均值分别为 0.839 和 0.835，改进潜力也较大。我国一直以来区域发展不平衡，中西部地区受经济和地理区位等因素的限制，企业技术创新发展相对缓慢，且中西部地区发展较多依赖高能耗高污染的工业企业，环境污染问题并未得到有效遏制，地区科技经济发展与环境保护之间的互动性较差。现有的专利等科技产出难以对绿色经济增长发挥积极效应，进而导致中西部地区绿色科技成果转化效率低下。另外，在企业规模上，中西部地区不及东部地区，尽管短期内减少资源投入可以有效提升绿色创新效率，但是从长远发展来看，中西部地区需要技术与管理双管齐下。一方面，重视市场在资源配置中的决定性作用，减少行政干预和政策依赖；另一方面，加强我国企

业产学研合作的深度和广度，完善创业孵化器以及技术交易市场建设，从而为科技成果向绿色环保产品和服务转化提供良好的创新环境。

五、绿色创新效率的影响因素实证分析

根据上述高技术企业绿色创新效率的影响机制分析和动态面板 GMM 回归估计模型，利用 2009～2017 年中国内地 30 个省份高技术企业绿色创新投入产出面板数据，进行实证检验和分析，结果如表 3－5 所示。

表 3－5　中国高技术企业绿色创新两阶段效率影响因素回归结果

影响因素	绿色科技研发效率		绿色成果转化效率	
	系数	Z 统计量	系数	Z 统计量
滞后一期效率值	0.410***	5.40	0.535***	18.10
滞后两期效率值	0.139***	5.05	—	—
企业规模	－0.032*	－1.67	0.055***	4.70
创新氛围	0.144**	2.38	0.147***	3.82
产学研合作	0.237***	5.95	－13.145***	－14.44
政府支持	0.702***	4.83	0.357***	2.63
知识产权保护	1.431	0.89	－2.006	－1.52
环保投入强度	－3.467***	－2.35	0.281***	4.53
企业规模×政府支持	－0.467***	－4.31	－0.549***	－5.19
常数项	0.223**	2.45	0.317***	9.46
检验值	AR（1）＝0.00	AR（2）＝0.365	AR（1）＝0.00	AR（2）＝0.137
	Sargan test＝0.3073		Sargan test＝0.3119	

注：*、**、***分别表示在 10%、5%、1% 的水平下显著。

从表 3－5 可以看出，企业绿色科技研发效率以及成果转化效率阶段的自回归 AR（1）伴随概率均小于 0.01，AR（2）的伴随概率都大于 0.1，且 Sargan 检验值对应的概率也均大于 0.1，说明本文对模型以及工具变量的选取是合理的。基于表 3－5 的估计结果，我们发现，无论是在绿色科技研发还是绿色成果转化阶段，滞后期效率值对于当前两阶段效率的影响均显著为正，说明我国高技术企业绿色科技研发效率和成果转化效率的提升都是一个循序渐进的积累过程，企业

绿色创新活动开展应该具备长期战略导向。

1. 在企业管理方面

（1）企业规模对高技术企业绿色创新两阶段效率的影响方向相反，且对绿色成果转化阶段的影响更显著，即规模较大的企业更有利于将科技成果转化为经济和环境效益。首先，对于绿色科技研发阶段而言，企业规模越大，组织内部官僚化现象越严重，从而造成资源内耗严重以及管理漏洞，降低研发效率（Scherer等，1990）。同时，与小企业相比，规模较大的企业往往投资项目多且投资规模大，可能会挤占企业在研发阶段的资金投入。其次，从绿色成果转化来看，规模较大的企业往往拥有较雄厚的资金实力，在营销等商业活动方面的投资也较多，从而有利于科技成果的市场化。另外，规模较大的企业为实现自身的可持续发展，会承担更多的社会责任，包括生产环保产品，提供环保服务等，这些对环境改善都是有益的，故规模越大的企业越能促进绿色成果转化效率的提升。

（2）创新氛围对绿色科技研发和成果转化效率均具有显著的积极影响，本书基于有研发机构的企业数占总企业数中的比重来衡量创新氛围，那么在高技术企业总数一定的情况下，研发活动参与度越高的企业，其在绿色科技研发以及成果转化方面也更具优势，这与冯伟等（2014）的结论类似。创新氛围越浓，企业间的竞争与合作越激烈，在此压力背景下，企业反过来更加重视自身的技术与管理工作，从而对绿色科技研发与成果转化都有利。

产学研合作对高技术企业绿色研发效率具有积极影响，但与绿色成果转化效率负相关。产学研合作对企业绿色创新效率的影响主要体现在两个方面：一方面，企业通过与高校、研究机构合作，可以充分利用高校和科研机构的基础研究成果，从而弥补企业自身在研发方面的不足；另一方面，高校优质人才输送到企业，使企业更大限度地获得隐性知识，这些都有助于绿色科技研发效率的改善。但结合现实来看，产学研合作的重点仍放在绿色科技研发阶段，且产学研合作尚存在相关主体利益分配不均的问题，也忽略了对环境的关注，本书将单位 GDP 的“三废”排放量和能源消耗量作为绿色成果转化阶段的产出，故得出产学研合作对成果转化效率具有负向影响。

2. 在创新环境方面

（1）政府支持在1%的显著性水平上与企业绿色创新两阶段效率正相关。这与杨浩昌和李廉水（2019）的结论类似，但也存在些许差异，主要原因在于前者采用高技术企业的一阶段研发效率作为被解释变量，本书则是从绿色创新分阶段角度进行效率研究。政府支持对绿色研发效率的促进作用主要体现在政策支持方面（余泳泽，2009），政府支持不仅有利于促进高技术企业扩大自身的研发投资，也有利于吸引更多的外部私人投资。此外，随着企业研发投入的有效增加，产品的知识和技术含量也会提升，这样又会间接促进企业绿色成果转化效率的提升（范凌钧等，2014）。

（2）知识产权保护对企业绿色科技研发与成果转化效率的作用方向相反，但均不显著。与西方发达国家相比，我国高技术企业整体发展水平偏低，尤其是在中国电子、医药等行业，知识产权保护越强，反而不利于技术交易和科技成果转化（刘思明等，2015）。而在绿色科技研发阶段，适度的保护知识产权，可以提高科研人员的工作积极性，不过技术知识外部性较强，我国知识产权保护制度还不完善，因此，难以对企业绿色研发效率的提升发挥实质作用。

（3）环保投入强度与企业绿色科技研发效率显著负相关，但对成果转化效率提升具有显著的正向影响。环保投入越多，说明企业对环境污染治理的重视度越高，越有可能开展清洁生产和末端治理技术创新，从而将科技成果转化为更多的环保产品，达到环境改善的目的，进而提升企业绿色成果转化效率。但环保投入增加，也有可能会挤占企业在研发方面的投入，从而出现顾此失彼的现象，使企业研发工作后备动力不足，导致企业绿色研发效率降低。

企业规模与政府支持的交互项对高技术企业绿色创新两阶段效率具有显著的负向影响，表明企业规模削弱了政府支持在提升绿色创新两阶段效率中的作用，这与卢方元和李彦龙（2016）的研究结论不一致。可能原因在于前者将政府支持细分为政府资金支持和税收政策支持两个方面，而本书将政府支持视作一个整体。同时，本书研究的是绿色创新问题，涉及的未知因素会更多，因此，导致两者研究结论相悖。就本书而言，规模较大的企业往往资金雄厚，不需要政府太多的资金支持，如果盲目支持大企业，可能会对其企业自身研发资金形成挤出效应。而小企业比较灵活，创新创业动力较强，但研发经费严重不足，亟须政府的相关支持。因此，政府在支持企业绿色创新活动的过程中，应加大对中小科技型企业的支持力度等。

第四节　本章小结

本章从技术异质性和两阶段价值链视角出发，首先，将单位 GDP 的“三废”污染物和单位 GDP 能耗纳入高技术企业绿色创新两阶段效率研究框架，进而基于共同前沿理论和两阶段关联型 DEA 模型，在共同前沿下测算分析 2009～2017 年我国内地 30 个省份企业绿色科技研发效率和成果转化效率，并将各省份企业绿色创新资源利用模式划分为高绿色研发高成果转化、低绿色研发低成果转化等四种类型。其次，基于我国各地区技术异质性，结合共同前沿理论在两种前沿下分析中国各省份企业两阶段绿色创新效率差异及其技术差距。最后，从企业管理和创新环境方面，利用动态 GMM 面板模型对影响高技术企业绿色创新两阶段效率的因素进行回归分析。主要研究结论如下：

（1）从共同前沿下我国企业绿色创新效率的测算结果来看，①2009～2017 年中国各省份高技术企业绿色科技研发和成果转化效率均值分别为 0.710 和 0.846，两阶段效率值均还存在较大的提升空间。其中，绿色研发效率偏低是导致中国高技术企业绿色创新效率损失的关键。在绿色研发阶段，东部和西部地区企业效率均值高于中部地区，后者绿色创新效率损失高达38.7%。在绿色成果转化阶段，西部地区效率均值排名靠后，还有23.1%的提升空间，而东部地区企业效率值接近于全国最优水平。②“双低”型（即低绿色研发低成果转化）省份企业主要来自中西部地区，约占全国 23.3%。除“双高”型（高绿色研发高成果转化）的省份企业之外，还有 43.3%的省份高技术企业或在绿色研发阶段（如河北、河南、山西），或在绿色成果转化阶段（如云南、四川）存在一定比例效率损失，因此，这些省份企业需在保持自己相对优势的同时，从薄弱环节入手，提高我国高技术企业绿色创新两阶段效率水平。

（2）从两种前沿下绿色创新效率差异来看，考察期内中国各地区高技术企业绿色科技研发效率和成果转化效率在共同前沿和群组前沿下差异明显，其中，绿色成果转化阶段的效率差异更为显著。在绿色科技研发与成果转化阶段，我国东部地区 TGR 均值依次为 0.894 和 0.951，均位于全国首位。东部地区企业在绿色科技研发和成果转化阶段，分别实现了全国潜在最优创新技术的 89.4% 和 95.1%。中部地区企业两阶段 TGR 均值分别为 0.742 和 0.861，分别还有 25.8% 和 13.9% 的提升空间。西部地区企业两阶段 TGR 均值分别为 0.839 和 0.835，改进潜力也较大。因此，中西部地区企业既要学习东部地区的技术和管理经验，又要结合自身特色，走特色集约型绿色创新发展道路。

（3）从影响因素的检验结果来看，滞后期绿色创新两阶段效率值对当期创新效率值均具有显著的积极影响，需将企业绿色创新水平提升作为一项长期战略重点，持续开展企业绿色科技研发和成果转化活动。在企业管理方面，企业规模对绿色科技研发效率和成果转化效率分别呈现显著为负向和正向作用，而创新氛围对企业绿色创新两阶段效率均具有显著的积极影响，产学研合作则对企业绿色科技研发效率起明显促进作用，但对成果转化效率提升具有阻滞效应。在创新环境方面，政府支持对企业绿色创新两阶段效率均具有显著的积极影响，知识产权保护对两阶段创新效率的影响并不显著，而环保投入强度对企业绿色科技研发效率和成果转化效率分别呈现显著的负向和正向的影响。最后，企业规模在政府支持促进绿色创新两阶段效率提升过程中均具有显著的负向调节作用，因而政府政策支持的重点应该是科技型中小企业等。

第四章　产权差异和技术异质下高技术企业创新效率研究

第一节　引言

改革开放以来，中国国有、民营、港澳台资和外资企业得到持续发展，“市场换技术”政策取得一定成效，不同性质企业在我国市场经济建设中均发挥了重要的促进作用。然而，与外资企业相比，国有、民营企业在创新能力方面仍有较大差距，核心技术受制于人。在2016年汤森路透公布的全球创新企业百强名单中，中国内地仅华为一家民营企业上榜，国有企业无一入选。外资企业利用母国的技术，在中国增资扩股，牢牢控制着我国中高端消费市场。《中国高技术产业统计年鉴》数据资料显示，2016年我国高技术内资企业新产品销售收入为22567.468亿元，占全国高技术企业的51.8%，港澳台资和外资企业之和接近50%。在汽车制造领域，大众、通用等外资品牌占据了中国轿车市场的主要份额。在集成电路产业中，排名全球第一的台积电2016年营业收入为294.88亿美元，市场占有率为59%，而我国内资企业中芯国际的营业收入为29.21亿美元，市场占有率仅为6%。我国正处在一个“大市场和弱技术”的复杂非对称环境下，不同性质企业由于产权结构、自然禀赋和制度逻辑等不同（杨洋等，2015），彼此间不仅存在一定技术差距，在创新效率方面也可能存在差异。如果不考虑技术差距而将不同性质企业放在同一技术前沿下进行比较，其可比性存在疑问，且无法确定效率损失的真实原因。如果考虑技术差距，那么国有与民营企业间、内资与外资企业间技术差距的程度及形成机理是什么？如何缩小这一差距？都值得深入研究。为此，本书拟基于共同前沿理论和 DEA 模型，探索我国各省份不同性质企业创新效率差异，进而分析国有与民营、内资与外资之间技术差距及其影响因素，有利于充分发挥不同性质企业创新潜力，实现内资对外资企业的技术追赶，具有重要的理论价值和现实意义。

高技术企业创新绩效提升关乎我国产业结构升级以及现代经济体系建设，创新绩效分为结果绩效和效率绩效，其中，创新效率绩效是指创新产出与创新投入之比，用来衡量企业将现有创新资源转化为科技经济产出的能力，而不仅仅是拥有多少创新资源（Wojcik，2015），这将有助于清晰了解创新过程，并可辅助改善技术创新活动（Chen 等，2018）。学者主要从区域（Namazi 和 Mohammadi，2018；刁秀华等，2018）、行业以及企业（池仁勇，2003）等不同层面的创新效率进行分析，测算方法主要为单产出/单投入法（如专利/研发经费支出）、多投入多产出的数据包络分析（DEA）和基于生产函数的随机前沿分析法（SFA），发现东中西部地区创新效率差异明显，各工业行业存在不同程度的效率损失等。随着研究的深入，技术创新的产权性质差异受到学者们关注。产权性质影响了公司治理结构、资源获取方式以及制度逻辑，从而对创新过程和绩效产生作用（杨洋等，2015；孙早等，2017）。Hart 等（1997）认为，政府所有制企业缺乏创新投资和降低成本的压力，私营企业往往更有竞争优势和创新效率。Lee 和 O' Neill（2003）基于美国和日本企业数据发现，美国企业产权集中度显著提升了企业 R&D 投资，而日本企业产权集中度与 R&D 投资并不相关。Ersoy 和 Koy（2015）基于土耳其上市公司数据发现，所有权结构、股权集中度与企业绩效间存在显著正向关系。在中国企业创新效率研究方面，Lin 等（2010）利用世界银行调研的 2400 家中国企业数据得出，私营企业、中外合资企业比国有企业创新动力强。孙晓华和王昀（2013）利用 DEA 模型对 2004 ~ 2009 年我国工业企业研究发现，外资和港澳台资企业创新效率明显高于内资企业，国有和私营企业存在严重的研发经费和人员冗余。张秀峰等（2016）利用 DEA 方法对广东省省部产学研合作项目研发效率分析发现，由港澳台企业主导的产学研合作研发效率最高，国有企业主导的效率最低。孙早等（2017）利用2006~2014年战略性新兴产业数据发现，中央政府控股企业所占比重与产业创新绩效正相关，应充分利用国有企业，尤其是中央控制企业的优势。类似研究还包括Zhang等（2003）。

尽管上述文献关注企业性质差异对效率的影响，但并未将区域和企业性质差异纳入统一的研究框架，对于不同地区而言，国有、民营和外资企业创新效率可能存在差异。且现有不同性质企业相关结论并不一致，根据创新价值链理论，企业创新活动可分解为科技研发和科技成果商业化两个阶段（Guan和Chen，2010）。国有企业是否创新效率低下？哪一阶段出了问题？这些都有待深入研究。

由于不同性质企业资源禀赋、创新激励（吴延兵，2014）、技术获取方式（孙晓华和王昀，2013）以及制度逻辑（杨洋等，2015）上存在一定差异，因此，使他们可利用的技术集（包括资本、劳动力、技术等）有所不同。外资企业可采用母国技术，在我国从事技术商业本土化（吴延兵，2014），且外资企业研发能力较强。国有企业创新激励不足，研发整体水平相对落后，主要采取引进消化吸收再创新模式。民营企业产权明晰，具有一定创新活力，但创新投入和核心技术与外资企业还有一定差距，处于技术追赶阶段。如果不考虑国有、民营、港澳台资和外资企业间的技术差距，将处于不同技术水平的决策单元置于同一技术前沿面进行测算，那么会使研究结果平面化和表面化，无法确定效率损失的真实根源。李新春等（2010）考虑区域和产业间的技术差距，将中国高技术产业分为东部高技术、中西部高技术、东部低技术和中西部低技术产业四个群组，然后利用共同前沿理论（Battese等，2004）构建前沿面，并选取SFA模型（仅为单产出指标）测度分析创新活动中资金和劳动单要素效率的地区和行业差异。姚炯和沈能（2018）利用多产出指标的DEA模型构建共同前沿面，在两种前沿下测算我国工业企业创新效率及区域技术差距。Park和Shin（2018）考虑政府研发投资项目的技术异质性，利用共同前沿理论分析了2007~2013年韩国16种亚生物技术研发项目的效率值。我国不同性质企业技术差距分析并不多见，肖仁桥等（2015）基于内资、港澳台资和外资企业群组间的技术差距，利用共同前沿理论模型测度分析我国15种不同性质工业企业创新效率，并将无效率值从群组技术和管理水平维度进行分解。陈元志等（2018）将共同前沿理论和曼奎斯特指数相结合，在三大群组和共同前沿下测算我国16种不同性质工业企业创新效率。

然而，上述研究对象主要为区域或工业行业，并未考虑不同性质高技术企业，且以往研究将企业分为内资、港澳台资和外资企业三个群组，但内资中国有和民营企业具有明显不同的技术和制度逻辑差异（杨洋等，2015），因而需要区别分析。另外，以往较多文献仅对两种前沿下创新效率及技术落差比率进行测算，缺乏对不同性质企业间技术差距程度的测算与比较。因为企业竞争力不仅来源于自身创新效率提升，还更多与其他企业间的技术差距有关，那么国有和民营、国有和外资等企业间技术差距程度有多大？演变趋势如何？如何缩小技术差距？为此，本书拟将区域差异和企业性质纳入统一研究框架，并考虑国有、民营、港澳台资和外资企业四种类型企业间技术差距，利用共同前沿—两阶段价值链理论以及 DEA 模型，测度分析各省份不同性质企业科技研发和成果转化效率差异，进而探讨国有—民营、国有与港澳台资、国有与外资企业间技术差距的时变特征，最后，从政府、技术和市场等方面出发，利用动态 GMM 模型系统分析上述三种技术差距的影响因素，为针对性政策建议的制定提供科学的决策依据。

第二节　不同性质企业技术差距理论与效率测度模型

一、我国不同性质企业创新效率及其技术差距理论分析

我国多种经济成分并存，国有企业人才和资金资源较为丰富，创新投入和产出高于民营企业。但由于国企创新剩余所有权和控制权的分离以及创新的高风险性，经营者主要考虑其任期绩效，创新激励不足（Chio 等，2011），且国有企业股权相对集中而容易导致专权，创新优势并未转化为市场优势。国有企业组织机构冗余也是突出问题，僵尸企业效率低下且扭曲资源配置，且国企承担了较多社会责任，从而制约了创新绩效提升。虽然民营企业产权结构明晰，企业家具有较强危机意识，但民营企业融资成本高、创新资源有限且研发领域较为分散（钱雪松和方胜，2017）。因产权结构、技术水平等存在差异，导致我国各性质企业可利用的技术集（包括资本、劳动力、技术等）有所不同。国有、民营企业以引

进消化吸收再创新为主要创新模式，起初多为劳动密集型企业，技术基础相对薄弱。外资企业可利用母国技术，同时开展研发合作创新活动，主要为资本、技术密集型企业（陈晓玲等，2017）。即我国不同性质企业的生产技术前沿面是不一样的（李新春等，2010；Battese 等，2004）。如果各自采用不同技术前沿分别进行测算，那么又可能因缺乏共同标准而难以比较。有必要考虑各群组技术集的差异性，建立不同群组的前沿生产函数，进而构建包络所有群组前沿的共同前沿生产函数（O'Donnel 等，2008），实现群组差异分析和共同比较的统一。

如图 4－1 所示，共同前沿（全国高技术企业）是各群组前沿（国有、民营、港澳台资和外资企业群组）的包络曲线。基于创新价值链理论（Chen 等，2018；Guan 和 Chen，2010），将企业创新活动分解为科技研发和成果转化两个阶段，科技研发效率是指企业科技研发阶段的科技产出（如专利等）与创新投入（如研发人员、研发经费等）之比。下面以科技研发阶段为例进行分析，成果转化阶段情形类似。共同前沿表示全国高技术企业的最优科技研发水平，该前沿下的效率值是以全国最优研发技术作为参照物，而群组前沿则隐含特定群体（如国有企业群组）所能达到的潜在最优研发水平，效率测算是以群组最优研发技术为参照（陈元志等，2018；O'Donnel 等，2008）。共同前沿与群组前沿下科技研发效率的比值，称为技术落差比率（TGR），各群组（如国有、外资群组）科技研发阶段技术落差比率之差即为群组技术差距。例如，国有—民营企业科技研发阶

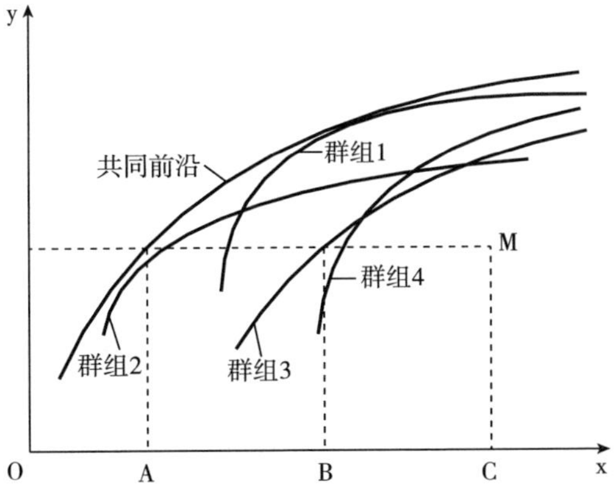

图 4－1　共同前沿与群组前沿

段技术差距值为该阶段民营与国有企业技术落差比率值之差。通过测度不同性质企业间技术差距程度，分析影响技术差距的因素，有利于寻找各性质企业间技术差距缩小的路径。

二、共同前沿 DEA 模型

1. 构建群组前沿

将高技术企业分为国有、民营、港澳台资和外资企业四个群组，如图 4 - 1 所示。各群组下决策评价单元（指各省份不同性质企业）投入和产出归属于同一技术集合 T^k：

$$T^k=\{(x,\ y):\ x\geqslant 0,\ y\geqslant 0,\ x\text{在}k\text{群中生产}y\},\ k=1,\ 2,\ 3,\ 4 \tag{4-1}$$

由式（4 - 1）可知，其上界记为群组前沿，x、y 分别指决策评价单元的投入和产出指标。群组前沿隐含了中国各省份不同性质企业在群组间技术差距无法被超越的情形下，追求最小投入的技术前沿（Battese 等，2004）。则群组前沿下中国各省份不同性质企业的距离函数（基于投入最小化）为：

$$D^k(x,\ y)=\sup_{\delta}\{\delta>0:\ (x/\delta,\ y)\in T^k\} \tag{4-2}$$

群组前沿下各区域不同性质企业创新效率值 $TE^k(x,\ y)=[D^k(x,\ y)]^{-1}$。

2. 构建共同前沿

假设国有等群组四个技术集 $T^k(k=1,\ 2,\ 3,\ 4)$，均运行于同一技术集 T 之下，则共同技术集 T 为各子技术集 T^k 的并集，即 $T=T^1\cup T^2\cup T^3\cup T^4$，且

$$T=\{(x,\ y):\ x\geqslant 0,\ y\geqslant 0,\ x\text{能生产}y\} \tag{4-3}$$

由式（4 - 3）可知，其上界记为共同前沿。如图 4 - 1 所示，共同前沿隐含了群组间技术差距可被超越，各性质企业都可能达到相同最佳技术水平情形下追求投入最小化。此时各性质企业距离函数为：

$$D(x,\ y)=\sup_{\delta}\{\delta>0:\ (x/\delta,\ y)\in T\} \tag{4-4}$$

共同前沿下决策评价单元创新效率值 $TE(x,\ y)=[D(x,\ y)]^{-1}$。$TE(x,\ y)$ 表示决策评价单元实际投入水平（既定产出情形下）与共同前沿下决策评价单元潜在最优水平的比率。由于共同前沿是不低于群组前沿的包络曲线，因而群组前沿和共同前沿下决策评价单元创新效率值之间的关系如下：

$$D(x,\ y) \geqslant D^k(x,\ y) \Rightarrow TE(x,\ y) \leqslant TE^k(x,\ y) \tag{4-5}$$

共同前沿下决策评价单元创新效率为下列式（4－6）的最优值。

$$[D(x,y)]^{-1} = TE(x,y) = \min\theta_1$$
$$\text{s. t.} \sum_{j=1}^{n} \lambda_j y_j \geqslant y_0, \sum_{j=1}^{n} \lambda_j x_j \leqslant \theta_1 x_0, \sum_{j=1}^{n} \lambda_j = 1$$
$$\lambda_j \geqslant 0; j = 1,2,\cdots,n; r = 1,2,\cdots,s; i = 1,2,\cdots,m; (x,y) \in T \tag{4-6}$$

λ 表示权重系数，θ_1 表示共同前沿下不同性质企业创新效率值（假设规模报酬可变，适合于不同规模企业比较，为决策评价单元纯技术效率）。同理得出群组前沿下中国各省份不同性质企业创新效率值。

$$[D(x,y)]^{-1} = TE(x,y) = \min\theta_2$$
$$\text{s. t.} \sum_{j=1}^{n} \lambda_j y_j \geqslant y_0, \sum_{j=1}^{n} \lambda_j x_j \leqslant \theta_2 x_0, \sum_{j=1}^{n} \lambda_j = 1$$
$$\lambda_j \geqslant 0; j = 1,2,\cdots,n; (x,y) \in T^k \tag{4-7}$$

其中，θ_2 表示群组前沿下效率，技术落差比率（TGR）可衡量群组与总体间技术差距（姚炯和沈能，2018；O'Donnel 等，2008），即：

$$0 \leqslant TGR^{(k)}(x,\ y) = \frac{D^{(k)}(x,\ y)}{D(x,\ y)} = \frac{TE(x,\ y)}{TE^{(k)}(x,\ y)} \leqslant 1(k=1,\ 2,\ 3) \tag{4-8}$$

三、指标体系及数据说明

选取 2005～2016 年中国大陆 30 个省市国有、民营、港澳台资和外资高技术企业进行分析。由于西藏数据不全，因此，不在本书研究范围之内，对两阶段创新投入和产出指标界定如图 4－2 所示。

1. *初始创新投入*

图 4－2 给出了高技术企业两阶段创新活动及投入产出指标，选取研发经费内部支出和研发人员全时当量表示科技研发阶段投入（张秀峰等，2016；Zhang 等，2003）。考虑到研发活动的累积效应，研发经费内部支出采用存量指标，利用永续盘存法进行测算，以 2000 年为基期，折旧率为 15%，在计算存量之前，用研发价格指数进行平减，转化为 2000 年不变价。由于 2001～2004 年研发经费支出仅为各地区层面数据，非各地区不同性质企业，借鉴余泳泽（2015）的类似处理方法，采用 2001～2004 年附近年份（即 2000 年、2005～2007 年）各地区不

同性质企业研发经费占该地区所有企业研发经费比重的均值，然后分别乘以 2001 ~ 2004 年各地区企业研发经费支出，得出 2001 ~ 2004 年各地区不同性质企业研发经费内部支出值。

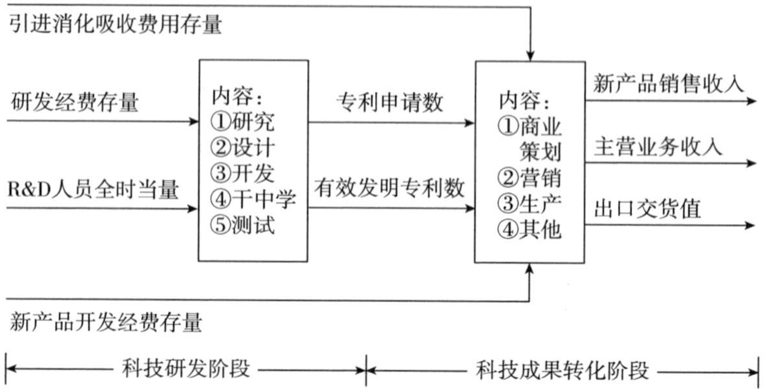

图 4－2 高技术企业两阶段创新投入产出指标体系

2. 中间产出

主要从科技产出角度进行衡量，选取专利申请数和有效发明专利数两个指标。专利申请数代表企业将研发投入转化为科技产出的努力程度，由于专利授权审查周期较长，具有不确定性，因此，学者通常采用专利申请数这一指标（池仁勇，2003）。即使有些专利申请并未授权，也会对经济发展产生一定的促进作用。发明专利是三种专利中技术水平最高的一种，有效发明专利数代表了企业技术水平和质的飞跃，也是通常被常用的指标之一。

3. 非研发创新投入

在科技成果转化阶段，不仅将中间产出作为投入，而且还包括引进消化吸收费用和新产品开发经费两个非研发创新投入指标。由于我国大多数地区企业仍然是以引进消化吸收再创新为主要创新模式，因此，将引进消化吸收费用纳入研究框架，在数值上等于技术引进、消化吸收、购买国内技术及技术改造等经费支出之和。现有科技成果转化较多以项目、新产品开发方式展开，因而需将新产品开发经费也纳入体系。该两项非研发创新投入指标也采用存量方式，与 R&D 经费存量的处理方法类似，不再赘述。

4. 最终产出

首先，选取新产品销售收入、主营业务收入和出口交货值三个指标。新产品销售收入能较好反映企业创新带来的产品和市场竞争优势（肖仁桥等，2015）。其次，有些小的发明或工艺改进实现价值增值，而这并不是新产品销售收入所能反映的，还需包括工业增加值或主营业务收入指标（钱丽等，2018），考虑信息重叠和数据可获取性，本书采用主营业务收入指标。最后，出口交货值反映企业产品的国际竞争力，采用工业品出厂价格指数对新产品销售收入、主营业务收入和出口交货值进行平减，以 2007 年为不变价。

以上指标数据来自历年《中国高技术产业统计年鉴》、《中国统计年鉴》、《中国科技统计年鉴》以及《中国经济普查 2008》等，由于创新活动的时滞性，选取滞后期为 2 年，即初始创新投入为 2005～2014 年数据，中间产出和非研发创新投入为 2006～2015 年数据，最终产出为 2007～2016 年数据。DEA 模型要求投入产出指标数据均大于 0，本书中少数省份企业个别指标为 0，故进行标准化处理，将其转变为［1，100］的数值，具体公式为：

$$x'_{ij}=1+99\times(x_{ij}-\min_{i,j}x_{ij})/(\max_{i,j}x_{ij}-\min_{i,j}x_{ij}) \tag{4-9}$$

其中，x_{ij}表示平减处理之后的初始数据，x'_{ij}则是将 x_{ij}进行标准化处理以满足 DEA 模型要求的数据。

第三节 产权技术异质下不同性质高技术企业创新效率实证分析

一、我国不同性质高技术企业创新效率差异分析

本书利用共同前沿理论和 DEA 模型，将我国区域不同性质高技术企业分为国有、民营、港澳台资和外资企业四个群组，测算两种前沿下我国各省份不同性质企业创新效率值，共同前沿下 2007～2016 年我国区域不同性质高技术企业创新效率均值见表 4－1，效率变化趋势见图 4－3、图 4－4。下面以共同前沿下效率值进行分析，群组前沿下效率分析结果见后续部分。

表 4-1　共同前沿下我国区域不同性质企业绿色科技研发和成果转化效率均值（2007~2016 年）

地区	科技研发效率均值				成果转化效率均值			
	国有	民营	港澳台	外资	国有	民营	港澳台	外资
北京	0.397	0.493	0.823	0.493	0.345	0.897	0.604	0.508
天津	0.592	0.850	0.792	0.312	0.696	0.697	0.935	0.815
河北	0.433	0.722	0.824	0.829	0.824	0.777	0.851	0.938
山西	0.864	0.906	0.989	0.963	0.960	0.882	0.997	0.997
内蒙古	0.984	0.950	0.995	0.997	0.998	0.982	0.994	1.000
辽宁	0.251	0.825	0.882	0.753	0.659	0.796	0.920	0.928
吉林	0.824	0.663	0.987	0.997	0.936	0.742	0.997	1.000
黑龙江	0.288	0.989	0.984	0.667	0.760	0.970	0.992	0.922
上海	0.287	0.913	0.491	0.234	0.464	0.896	0.721	0.486
江苏	0.443	0.492	0.407	0.216	0.532	0.593	0.504	0.986
浙江	0.372	0.391	0.423	0.336	0.711	0.414	0.466	0.689
安徽	0.594	0.839	0.931	0.914	0.717	0.671	0.950	0.976
福建	0.493	0.852	0.264	0.398	0.697	0.898	0.755	0.583
江西	0.352	0.775	0.952	0.903	0.843	0.769	0.991	0.932
山东	0.325	0.482	0.751	0.324	0.488	0.583	0.908	0.773
河南	0.553	0.718	0.731	0.857	0.764	0.798	0.980	0.976
湖北	0.365	0.556	0.750	0.900	0.427	0.651	0.924	0.918
湖南	0.542	0.758	0.899	0.944	0.726	0.756	0.847	0.985
广东	0.711	0.807	0.404	0.645	0.218	0.662	0.751	0.925
广西	0.863	0.763	0.966	0.994	0.980	0.838	0.985	0.995
海南	0.931	0.967	0.994	0.956	0.995	0.913	1.000	0.995
重庆	0.553	0.870	0.948	0.863	0.804	0.812	0.996	0.936
四川	0.321	0.645	0.991	0.937	0.590	0.604	0.995	0.909
贵州	0.566	0.908	1.000	0.978	0.782	0.832	1.000	0.993
云南	0.871	0.883	0.956	0.962	0.864	0.882	0.987	0.981
陕西	0.175	0.593	0.997	0.725	0.530	0.788	0.995	0.931
甘肃	0.820	0.866	1.000	1.000	0.977	0.938	1.000	1.000
青海	1.000	0.982	1.000	1.000	1.000	0.999	1.000	1.000
宁夏	0.953	0.898	0.978	1.000	0.998	0.967	0.993	1.000
新疆	0.999	0.975	1.000	1.000	0.998	0.980	1.000	0.999
全国	0.591	0.778	0.837	0.770	0.743	0.800	0.901	0.902

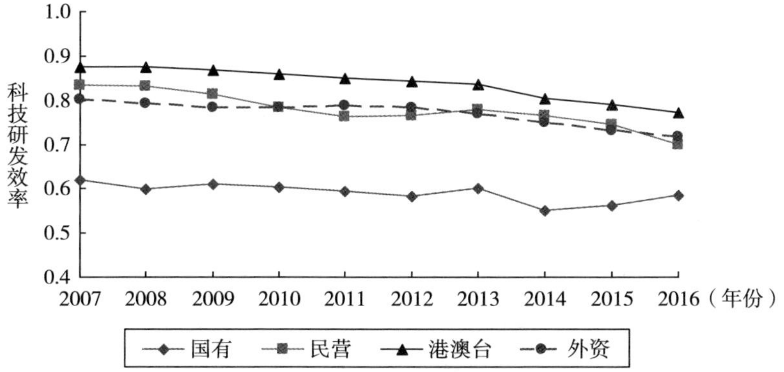

图4－3　共同前沿下不同性质企业科技研发效率趋势

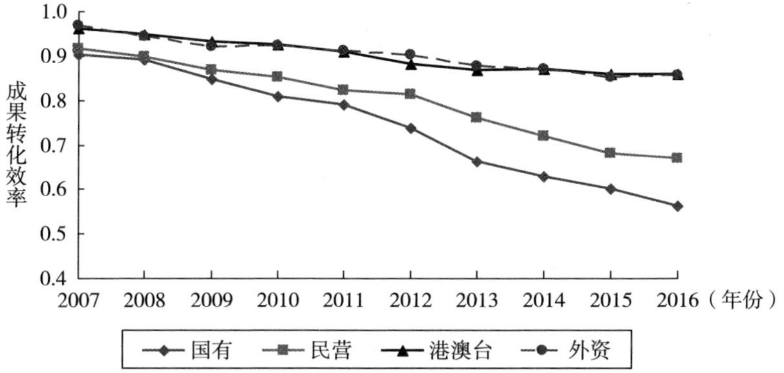

图4－4　共同前沿下不同性质企业成果转化效率趋势

由表4－1可知，共同前沿下2007～2016年国有、民营、港澳台资和外资企业科技研发效率均值分别为0.591、0.778、0.837和0.770，而在成果转化阶段，国有、民营、港澳台资和外资企业效率依次递增，分别为0.743、0.800、0.901和0.902。这进一步拓展了Zhang等（2003）、孙晓华和王昀（2013）的研究结论，本书从两阶段角度分析，且将内资分为国有和民营进行考虑，得到的结论更为细化。预示近年来国有和民营企业科技研发和成果转化效率与外资企业之间仍存在一定的差距，并未有明显的改观，尤其是国有企业效率损失更为严重。

分类型来看，各地区不同类型企业创新效率差异明显。例如，在科技研发阶段，北京市除港澳台资企业效率值达0.823以外，其国有、民营和外资企业研发效率均处于较低水平，是效率损失的关键环节。虽然上海市民营企业研发效率相对较高，但国有、外资企业研发效率均不超过0.300。广东省国有和民营企业研发效率相对较好，分别为0.711和0.807，而港澳台资和外资企业科技研发效率分别为0.404和0.645。对于中部省份湖北而言，其国有、民营、港澳台资和外资企业研发效率分别为0.365、0.556、0.750和0.900，与全国情形类似，国有和民营企业研发效率还有较大的提升空间。西部地区重庆市国有企业效率（0.175）偏低，而陕西省国有和民营企业均与外资企业有较大差距。在成果转化阶段，北京、上海、江苏、山东、广东、湖北、四川、陕西等省份国有企业成果转化效率值均不超过0.600，科技成果向经济效益转化过程中存在阻碍。民营企业效率整体相对较好，但部分省份也存在较大效率损失，例如，江苏、浙江、山东和四川等地，效率值均不超过0.600。在港澳台资企业中，北京、江苏和浙江效率相对较低，其他大多数省份均超过0.800；在外资企业中，北京、上海、浙江和福建等地区效率损失明显，其他地区则总体处于较优水平。

由图4－3可知，2007～2016年我国国有、民营、港澳台资和外资企业科技研发效率总体呈现略为下降的趋势，这可能与技术进步的速度有关，前些年我们跟欧美国家技术差距较大，通过模仿创新可迅速提高创新生产率，随着中国的技术水平在不断提升，国外技术引进也越来越难，自主创新升级也非一朝一夕能见成效。国有企业研发效率始终与其他三种类型企业存在一定差距，国有企业拥有较多技术人力资源和政府支持，也取得了如高铁、特高压输电以及超级计算机等瞩目技术成就，但较多国有企业仍然缺乏创新的动力，研发创新活动缺乏长期规划，与外资企业研发还有一定的差距。由图4－4可知，在考察期内我国各不同性质企业成果转化效率均存在明显的递减趋势，尤其是国有和民营企业，例如，国有企业由最初的0.902下降至0.561，年均降幅高达5.42%。

图4－5和图4－6给出了两种前沿下四种类型企业科技研发和成果转化效率均值，我们发现，共同前沿下各不同性质企业科技研发效率值均不超过群组前沿下效率值，在成果转化阶段，也得到了类似的结论。下面以天津市国有企业为例进行分析。群组前沿下天津市国有企业科技研发效率值为0.734，表明如果参照国有企业群组的研发技术，天津市国有企业已实现群组最优技术的73.4%，效率

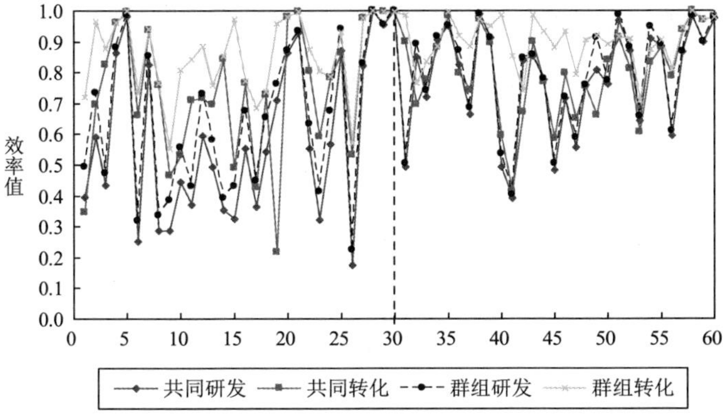

图4－5　2007～2016年两种前沿下国有和民营企业两阶段创新效率均值

注：1～30分别指北京、天津等30个省份的国有企业，31～60指北京、天津等30个省份的民营企业。

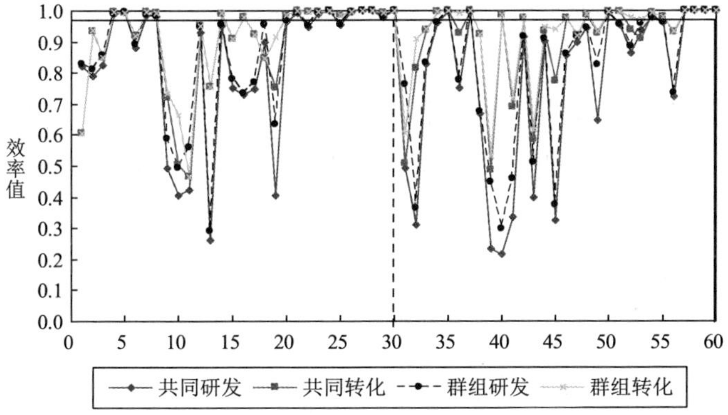

图4－6　2007～2016年两种前沿下港澳台资和外资企业两阶段创新效率均值

注：1～30分别指北京、天津等30个省份港澳台资企业，31～60指北京、天津等30个省份外资企业。

提升空间仅为26.6%，而共同前沿下科技研发效率值为0.592，预示如果采用全国企业潜在最优研发技术，其效率改进潜力增至40.8%，两者间的效率缺口为14.2%。在科技成果转化阶段，群组和共同前沿下天津市国有企业成果转化效率值分别为0.696和0.966，表明如果仅以国有企业群组成果转化技术作为参考集，天津市国有企业成果转化水平已接近于最优水平，效率值高达0.966，但如果参照全国最优成果转化技术，则还有30.4%的提升空间。两者测算分析结果差异明显，群组前沿下的效率值被明显高估，需引起高度重视。另外，这也说明天津市国有企业在现有群组技术条件下，自身内部管理水平已接近于最优（0.966），但外源性动力不足，整体效率损失主要来源于相对落后的国有群组技术水平和环境。

二、异质性技术下我国不同性质企业间技术差距分析

表4－2给出了不同性质企业两阶段创新的技术落差比率（TGR）及其技术差距测算结果，在科技研发阶段，国有、民营、港澳台资和外资企业效率均值分别为0.880、0.978、0.959和0.928。外资企业在保持专利等创新产出不变情形下，可达到全国企业潜在最优研发技术水平的92.8%，港澳台资企业和民营企业也实现了全国最优研发技术的95.9%和97.8%。国有企业科技研发阶段TGR均值仅为0.880，与全国潜在最优技术相比，还有11.2%的提升空间。另外，利用Kruskal－Wallis检验法分析我国不同性质企业技术落差比率的群组差异性，发现四大群组在两阶段都存在明显的技术落差，显著性检验水平均不超过5%。通过两种性质企业TGR值进行相减，得出彼此之间的技术差距，我们发现，考察期内国有—民营、国有—港澳台以及国有—外资企业间的技术差距均值分别为0.097、0.079和0.048，且通过图4－7中各年份数据比较发现，这一技术差距呈现出先增后减的变化趋势，2013年国有与其他企业之间技术差距达到峰值，2014～2016年彼此间技术差距略有所放缓，这可能与党的十八大以来中央及地方政府加大对国有资产监管和推动国企自主研发有关。

表4－2　2007～2016年我国四种类型企业两阶段创新TGR值及其技术差距

年份	科技研发阶段TGR及技术差距							成果转化阶段TGR及技术差距						
	国有	民营	港澳台	外资	国—民	国—港	国—外	国有	民营	港澳台	外资	国—民	国—港	国—外
2007	0.933	0.995	0.978	0.958	0.062	0.045	0.025	0.963	0.956	0.991	0.985	－0.008	0.028	0.022
2008	0.916	0.999	0.978	0.954	0.083	0.062	0.038	0.960	0.947	0.988	0.983	－0.013	0.028	0.024
2009	0.915	0.992	0.980	0.935	0.077	0.065	0.020	0.930	0.941	0.987	0.967	0.011	0.057	0.037
2010	0.887	0.984	0.969	0.920	0.096	0.081	0.033	0.922	0.932	0.991	0.974	0.010	0.069	0.052

续表

年份	科技研发阶段 TGR 及技术差距							成果转化阶段 TGR 及技术差距						
	国有	民营	港澳台	外资	国—民	国—港	国—外	国有	民营	港澳台	外资	国—民	国—港	国—外
2011	0.876	0.972	0.965	0.922	0.097	0.090	0.047	0.906	0.913	0.988	0.978	0.007	0.082	0.072
2012	0.865	0.983	0.962	0.926	0.119	0.098	0.061	0.871	0.895	0.985	0.973	0.024	0.114	0.102
2013	0.856	0.981	0.946	0.921	0.125	0.090	0.065	0.835	0.865	0.983	0.961	0.030	0.148	0.126
2014	0.848	0.969	0.949	0.921	0.121	0.101	0.073	0.790	0.827	0.981	0.966	0.037	0.191	0.176
2015	0.853	0.965	0.935	0.922	0.112	0.082	0.068	0.750	0.796	0.985	0.964	0.047	0.236	0.214
2016	0.856	0.938	0.929	0.903	0.082	0.073	0.047	0.695	0.757	0.982	0.966	0.062	0.287	0.270
均值	0.880	0.978	0.959	0.928	0.097	0.079	0.048	0.862	0.883	0.986	0.972	0.021	0.124	0.110

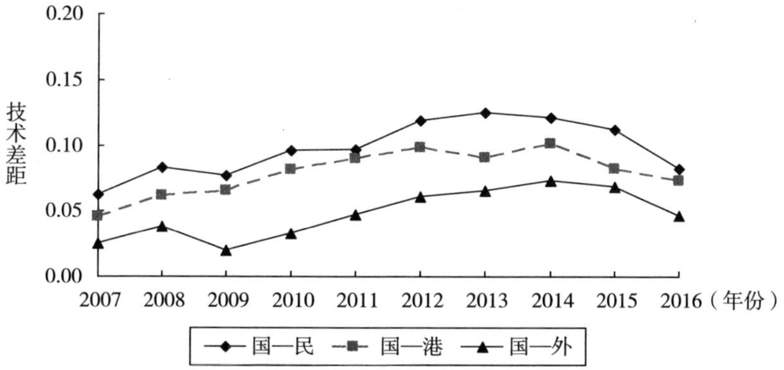

图 4-7　绿色科技研发阶段技术差距

由表 4-2 可知，在成果转化阶段，国有、民营、港澳台资和外资企业技术落差比率（TGR）均值分别为 0.862、0.883、0.986 和 0.972，港澳台资和外资企业基本实现了全国最优成果转化技术，依次为 98.6% 和 97.2%，而国有、民营企业仅实现了全国最优成果转化技术的 86.2% 和 88.3%。考察期内国有—民营企业之间技术差距并不明显，各年份比较显示出正负交错格局，且技术差距均值仅为 0.021。而国有—港澳台、国有—外资的技术差距均值分别为 0.124 和 0.110，技术差距较为明显。由图 4-8 可知，考察期内国有—港澳台、国有—外资之间的技术差距持续递增，2016 年两种技术差距均已接近于 0.300，外资企业在技术商业化和品牌市场建设方面具有明显优势，近年来国有、民营企业的研发技术并未很好地转化为产品市场优势。

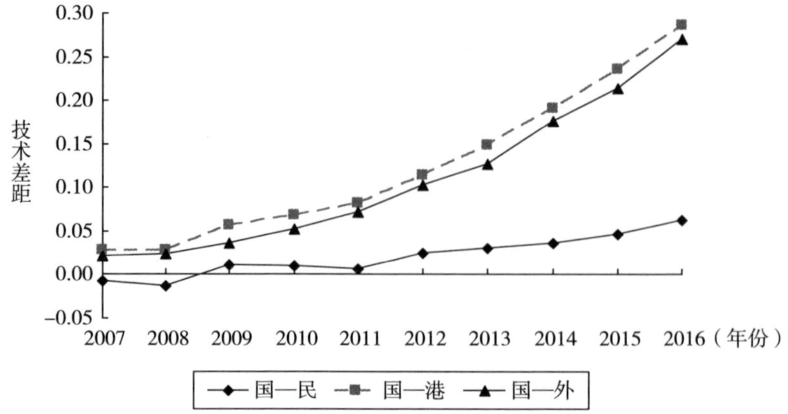

图4-8 绿色成果转化阶段技术差距

三、不同性质企业技术差距的影响因素分析

上述研究表明，国有和民营、国有和外资等企业间技术差距明显，有必要对影响企业间技术差距的具体因素进行分析。以往研究较多关注企业自身创新效率的影响因素（孙早等，2017；Guan 和 Chen，2010；肖仁桥等，2015），然而，企业竞争力更多来源于该企业相对于其他企业的技术差距与比较优势（陈晓玲等，2017），且缩小技术差距的最终目标也是提升企业自身创新绩效。因此，本书基于技术差距视角，从政府、市场和技术因素等方面（杨洋等，2015）探讨不同性质企业间两阶段创新技术差距的影响因素，具体如下：

（1）所有制结构（owner）。Zhang 等（2003）基于 8341 家中国工业企业数据发现，国企具有更低的研发和生产效率，国有经济比重越大，企业研发和转化效率越低。也有学者认为，国企并非天然缺乏创新能力，国企创新资源和规模效益方面具有优势，可通过机制体制创新激发企业活力，缩小与外资企业间的差距（李政和陆寅宏，2014）。因而，所有制结构的影响还有待检验，这里用各地区国有及国有控股企业主营业务收入占所有主营业务收入的比重来表示。

（2）政府支持（govnm）。政府支持分为资金和政策支持，政府研发补贴一直被美国指责不公平竞争，但其创新补贴计划更多。政府支持往往关注前景大的基础性研究，且可能对企业资金产生挤出效应（池仁勇，2003；Guan 和 Chen，

2010），而根据信号理论，政府支持的企业更容易获得银行贷款和其他技术服务，因而政府支持的作用还有待检验。这里，用研发经费内部支出中政府资金占比表示。

（3）劳动者素质（labor）。劳动者是企业开展研发和成果转化活动的重要技术载体，劳动者素质水平的提高，有利于对外资企业技术的学习吸收和再创新，缩小技术差距。这里，用15岁以上人口中大专以上人数所占比例来表示。

（4）产学研合作（coorpe）。产学研合作有效促进了企业研发技术水平的提升（张秀峰等，2016），不同类型企业均会与高校、研究所合作，以获取其相应技术支持，并促进企业间的技术溢出。用各省份企业R&D活动经费外部支出中对研究院所和高校投入之和占工业GDP的比重来表示。

（5）知识产权保护（IPP）。知识产权保护有利于激发创新者的积极性，但知识产权过高并不利于后进企业技术吸收模仿创新，且高技术行业对知识产权保护水平可能更为敏感，这里用技术市场交易额占GDP的比重来表示（胡凯等，2012）。

（6）金融环境（finan）。技术创新离不开银行、风险投资等金融机构的支持，这里用各地区金融机构贷款余额占GDP的比重表示。

（7）外商投资（FDI）。外商投资为区域企业带来技术和管理的示范效应，但因高薪聘请本土人才而造成内资企业人才短缺，用各地区高技术外资和港澳台资企业主营业务收入之和占高技术企业总主营业务收入的比重表示。

根据上述影响因素分析，以2008～2016年中国30个省份不同性质企业科技研发（或成果转化）阶段技术差距为被解释变量，以各影响因素为解释变量，并考虑政府支持、知识产权保护等变量的内生性，即政府支持对不同性质企业科技研发阶段技术差距产生影响，反过来，技术差距的变化也会影响政府支持的差异和调整。以这些解释变量的一阶滞后项为工具变量，克服变量间的内生性，利用系统GMM动态面板模型构建回归方程如下：

$$TG_{it} = \alpha_0 + \alpha_1 TG_{it-1} + \alpha_2 owner_{it} + \alpha_3 govnm_{it} + \alpha_4 labor_{it} + \alpha_5 coorpe_{it} + \alpha_6 IPP_{it} + \alpha_7 finan_{it} + \alpha_8 FDI_{it} + \varepsilon_{it} \quad (4-10)$$

其中，TG_{it}为2008～2016年中国各省份高技术企业科技研发（或科技成果转化）阶段国有—民营（或国有—港澳台、国有—外资）技术差距，TG_{it-1}表示滞后期技术差距值，α_0 表示常数项，$\alpha_1-\alpha_8$ 表示待估系数，ε_{it} 表示随机误差项。利用 STATA14.0 软件进行计算，结果如表 4-3 所示。

表 4-3 不同性质企业技术差距的影响因素回归结果（2008~2016 年）

变量	科技研发阶段			成果转化阶段		
	国有—民营	国有—港澳台	国有—外资	国有—民营	国有—港澳台	国有—外资
滞后期值	0.733*** (25.17)	0.811*** (26.92)	0.754*** (21.32)	0.888*** (10.12)	1.035*** (46.86)	0.928*** (49.37)
所有制结构	0.101*** (5.62)	-0.010 (-0.54)	0.081*** (6.70)	0.240 (0.88)	0.120*** (7.15)	0.021 (0.71)
政府支持	-0.070*** (-3.59)	0.145*** (4.07)	0.012 (0.35)	-0.035 (-1.16)	-0.528*** (-7.34)	-0.279*** (-3.19)
劳动者素质	-0.397*** (-6.14)	-0.023 (-0.20)	-0.232*** (-5.09)	-0.357** (-1.99)	0.191*** (4.68)	-0.226* (-1.80)
产学研合作	-4.680 (-1.16)	13.884** (2.33)	3.678 (0.69)	-15.516** (-2.43)	-11.507** (-2.21)	8.637** (2.13)
知识产权保护	0.485 (0.90)	0.018 (0.04)	-0.403 (-0.79)	0.544 (0.50)	1.044*** (2.58)	2.153*** (3.67)
金融环境	0.008** (1.97)	-0.010** (-2.14)	0.009 (1.39)	0.219** (2.20)	-0.011 (-1.36)	0.001 (0.23)
外商投资	0.064** (2.55)	-0.063*** (-4.87)	-0.063*** (-4.09)	0.336 (0.80)	0.025 (1.22)	0.040* (1.69)
常数项	0.038*** (2.95)	0.021 (1.53)	0.043** (2.02)	-0.064 (-0.67)	0.042* (1.81)	0.044** (2.10)
AR（1）_P	0.016	0.019	0.011	0.014	0.003	0.026
AR（2）_P	0.416	0.130	0.988	0.120	0.472	0.719
Sargan test	0.996	0.987	0.994	0.968	0.999	0.999

注：*、**、***分别表示在 10%、5%、1%的水平上显著。

由表 4-3 可知，无论是科技研发还是成果转化阶段，三种类型技术差距 GMM 估计的自回归 AR（1）、AR（2）以及 Sargan 检验结果中，AR（1）的伴随概率均小于 0.05，而 AR（2）和 Sargan 检验值的伴随概率均大于 0.10，说明本书工具变量的选择是有效的。且滞后期值均对当期技术差距值具有正向作用关系，说明我国不同性质企业技术差距的形成是长期积累的过程，且还有继续深化的趋势。对影响因素回归结果解释如下：

（1）所有制结构对国有—民营、国有—外资企业间科技研发阶段技术差距具有正向影响，国有经济比重越大，越不利于缩小其技术差距，在成果转化阶段，国有—港澳台企业间技术差距与国有经济比重也得到类似的结论。与我们的假设基本一致，国有企业产权模糊，管理者缺乏创新的动力（Guan 和 Chen，2010），国有经济比重越多，越不利于民营和外资企业入驻发展，使国有与民营、国有与外资企业间的技术差距越大。

（2）政府支持有利于国有—民营企业间科技研发技术差距的缩小，在成果转化阶段，政府支持越大，国有—港澳台资、国有—外资企业之间的技术差距越小。政府往往通过基础性研究项目或研发补贴等方式进行支持，国有企业因其与政府的密切合作关系以及产业体系、技术范式契合，使其能更好发挥政府资助的积极效应，而外资企业往往利用母国技术，且自身并不缺乏资金，根据企业战略需要来开展技术开发和应用活动，从而得到上述结论。

（3）劳动者素质在1%的检验水平下与国有—民营、国有—外资科技研发阶段技术差距负相关，劳动者素质水平越高，越有利于国企员工对外资企业技术的吸收、模仿和再创新（肖仁桥等，2015），使技术差距不断缩小，在成果转化阶段，也得到了类似的结论，只是国有—港澳台企业成果转化阶段技术差距与劳动者素质正相关而已，可能与中国大陆较多高素质科技型员工被高薪引入港澳台资企业有关。

（4）产学研合作对科技研发阶段技术差距缩小作用不突出，但在成果转化阶段，产学研合作与国有—民营、国有—港澳台间技术差距显著负相关，预示其在此阶段技术溢出效应明显，可能原因在于科技研发阶段，一些技术研发内容有明显的保护和限制，而在成果转化阶段，一些商业模式和生产管理经验等，更容易在企业间互相交流和传递。

（5）知识产权保护对科技研发阶段企业间技术差距作用不明显，在成果转化阶段，知识产权保护越大，反而加剧了国有—港澳台、国有—外资间技术差距，这也与我们的预期保持一致，外资企业在技术商业化、品牌建设方面具有优势（吴延兵，2014），通过设置专利壁垒、抢先注册商标以及知识产权营销等，使国有品牌生存空间下降，技术差距也不断增大。

（6）金融机构贷款越多，国有—民营科技研发阶段技术差距越大，可能与当前金融支持更多投向基建和能源等国有企业、过度投资抵消了金融支持的积极作用有关。港澳台资企业自身资金雄厚，且有更多的融资渠道，金融贷款对其作用并不明显，因而缩小了国有—港澳台科技研发阶段技术差距。在成果转化阶段，得到了类似结论。

（7）外商投资与国有—港澳台、国有—外资间科技研发技术差距显著负相关，外商投资带来了先进技术（池仁勇，2003），促进了国有企业科技研发效率提升，缩小了与港澳台资和外资企业之间的技术差距。但外商投资越大，国有—民营间技术差距越大，可能因外商投资对民营企业的技术促进作用更为明显。在成果转化阶段，外商投资与国有—外资间技术差距在 10% 的检验水平下呈显著正相关关系，可能与外商投资的市场竞争优势有关。

第四节　本章小结

本书将企业创新活动分解为科技研发和成果转化两个阶段，并将产权性质纳入两阶段创新研究框架，考虑国有、民营、港澳台资和外资企业之间的技术差距，利用共同前沿理论和 DEA 模型测度分析 2007 ~2016 年两种前沿下我国区域不同性质企业创新效率差异，探索不同性质企业两阶段技术差距及其影响因素。

一、研究结果

国有、民营、港澳台资和外资企业科技研发效率均值分别为 0.591、0.778、0.837 和 0.770，成果转化效率则为 0.743、0.800、0.901 和 0.902。各省份不同性质企业效率差异均较为明显，国有企业效率最低，而港澳台资和外资企业效率较高，各性质企业成果转化效率均存在明显递减趋势。不同性质企业在共同前沿下效率值均不超过群组前沿下效率值，需突破群组前沿限制，实现群组技术升级。

国有等四大群组间在两阶段均存在明显的技术落差，外资企业相对较高，而国有企业 TGR 值最低，其群组与共同最优技术前沿面距离最远。国有—民营、国有—港澳台企业科技研发技术差距均值分别为 0. 097 和 0. 079，成果转化阶段国有—港澳台、国有—外资技术差距均值分别为 0. 124 和 0. 110，且此两种技术差距值在不断增大，2016 年均已接近于 0. 300。

所有制结构加剧了国有企业与其他企业之间的技术差距，政府支持、劳动者素质对国有—民营、国有—外资企业两阶段技术差距起阻滞作用，产学研合作有利于缩小国有—民营、国有—港澳台成果转化技术差距，但对国有—港澳台科技研发阶段技术差距起促进作用。知识产权保护加剧了成果转化阶段国有—港澳台、国有—外资间的技术差距，良好的金融环境有利于缩小国有—港澳台科技研发阶段技术差距，外商投资缩小了国有—港澳台、国有—外资间科技研发阶段技术差距，但对成果转化阶段国有—外资企业间技术差距影响为正。

二、理论贡献

肖仁桥等（2015）、陈元志等（2018）将中国企业分为内资、港澳台资与外资企业三大群组，而本书考虑国有和民营企业之间技术和制度逻辑差异，将中国企业细分为国有、民营、港澳台资与外资企业四大群组，丰富了不同性质企业创新效率理论研究。

陈元志等（2018）关注共同前沿下各性质企业创新效率和技术落差比率测算，肖仁桥等（2015）则主要关注创新效率测算和无效率分解，缺乏对不同性质企业间技术差距的深入分析。本书聚焦于我国区域不同性质企业间效率差异及技术差距，并重点分析国有—民营、国有—港澳台、国有—外资之间的技术差距及其影响因素（政府、技术和市场），有利于寻找缩小国有与其他企业间技术差距的路径。

以往有关技术差距的研究基于一阶段创新模型展开，本书将技术差距和两阶段创新理论纳入统一的研究框架，深化了对不同性质企业技术差距的认识。

本研究样本为 2007 ~ 2016 年中国各省份不同性质企业，这比以往基于全国层面不同性质企业数据更为翔实，结论更为稳健可靠。

研究结论蕴含的启示：

（1）充分认识到我国不同性质企业间技术差距，深入挖掘各类型企业创新潜力。国有企业需加快股份制改造的步伐，完善董事会治理机制，通过实施针对性的兼并重组，整合优化创新资源，进一步明晰企业产权和管理责任，并利用互联网、大数据等信息技术加强对国有资产的审计和监管。对处于竞争行业的国有企业，在保证产业安全的基础上，通过业务拆分、环节拆分等方式，建立非公资本参股的混合所有制企业，让民间资本分享国企创新与发展成果，增强国有经济活力和影响力。

（2）从缩小群组技术差距和提高企业内部管理水平两方面，提升我国企业创新水平。国有和民营企业需将提升群组技术水平作为重要突破口，大力引进国际优秀技术人才，注重对国际前沿技术的跟踪、模仿学习和再创新，完善企业孵化器建设和科技成果转化平台，加强与高校、研究院所的合作，鼓励科技人才在企业和高校间相互挂职锻炼等，营造良好的开放式创新环境，减少创新的外源性障碍。与此同时，完善企业内部管理制度，树立宽容失败，不断反思的创新机制，将反思和干中学有效结合起来。

第五章　区域技术异质和行业并联网络视角下高技术企业创新效率研究

第一节　引言

当前世界各国都在人工智能、新能源、新材料、3D打印以及医药制造等高技术领域展开激烈竞争，高技术企业是我国经济发展和技术创新的重要载体，近年来，我国高技术企业研发投入持续增加，中国科技统计年鉴数据显示，2000～2015年，我国高技术企业研发经费从111.041亿元增至2219.659亿元，年均增长22.1%，研发人员投入也在持续攀升，各地区希望通过研发投入增加，以提升高技术企业创新能力。然而，科睿唯安根据企业专利相关指标对全球创新型企业进行排序，并发布了2018～2019年全球创新企业百强名单。其中，美国和日本企业在创新企业百强名单中的占比超过了70%，中国内地仅华为、比亚迪和小米三家公司上榜。增加研发投入只是企业开展创新活动的必要条件，还需注重创新活动的产出与效率。另外，我国区域高技术企业发展不平衡，2017年2月工业和信息化部公布了中国内地第一批制造业单项冠军示范企业名单，共有39家东部地区企业入围，而中西部地区企业仅15家。各地区高技术企业因经济基础、经营环境的不同，以及长期以来形成的区域间技术壁垒，使它们在创新生产技术方面存在差异，如果假定它们处于相同的技术前沿面，那么会因缺乏统一合适的比较标准，使研究结果平面化、简单化。且我国高技术行业种类较多，2015 年电子及通信设备制造业新产品销售收入高达 26700.258 亿元，约占全国的 65.9%，航空航天器制造业新产品销售收入仅占 3.4%。为此，有必要将区域间技术异质性和区域内行业并联等特征纳入统一框架，探索中国高技术企业绿色创新效率及其影响机制，分析制约地区效率提升的具体行业及因素。

首先，已有研究主要从区域或行业差异角度对高技术企业创新效率进行测度比较，并分析企业规模、市场竞争度等因素的影响（陈修德和梁彤缨，2010；桂黄宝，2014）。然而，并未将区域间技术异质性和区域内行业并联纳入统一的研究框架。其次，在对各自区域和行业差异研究中，少数研究基于区域技术差距或行业技术异质性视角（冯伟等，2014；陈凯华和官建成，2010；刘志迎等，2013）出发，对我国高技术企业创新效率进行群组测算分析，但他们的研究仅限于两种前沿下的效率测算，事实上，对高技术企业各群组间的技术差距测算、无效率值分解等，都还有待进一步研究。最后，从行业并联角度出发，目前研究将高技术企业看作电子通信、医药制造产业两个并联子系统（陈凯华和官建成，2010），但未涵盖医药制造业、航空航天器制造业、电子及通信设备制造业、电子计算机及办公设备制造业、医疗设备及仪器仪表制造业五大行业，也未分析各行业对整体无效率的影响。对五大高技术行业创新效率的影响因素分析（创新环境、企业管理方面）尚不多见，较多研究是以整体产业角度进行影响因素分析。为此，本书基于异质性技术视角，测度分析我国各省份不同行业创新效率及其区域技术差距，并对无效率值进行分解，系统分析中国高技术企业效率的影响因素，寻找绿色创新效率损失的根源，因而具有重要的理论及现实意义。

第二节　异质性技术和行业并联视角下创新效率理论及研究方法

一、理论框架

1. 异质性技术下创新效率差异及其影响机制分析

我国东、中、西部地区不同的区位优势、自然资源、人才储备以及市场环境等因素对技术扩散速度具有显著影响，使各地区高技术企业可利用的技术集（自然资源、技术、资本和劳动力等要素的组合）有所差别，即各地区的生产技术前沿面是不同的（O'Donnel 等，2008）。传统的效率研究假定各地区企业具有相同的生产技术前沿，隐含了不同地区面临同样的技术集，研究结论与实际存在一定偏差。如果各地区采取不同的生产技术前沿，则又导致地区间企业创新效率难以比较，缺乏一个共同标准（Battese 等，2002）。为了弥补上述缺陷，Battese 等（2004）利用共同前沿生产函数，将共同前沿模型设定为包络所有不同技术水平生产者的随机前沿函数的边界，形成具有包络性质的共同前沿面。

如图 5－1 所示，对于我国各地区高技术企业而言，共同前沿（全国）是群组前沿（如西部地区）的包络曲线，前者隐含了全国潜在的最优创新生产技术，而区域前沿仅表示特定区域（如西部地区高技术企业）的最优创新生产水平。各地区企业在共同前沿下的效率值，是以全国最优潜在技术为参照物，而群组前沿下的效率值，则是以该省份企业所在的群组最优技术为标准而得到的结果。通过将共同前沿和群组前沿下的效率值比较（相除），可得出各省份高技术企业与全国高技术企业最优技术之间的距离，称为技术落差比率（TGR），东部、中部和西部地区企业 TGR 之差又体现出各地区企业之间的技术差距（Battese 等，2004）。根据技术差距视角下创新效率分解理论，地区企业创新效率损失的原因有两种（王群伟等，2014；Chiu 等，2012）：一种是由两种前沿之间的技术差距所造成的；另一种是由群组内决策评价单元自身管理失误和水平低下所致。由于前文已对区域技术异质性理论进行了较多阐述，故此处不再展开分析。

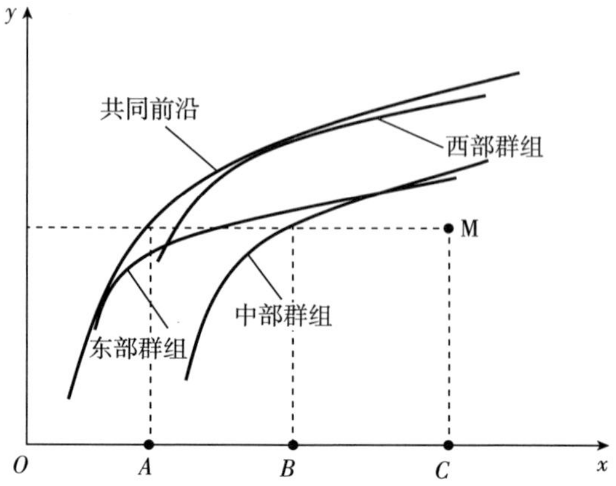

图 5-1　区域异质性下的共同前沿和群组前沿

区域高技术企业创新活动的专业化和多样化，对企业创新发展均具有重要的促进作用。区域或园区内不同行业高技术企业形成产业集聚，带来不同行业背景的创新文化和管理制度，有利于异质性知识的溢出和协同创新，这种异质且互补的创新资源难以模仿，对区域内整体产业创新具有积极促进效应，从而提升了高技术企业的核心竞争力（Jacobs，1969，吕承超和商圆月，2017）。与传统中低技术行业相比，高技术行业间的产业关联性更强，电子元器件制造业（属于通信设备制造业中的细分行业）前向关联效应较强，为其他高技术行业创新发展提供了大量的核心零部件（或称中间投入品），而电子及通信设备、计算机及办公设备制造业的后向关联性比较明显，中间产品需求量较大（赵玉林和魏芳，2006）。从上下游企业之间的关联性来看，下游企业通过采购上游企业提供的高质量的产品和服务（包括零部件、信息服务等），大力推动企业创新发展。例如，当前美国通过断供芯片打压中国高科技企业，凸显了上下游企业关联及其在合作创新中的重要性（李雄英和刘南，2010；吴利华和纪静，2014）。另外，高技术企业与下游的用户进行有效沟通和密切联系，这将有利于清晰了解下游用户的产品需求以及消费市场的变化趋势，为下一步高技术企业研发战略做出必要调整而提供了事实基础和决策依据，并通过两者间互动反馈将使下游用户需求以及竞争力得到大力提升（Streb，2003）。最后，处于不同产业链条位置的高技术企业间的垂直关联、战略联盟与产业融合等，均有利于区域内高技术企业整体创新和经济发展，具有重要的积极效应（Hauknes 和 Knell，2009）。

高技术企业创新活动可看作是由许多相关联的子单元构成的复杂系统工程，这些子单元或称要素之间可能呈链式串联关系，例如，技术创新活动可分解为科技研发和成果转化环节，或高技术行业之间的前向或后向关联创新等（Guan 和 Chen，2010；赵玉林和魏芳，2006），或各行业之间的并联创新，例如，多个创新并联主体（赵宏志等，2014；赵萌，2011）。传统的创新效率研究缺乏系统内创新组织的深入分析，无法确定高技术企业整体或分行业创新效率损失的真实来源（陈凯华和官建成，2010）。

如图 5－2 所示，并联网络创新理论认为，我国五大高技术行业同步发展，区域高技术企业整体由各高技术行业：医药制造业、航空航天器制造业、电子及通信设备制造业、电子计算机及办公设备制造业以及医疗设备及仪器仪表制造业共同组成（赵宏志等，2014；Kao，2009）。各高技术行业不能简单看作独立单元进行效率分析，行业之间的交流互动以及异质性知识的互补，有利于创新效率的整体提升。且五大高技术行业之间存在并联相关性，各行业创新主体的投入和产出构成了整个高技术企业创新体系的投入和产出。更为重要的是，各行业创新主体在区域内形成了一个并联创新网络结构，共同构成和决定了地区高技术企业的技术前沿面及创新水平（陈凯华和官建成，2010）。

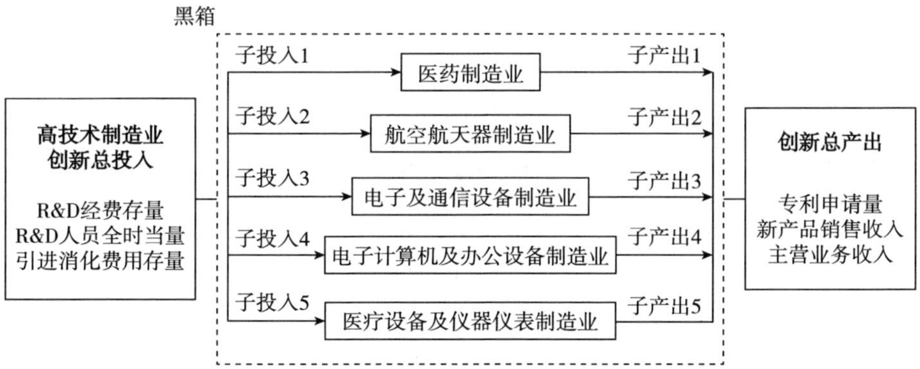

图 5－2　行业差异视角下中国高技术企业创新并联网络结构

2. 创新效率的影响因素分析

下面对创新效率的影响机制进行分析。影响创新效率的因素较多，国内外学者主要从企业规模、市场竞争度以及政府支持角度进行分析（陈修德和梁彤缨，2010；梁文群等，2019），但缺乏对创新效率影响因素的系统分析。梳理现有文献发现，企业创新驱动可分为内部驱动和外部创新环境驱动（池仁勇，2003；党国英和秦开强，2015；余泳泽，2009），在内部驱动方面，企业规模和技术水平、创新氛围和文化、产权结构（冯伟等，2014；沈坤荣和马俊，2002）等都构成企业创新管理的微观基础。创新氛围和文化体现了企业对技术创新活动的重视程度，包括主动追求合作创新的企业家精神及质量承诺的责任感等，企业规模和产权结构则影响企业决策的关注主体和反应速度。外部创新环境驱动依赖于制度理论和产业集聚理论。政府的财政拨款和税收优惠政策（余泳泽，2009；李健和马晓芳，2019）不断完善和落实知识产权保护法（Czarnitzki 和 Licht，2006），促进基础研究机构与企业的合作（Guan 和 Chen，2012；杨慧军和杨建君，2016），提高地区人力资本水平（白俊红等，2017）等，为高技术企业创新活动的开展营造良好的创新环境。

（1）企业管理方面。

1）企业规模。余泳泽（2009）认为，规模较大的企业创新效率更高；Scherer 和 Ross（1990）认为，企业因规模变大、层级众多，易滋生管理官僚化，企业内耗也不断增加，从而造成效率损失；还有一种观点认为，规模较大或较小企业效率比中等规模企业高。本书认为，企业规模越大，企业越有足够的资金从事研发活动，并可通过技术创新的规模效应回收研发成本，因而导致创新效率越高，创新效率与企业规模正相关。

2）创新氛围。创新需要一定的环境和氛围，Anderson 和 West（1996）提出，创新氛围包括参与安全性、创新支持等四个因素。良好的创新氛围有利于员工创造力的发挥，激励各行业的创新，本书认为，创新效率与创新氛围正相关。

3）所有制结构。Zhang 等（2003）的研究表明，国有经济比重越大，企业创新效率越低。而李政和陆寅宏（2014）发现，国有企业本身不缺乏创新动力和效率，可通过机制体制改革，实现效率提升。所有制结构的影响有待进一步检验。

（2）创新环境方面。

1）基础应用研究经费。R&D 经费支出包括基础研究、应用研究和实验发展等支出，查阅数据发现，我国各地区基础、应用研究经费之和所占比重一般不超过 30%，美国三种类型经费所占比例几乎相等，中国部分地区甚至低于 10%，制约了原始性重大科研成果的产生，本书认为，创新效率与基础应用研究经费比重正相关。

2）政府支持。Czarnitzki 和 Hussinger（2004）发现，政府资助降低了企业研发成本和风险，从而有利于创新成果的产出。Wallsten（2000）则认为，政府资金支持对企业研发投资产生了挤出效应。Guan 和 Chen（2012）的研究表明，中国高技术产业创新效率与政府资金负相关，而余泳泽发现，政府资助有利于创新效率的提升。政府资助的影响还有待进一步检验。

3）知识产权保护。Maskus（1998）认为，对知识产权进行保护，有利于外资入驻和技术溢出，促进本国企业创新能力提升。Yang 和 Maskus（2001）发现，软件等技术水平较高行业更加关注知识产权保护，而传统行业对知识产权保护并不敏感。刘思明等（2015）指出，知识产权保护不宜过紧或过松。胡凯等（2012）的研究表明，知识产权保护对中国企业技术创新具有积极影响。本书认为，知识产权保护有利于中国高技术企业创新效率的提升，且知识产权保护对不同行业的影响可能存在差异，尤其是计算机及办公设备等技术水平较高行业，知识产权保护的正向影响可能更为显著。

4）劳动者素质。劳动者是技术发明和传播的重要载体，劳动者素质提高有利于增强区域创新能力。本书认为，我国高技术企业创新效率与劳动者素质正相关。

5）金融环境。创新活动离不开金融机构的支持，银行、风险投资等机构对企业创新能力提升具有积极影响（Colombo 等，2016；Sullivan，2006）。但白俊红和卞元超（2016）指出，由于银行等机构受地方政府的干预，更倾向于投资一些短平快、风险小的生产建设性项目。创新活动更多依赖自身资金投入（肖仁桥等，2015），金融环境的影响还有待检验。最后，引用企业规模与政府支持的交叉项，以期寻找政府支持促进创新效率提升的路径，相对规模较小企业而言，规模较大企业并不缺乏资金，政府资助可能产生挤出效应，为此，本书认为，企业规模在政府支持对创新效率促进过程中起负向调节作用。

二、研究方法

将中国高技术企业分为东部、中部和西部三大群组（由于西藏、新疆等部分省份数据不全，故东部群组包括北京、天津、河北、辽宁、上海、江苏、浙江、福建、山东、广东 10 个省份，中部群组包括山西、吉林、黑龙江、安徽、江西、河南、湖北、湖南 8 个省份，西部群组包括内蒙古、广西、重庆、四川、贵州、云南、陕西、甘肃 8 个省份）。首先，我们构建群组前沿，将东部、中部和西部三个群组下的评价单元（这里指中国大陆 26 个省份高技术企业）创新投入产出数据分别归入各自技术集合，记为 T^q，$q=1, 2, 3$，即 $T^q=\{(x, y): x\geqslant 0, y\geqslant 0;\ x$ 在 q 群中能产出 $y\}$，这里 q 表示东中西部三个群组，x 表示评价单元的创新投入指标值，y 表示评价单元的创新产出指标值。因此，第 q 个群组的生产可能集 $P^{(q)}(x)$ 为 $P^{(q)}(x)=\{y: (x, y)\in T^q\}$，$P^{(q)}(x)$ 的上界 $\sup\limits_x P^{(q)}(x)$，称为“群组 q 前沿”。进而，构建共同前沿。由于集合 $T^q(q=1, 2, 3)$ 均运行于同一技术集 T（包括全国 26 个省份高技术企业）之下，因此，技术集 T 为 T^1、T^2、T^3 的并集，即 $T=T^1\cup T^2\cup T^3$，此时生产可能集 $P(x)=\{y: (x, y)\in T\}$，$P(x)$ 的上界为中国各省份高技术企业创新的“共同前沿”。

本书利用并联网络 DEA 模型构建群组、共同生产技术前沿面及距离函数。Yang 等（2000）证明了并联系统的整体效率与分行业效率之间关系，段永瑞等（2006）和 Kao（2009）测度分析了并联网络整体、分行业效率以及整体效率与分行业效率之间的加权和关系。在此基础上，在共同前沿下，构建五大高技术行业并联的网络 DEA 模型测度考察期内各省份高技术企业创新效率。如果考虑我国五大高技术行业之间的并联网络结构，那么需要满足下列两个条件：一是在高技术企业整体和分行业创新过程中，累计创新产出不超过累计创新投入；二是在不同行业创新过程中，同一要素（如 R&D 人员经费支出）的权重保持不变。

如上文中图 5－2 所示，投入产出指标分别选定三个，具体选择依据会在下文中说明。我们发现，第 k 个省份高技术企业由医药制造业、航空航天器制造业等五个并联分行业构成。分别用 x_{ij}^1，…，x_{ij}^5（$i=1, 2, 3$）表示医药制造业、航空航天器制造业、电子及通信设备制造业、电子计算机及办公设备制造业、医疗设备及仪器仪表制造业五个分行业的创新投入指标值，用 y_{rj}^1，…，y_{rj}^5（$r=1$，2，3）表示各行业产出指标值。i，j，r 表示第 j（$j=1$，2，3，…，234）个决策评价单元、第 i 个创新投入指标以及第 r 个创新产出指标。则在共同前沿下，第 k 个决策评价单元（某省份高技术企业）创新整体效率为下列线性规划问题（1）的最优值。这里，当测度分析第 k 个决策评价单元（例如，2015 年广东省高技术企业）创新效率值时，式（5－1－1）中仅需代入第 k 个决策评价单元的投入指标值 x_{ik}，而式（5－1－2）～（5－1－3）需代入所有决策评价单元（共 $26\times9=234$ 个）的创新投入产出指标值。当计算另一个决策评价单元（某省份高技术企业）创新效率值时，只需对式（5－1）和式（5－1－1）中的创新投入产出值替换即可，式（5－1－2）～（5－1－3）中的企业创新投入产出指标值保持不变。

$$[D(x_{ik},y_{rk})]^{-1}=TE(x_{ik},y_{rk})=\max\sum_{r=1}^{l}u_r y_{rk} \tag{5-1}$$

$$\text{s.t.}\ \sum_{i=1}^{m}v_i x_{ik}=1 \tag{5-1-1}$$

$$\sum_{r=1}^{l}u_r y_{rj}-\sum_{i=1}^{m}v_i x_{ij}\leqslant 0 \tag{5-1-2}$$

$$\sum_{r=1}^{l}u_r y_{rj}^p-\sum_{i=1}^{m}v_i x_{ij}^p\leqslant 0 \tag{5-1-3}$$

$$u_r,v_i\geqslant\varepsilon;r=1,\cdots,l;i=1,\cdots,m \tag{5-1-4}$$

$$p=1,2,\cdots,5;(x_{ij},y_{rj})\in T \tag{5-1-5}$$

$$[D(x_{ik},y_{rk})]^{-1}=TE(x_{ik},y_{rk})=\max\sum_{r=1}^{l}u_r y_{rk} \tag{5-2}$$

$$\text{s.t.}\ \sum_{i=1}^{m}v_i x_{ik}=1 \tag{5-2-1}$$

$$\sum_{r=1}^{l}u_r y_{rk}^p-\sum_{i=1}^{m}v_i x_{ik}^p+s_k^p=0 \tag{5-2-2}$$

$$\sum_{r=1}^{l}u_r y_{rj}^p-\sum_{i=1}^{m}v_i x_{ij}^p\leqslant 0,p=1,2,\cdots,5 \tag{5-2-3}$$

$$u_r,v_i\geqslant\varepsilon;r=1,\cdots,l;i=1,\cdots,m \tag{5-2-4}$$

$$(x_{ij},y_{rj})\in T \tag{5-2-5}$$

这里，D（·）表示共同前沿下中国第 k 个省份高技术企业的距离函数，TE（·）则表示该决策评价单元的创新效率值，$\varepsilon>0$ 表示非阿基米德无穷小量，

u_r，v_i 分别表示第 r 个创新产出和第 i 个投入指标的权重。x_{ik} 表示第 k 个决策评价单元第 i 个投入指标值，x_{ij} 表示第 j（$j=1$，2，3，…，234）个决策评价单元（某省份高技术企业）第 i 个创新投入指标值，y_{rk} 表示第 k 个决策评价单元第 r 个创新产出指标值，y_{rj} 表示第 j（$j=1$，2，3，…，234）个决策评价单元第 r 个产出指标值。式（5－1－2）表示各省份高技术企业作为一个整体（各行业之和）时，投入产出指标值应满足的前沿条件，而式（5－1－3）是医药制造业等五大行业分别应该满足的前沿条件。由于式（5－1－2）等于式（5－1－3）在 $p=1$，2，…，5 共 5 种情形下的不等式之和，故可删除式（5－1－2）。为了测算分析共同前沿下各省份高技术企业创新整体和分行业效率值，对模型（1）的约束条件进行变形，通过增加松弛变量 s_k^1，s_k^2，…，s_k^5，将不等式（5－1－3）在第 k 个决策评价单元（令 $j=k$）时的结果转换为等式，得到改进后的模型（5－2），这里，p 表示第 p 个高技术行业，当 $p=1$ 时，为医药制造业；当 $p=2$ 时，为航空航天器制造业；当 $p=3$ 时，为电子及通信设备制造业；当 $p=4$ 时，为电子计算机及办公设备制造业；当 $p=5$ 时，为医疗设备及仪器仪表制造业。引入变量 s_k，令 $s_k=1-\sum_{r=1}^{l}u_r y_{rk}$，模型（5－2）的目标函数表达式亦可为 $NTE_k=\min s_k$，s_k 表示第 k 个省份高技术企业创新整体无效率函数，NTE_k 表示第 k 个省份高技术企业创新整体无效率值。注意，$s_k(s_k=1-\sum_{r=1}^{l}u_r y_{rk})$ 也可以看作是一种整体松弛变量，即是否将整体投入（此时为1）全部转化为产出（$\sum_{r=1}^{l}u_r y_{rk}$），这里并联系统的总产出（或总投入）等于各分行业产出（或投入）之和，且 $\sum_{i=1}^{m}v_i x_{ik}=1$。故：

$$
\begin{aligned}
s_k &= 1-\sum_{r=1}^{l}u_r y_{rk} = \sum_{i=1}^{m}v_i x_{ik}-\sum_{r=1}^{l}u_r y_{rk}\\
&= \sum_{i=1}^{m}v_i(x_{ik}^1+x_{ik}^2+x_{ik}^3+x_{ik}^4+x_{ik}^5)-\sum_{r=1}^{l}u_r(y_{rk}^1+y_{rk}^2+y_{rk}^3+y_{rk}^4+y_{rk}^5)\\
&= (\sum_{i=1}^{m}v_i x_{ik}^1-\sum_{r=1}^{l}u_r y_{rk}^1)+(\sum_{i=1}^{m}v_i x_{ik}^2-\sum_{r=1}^{l}u_r y_{rk}^2)+\cdots+(\sum_{i=1}^{m}v_i x_{ik}^5-\sum_{r=1}^{l}u_r y_{rk}^5)\\
&= s_k^1+s_k^2+s_k^3+s_k^4+s_k^5
\end{aligned}
$$

该步由式（2－2）可知。

由　$s_k = s_k^1 + s_k^2 + s_k^3 + s_k^4 + s_k^5$ (5-3)

进而模型（5-2）可进一步化简为线性规划问题（5-4）的形式：

$$NTE_k = \min s_k \tag{5-4}$$

$$\text{s.t.} \sum_{i=1}^{m} v_i x_{ik} = 1 \tag{5-4-1}$$

$$\sum_{r=1}^{l} u_r y_{rk}^p - \sum_{i=1}^{m} v_i x_{rk}^p + s_k^p = 0, p = 1,2,\cdots,5 \tag{5-4-2}$$

$$\sum_{r=1}^{l} u_r y_{rj}^p - \sum_{i=1}^{m} v_i x_{ij}^p \leqslant 0 \tag{5-4-3}$$

$$u_r,\ v_i \geqslant \varepsilon;\ r=1,\ \cdots,\ l;\ i=1,\ \cdots,\ m \tag{5-4-4}$$

$$(x_{ij},\ y_{rj}) \in T \tag{5-4-5}$$

根据模型（5-4）可计算我国某省份高技术企业创新整体无效率值，则整体效率值为$[D(x_{ik},\ y_{rk})]^{-1} = TE(x_{ik},\ y_{rk}) = 1 - NTE_k$。然后计算分行业创新效率值 TE_k^p，因为各分行业效率值等于其产出与投入之比，故：

$$TE_k^p = \frac{\sum_{r=1}^{l} u_r y_{rk}^p}{\sum_{i=1}^{m} v_i x_{rk}^p} = 1 - \frac{s_k^p}{\sum_{i=1}^{m} v_i x_{rk}^p} \tag{5-5}$$

注意，这里 $\sum_{i=1}^{m} v_i x_{rk}^p \neq 1$，因为$\sum_{i=1}^{m} v_i x_{rk} = 1$，即$\sum_{i=1}^{m} v_i\ (x_{ik}^1 + x_{ik}^2 + x_{ik}^3 + x_{ik}^4 + x_{ik}^5) = 1$，所以，严格来说，$0 < \sum_{i=1}^{m} v_i x_{rk}^p < 1$。于是，可将模型（5-4）求解得出的 s_k^p、v_i 值以及已知投入指标值 x_{rk}^p 均代入式（5-5）中，即可得出第 p 个分行业的效率值 TE_k^p，这也体现了并联网络 DEA 模型“优先考虑决策评价单元创新整体效率最大”的整体性和关联性特征。

同理，可通过模型（5-6）分别求解在东部群组（$q=1$）、中部群组以及西部群组前沿下各省份高技术企业创新效率值。

$$NTE_k = \min s_k \tag{5-6}$$

$$\text{s.t.} \sum_{i=1}^{m} v_i x_{ik} = 1 \tag{5-6-1}$$

$$\sum_{r=1}^{l} u_r y_{rk}^p - \sum_{i=1}^{m} v_i x_{rk}^p + s_k^p = 0 \tag{5-6-2}$$

$$\sum_{r=1}^{l} u_r y_{rj}^p - \sum_{i=1}^{m} v_i x_{ij}^p \leqslant 0 \tag{5-6-3}$$

$$u_r, \ v_i \geqslant \varepsilon; \ r=1, \ \cdots, \ l; \ i=1, \ \cdots, \ m \tag{5-6-4}$$

$$(x_{ij}, \ y_{rj}) \in T^q (p=1, 2, \cdots, 5; \ q=1, 2, 3) \tag{5-6-5}$$

注意，模型（5－6）只算出了群组前沿下并联系统的整体无效率值，而整体及分行业效率值求解方法与共同前沿下做法类似。技术落差比率（TGR）可用式（5－7）表示。TGR 越大，表明该群组的最优创新技术与全国潜在最佳创新技术间的差距越小。

$$0 \leqslant TGR^{(q)}(x, \ y) = \frac{D^{(q)}(x, \ y)}{D(x, \ y)} = \frac{TE(x, \ y)}{TE^{(q)}(x, \ y)} \leqslant 1 (q=1, 2, 3) \tag{5-7}$$

这里，$TGR^{(q)}$（x，y）表示决策评价单元（x，y）所属第 q 个群组的技术落差比率，D（x，y）表示共同前沿下决策评价单元（x，y）的距离函数，$D^{(q)}$（x，y）表示群组 q 前沿下决策评价单元（x，y）的距离函数，TE（x，y）表示共同前沿下决策评价单元（x，y）的创新效率值，$TE^{(q)}$（x，y）表示群组 q 前沿下的创新效率值。根据上述技术差距理论分析（Chiu 等，2012；王群伟等，2014），效率损失原因有两种：一是技术差距无效率，记为 *TGRI*，属于外源性障碍；二是管理无效率，记为 *MI*，属于内生性阻力（李婉红，2017；李婉红和刘芳，2019）。分解公式为：

$$\mathrm{TEI} = 1 - \mathrm{TE} = \mathrm{TGRI} + \mathrm{MI}$$

$$\mathrm{TGRI} = \mathrm{TE}^{(q)} \times [1 - \mathrm{TGR}^{(q)}] = \mathrm{TE}^{(q)} - \mathrm{TE} \tag{5-8}$$

$$\mathrm{MI} = 1 - \mathrm{TE}^{(q)} \quad (q=1, 2, 3)$$

根据上述行业无效率的理论分析，并由式（5－3），可以利用

$$\Delta_k^p = \frac{s_k^p}{s_k} \quad (p=1, 2, \cdots, 5) \tag{5-9}$$

以此反映制约中国各省份高技术企业创新效率提升的具体行业，由前述式（5－3）可知，$s_k = s_k^1 + s_k^2 + s_k^3 + s_k^4 + s_k^5$，例如，如果 $\Delta_k^2 = \frac{s_k^2}{s_k}$ 在 $\frac{s_k^p}{s_k}$（$p=1, 2, \cdots, 5$）中取值最大，那么表明某省份因航空航天器制造业所导致的地区整体无效率损失最为严重。

第三节　异质性技术和行业并联视角下企业创新效率实证研究

一、样本、变量及数据说明

在样本数据选择方面，以 2007 ~ 2015 年中国各省份高技术企业及分行业创新为研究对象。由于极少数地区高技术行业布局不够完全，不能完全涵盖五大行业，相关数据缺失较为严重，例如，海南仅有医药制造业相关数据，青海、宁夏以及新疆则缺乏航空航天器制造业、计算机及办公设备制造业相关数据，而西藏各行业相关创新数据均不完整。为此，将上述五个省份排除在本书样本之外，选择北京、上海、广东、天津、江苏、浙江、湖北、安徽等 26 个省份数据进行实证分析。数据来源于相应年份的《中国高技术产业统计年鉴》《中国科技统计年鉴》以及《中国统计年鉴》等。样本投入产出指标界定如下：

1. 创新投入指标

主要从研发人力和资金投入角度进行衡量（庞兰心和官建成，2018；Spanos 等，2015）。选取研发人员全时当量（X1）作为研发人力投入的代理指标，与此同时，选取 R&D 经费内部支出（X2）和引进消化吸收费用（X3）来表示研发经费投入，因为在当前我国广大中西部和少数东部省份企业，企业技术创新活动仍依赖于技术引进基础上的消化吸收模式（崔淼和苏敬勤，2013）。该指标 X3 在数值上等于技术改造经费、技术引进经费、消化吸收经费以及购买国内技术经费四项经费支出之和。我们发现，消化吸收费用占引进消化吸收再创新费用比率不高，这与日本和韩国企业非常重视技术的消化吸收经费投入（与技术引进费用持平）存在一定差距。另外，企业创新投入转化为创新产出具有一定的累积效应和时滞性，即前期创新投入对当期产出也会存在一定积极作用，且随着时间推移和后期投入增加而不断累积。因此，需要采用永续盘存法对经费类指标（包括 R&D 经费内部支出和引进消化吸收费用）做存量处理（Chun 等，2015；肖仁桥等，2018）。这里，选择基期为2000年，主要原因在于我国从2000年之后逐步重视技术引进和自主创新活动。也有一些学者选择更早基期（如1990年）进行存量处理并测算效率值，但发现创新效率值并没有发生明显的变化。通常取折旧率$\delta=15.0\%$，在测算研发经费存量之前，利用研发价格指数（李向东等，2011）对经费类投入指标进行平减，转化为2000年不变价，2007~2015年中国各省份价格指数值源自历年《中国统计年鉴》。

2. 创新产出变量

一般从科技效应和经济效应角度衡量（官建成和陈凯华，2009；Shu等，2016）。首先，选取专利申请量（Y1）作为科技产出的代理指标，虽然部分专利的转化效率较低，但从总体和长远来看，专利的技术和经济价值仍较为明显，也是当前反映科技产出和创新能力的重要指标。与专利授权数相比，专利申请数更具有参考价值，因为部分专利审核和授权时间较长，且受诸多非技术因素的影响而不确定性明显。即使有些专利未获得授权，但由于在企业内部已形成一定技术积累，这对发展中国家或我国较多省份企业创新发展而言，仍具有明显的技术促进效应。其次，在经济效应方面，选择新产品销售收入（Y2）指标代理，并用工业品出厂价格指数进行平减，以2007年为不变价。值得注意的是，企业创新发展过程中，一些小的工艺流程改进和技术诀窍，使企业产品质量和生产效率得到提升，而这不能被专利或新产品销售收入所能反映，因而还需包括增加值或总收入等指标（周亚虹等，2012），基于指标数据可获取性、信息重叠以及指标的代表性，本书采用主营业务收入（Y3）来衡量，并用工业品出厂价格指数对其进行平减，以2007年为不变价。专利申请数、新产品销售收入以及主营业务收入数据来源于历年《中国高技术产业统计年鉴》，而工业品出厂价格指数来自《中国统计年鉴》，通过历年价格指数（当期）进行累乘而得。

在测算考察期内中国各省份高技术企业创新效率时，DEA模型要求决策评价单元的投入产出指标值均大于零，而少数省份企业创新投入产出指标数据为0，例如，2007年山西和内蒙古航空航天器制造业研发人员全时当量指标值为0。因而，采用数据标准化处理公式$\tilde{x}_n=1+\left(99\times\frac{(x_n-\min\limits_n x_n)}{(\max\limits_n x_n-\min\limits_n x_n)}\right)$，对各省份高技术企业原始数据进行标准化，转换为[1，100]的数值。这里，x_n是源自《中国统计年鉴》《中国高技术产业统计年鉴》等年鉴上搜集的原始数据，通过上述标准化公式的数据处理，使处理后的数据 $\tilde{x}_n$ 符合 DEA 模型计算的要求，同时包含了原始数据的主要信息。

3. 影响因素变量

（1）企业管理方面。

1）企业规模（SCALE），用各地区高技术企业主营业务收入/企业数的对数值来表示，在测算之前，用工业品出厂价格指数进行平减，转换为 2007 年不变价。

2）创新氛围（INNO），有研发机构的企业越多，企业基于创新活动的竞争与合作越频繁，从而营造更好的创新氛围，学者们采用各地区有研发机构的企业数占总企业数的比重衡量（冯伟等，2014）。由于创新氛围与企业研发创新活动高度相关，因此，本书采用各地区高技术企业有研发活动的企业数占所有企业数的比重来表示。

3）所有制结构（OWNER），用国有及国有控股企业主营业务收入占所有主营业务收入的比重来表示。

（2）创新环境方面。

1）基础应用研究（RESEA），用地区 R&D 经费内部支出中基础、应用研究之和所占比重来表示。

2）政府支持（GOVM），这里用各地区高技术企业 R&D 经费内部支出中政府资金所占比重来表示。

3）知识产权保护（IP），用技术市场成交额占 GDP 的比重来表示（胡凯等，2012）。

4）劳动者素质（LABOR），用大专以上学历人口数/15 岁以上人口数来表示。

5）金融环境（FINAN），用金融机构贷款余额占 GDP 比重来表示（周兵等，2014）。最后，引入企业规模与政府支持的交叉项。

二、共同前沿下我国各省份高技术企业创新效率差异分析

传统研究忽视了东中西部地区高技术企业之间的技术差距，本书基于共同前

沿理论，首先，根据东中西部地区的技术异质性，按省份分别构建东部、中部和西部群组前沿（群组前沿是群组内决策单元所能达到的最优创新生产水平）进行群组内测度分析，但这不利于群组间评价单元的比较，于是构建各群组单元的共同包络曲线，即共同前沿（表示全国各省份高技术企业所能达到的最优创新生产技术）。其次，根据上述共同前沿理论和并联网络 DEA 模型，测度分析 2007～2015 年中国各省份高技术企业创新整体和分行业效率值，同时将其与不考虑并联结构的传统 CCR 模型效率值进行比较。表 5－1 展示了共同前沿下我国各省份企业整体和分行业创新效率值，需要说明的是，群组前沿下效率值，是将群组内决策评价单元进行比较而得出的，而共同前沿下效率值则是在全国范围内进行测算比较得出。

从并联网络 DEA 模型测算结果来看，由表 5－1 可知，北京、天津、江苏、广东和安徽等省份高技术企业创新效率相对较高。北京、天津、江苏和广东高技术企业在人才资源、技术水平以及制度安排上处于全国领先地位，是我国高技术企业创新的学习标杆。2007～2015 年安徽省高技术企业创新整体效率值从 0.426 增至 0.675，尤其是电子及通信设备制造业，效率值由 0.393 增至 0.869，年均增幅高达 10.428%，是整体效率提升的主要原因。陕西、福建、湖北、河北、黑龙江、江西等省份高技术企业创新整体效率值相对较低。这些地区企业具备一定的经济基础和技术水平，但与全国最优技术水平相比还存在一定的距离，且许多地区生产同质化的产品，大打价格战，使地区企业创新效率和产品价值相对低下。从时间变化趋势来看，2007 年广东、北京、天津、云南和上海企业创新效率值位于全国前列，而 2015 年安徽、重庆、四川、北京以及江西企业创新效率值则处于全国前 5 位。其中，安徽、四川和重庆企业效率改进幅度最为明显，而广东和河北企业与之相反，创新效率值下降显著，广东企业效率年均降幅为 4.624%，北京、上海、云南等省份企业也出现创新效率值下降的趋势。从各行业来看，由表 5－1 可知，首先是全国医疗设备及仪器仪表制造业创新效率均值最高，其次是电子计算机及办公设备制造业和电子及通信设备制造业和医药制造业，而航空航天器制造业创新效率值处于行业最低水平，这可能与航天等军工企业涉密或国际政治环境变化有关，该行业的技术商业化水平和投入产出效率偏低。从各区域比较来看，东部地区在电子及通信设备制造业、电子计算机及办公

表 5-1　共同前沿下基于并联网络 DEA 模型的高技术企业整体与分行业效率

地区	2007 年						2015 年						均值					
	TE	TE^1	TE^2	TE^3	TE^4	TE^5	TE	TE^1	TE^2	TE^3	TE^4	TE^5	TE	TE^1	TE^2	TE^3	TE^4	TE^5
北京	0. 520	0. 357	0. 292	0. 773	0. 518	0. 341	0. 480	0. 322	0. 227	0. 505	0. 901	0. 448	0. 561	0. 407	0. 270	0. 773	0. 676	0. 471
天津	0. 514	0. 416	0. 468	0. 656	0. 425	0. 448	0. 458	0. 343	0. 483	0. 534	0. 419	0. 414	0. 553	0. 593	0. 500	0. 604	0. 445	0. 507
河北	0. 423	0. 342	0. 437	0. 457	0. 467	0. 468	0. 337	0. 230	0. 374	0. 338	0. 455	0. 488	0. 405	0. 307	0. 406	0. 478	0. 474	0. 481
辽宁	0. 369	0. 477	0. 269	0. 294	0. 498	0. 455	0. 358	0. 377	0. 258	0. 378	0. 430	0. 505	0. 467	0. 437	0. 472	0. 504	0. 463	0. 471
上海	0. 493	0. 366	0. 366	0. 435	0. 913	0. 444	0. 450	0. 290	0. 226	0. 502	0. 773	0. 491	0. 469	0. 470	0. 464	0. 479	0. 468	0. 464
江苏	0. 462	0. 325	0. 434	0. 417	0. 784	0. 435	0. 472	0. 283	0. 397	0. 512	0. 312	0. 646	0. 395	0. 480	0. 252	0. 418	0. 486	0. 577
浙江	0. 409	0. 312	0. 481	0. 341	0. 475	0. 564	0. 451	0. 280	0. 472	0. 505	0. 286	0. 570	0. 477	0. 500	0. 464	0. 466	0. 458	0. 479
福建	0. 417	0. 417	0. 464	0. 323	0. 531	0. 456	0. 405	0. 386	0. 492	0. 429	0. 307	0. 514	0. 377	0. 369	0. 277	0. 460	0. 449	0. 457
山东	0. 426	0. 407	0. 463	0. 460	0. 318	0. 521	0. 416	0. 225	0. 436	0. 492	0. 536	0. 546	0. 488	0. 336	0. 306	0. 482	0. 904	0. 509
广东	0. 647	0. 458	0. 393	0. 660	0. 685	0. 775	0. 443	0. 314	0. 397	0. 449	0. 378	0. 595	0. 554	0. 338	0. 461	0. 559	0. 621	0. 728
山西	0. 474	0. 503	0. 464	0. 482	0. 468	0. 451	0. 438	0. 353	0. 459	0. 497	0. 467	0. 452	0. 476	0. 290	0. 444	0. 508	0. 364	0. 733
吉林	0. 468	0. 465	0. 464	0. 457	0. 473	0. 486	0. 444	0. 399	0. 464	0. 483	0. 454	0. 470	0. 570	0. 566	0. 415	0. 673	0. 521	0. 534
黑龙江	0. 381	0. 372	0. 271	0. 449	0. 460	0. 440	0. 367	0. 316	0. 290	0. 447	0. 437	0. 510	0. 423	0. 385	0. 462	0. 426	0. 377	0. 531
安徽	0. 426	0. 428	0. 406	0. 393	0. 467	0. 445	0. 675	0. 470	0. 412	0. 869	0. 585	0. 696	0. 432	0. 453	0. 303	0. 524	0. 478	0. 465
江西	0. 381	0. 444	0. 257	0. 391	0. 462	0. 448	0. 476	0. 402	0. 381	0. 567	0. 478	0. 577	0. 440	0. 342	0. 458	0. 471	0. 445	0. 600

续表

地区	2007年						2015年						均值					
	TE	TE^1	TE^2	TE^3	TE^4	TE^5	TE	TE^1	TE^2	TE^3	TE^4	TE^5	TE	TE^1	TE^2	TE^3	TE^4	TE^5
河南	0.439	0.482	0.395	0.380	0.462	0.484	0.418	0.292	0.460	0.459	0.436	0.502	0.495	0.445	0.464	0.587	0.446	0.520
湖北	0.379	0.355	0.336	0.320	0.501	0.477	0.383	0.296	0.404	0.353	0.411	0.716	0.396	0.399	0.349	0.359	0.441	0.529
湖南	0.445	0.508	0.410	0.445	0.411	0.456	0.448	0.522	0.409	0.348	0.466	0.617	0.511	0.563	0.429	0.479	0.470	0.604
内蒙古	0.469	0.460	0.466	0.486	0.466	0.466	0.453	0.416	0.465	0.461	0.470	0.462	0.549	0.351	0.434	0.527	0.740	0.754
广西	0.452	0.455	0.466	0.409	0.466	0.469	0.451	0.353	0.467	0.469	0.480	0.532	0.466	0.430	0.467	0.467	0.490	0.491
重庆	0.429	0.415	0.459	0.448	0.448	0.389	0.592	0.439	0.463	0.736	0.596	0.705	0.523	0.478	0.458	0.553	0.609	0.529
四川	0.371	0.426	0.416	0.306	0.421	0.405	0.572	0.745	0.277	0.624	0.441	0.787	0.499	0.609	0.328	0.494	0.600	0.609
贵州	0.455	0.489	0.386	0.493	0.468	0.468	0.426	0.432	0.359	0.492	0.459	0.472	0.448	0.532	0.348	0.511	0.462	0.477
云南	0.496	0.604	0.468	0.465	0.468	0.470	0.438	0.382	0.465	0.468	0.452	0.467	0.470	0.494	0.467	0.464	0.459	0.465
陕西	0.294	0.455	0.152	0.313	0.458	0.422	0.264	0.334	0.163	0.344	0.461	0.357	0.302	0.435	0.167	0.385	0.465	0.411
甘肃	0.461	0.460	0.461	0.451	0.468	0.465	0.453	0.401	0.462	0.457	0.468	0.493	0.462	0.428	0.464	0.476	0.468	0.479
东部	0.468	0.388	0.407	0.482	0.561	0.491	0.427	0.305	0.376	0.464	0.480	0.522	0.484	0.383	0.399	0.525	0.553	0.589
中部	0.424	0.445	0.375	0.415	0.463	0.461	0.456	0.381	0.410	0.503	0.467	0.567	0.465	0.467	0.397	0.506	0.466	0.508
西部	0.428	0.470	0.409	0.421	0.458	0.444	0.456	0.438	0.390	0.506	0.478	0.534	0.455	0.484	0.395	0.479	0.503	0.491
全国	0.442	0.431	0.398	0.442	0.499	0.467	0.445	0.369	0.391	0.489	0.475	0.540	0.469	0.440	0.397	0.505	0.511	0.534

注：这里 TE 是全国、三大地区及各省份高技术企业创新效率值，而 TE^1、TE^2、TE^3、TE^4 和 TE^5 分别指医药制造业、航空航天器制造业、电子及通信设备制造业、电子计算机及办公设备制造业和医疗设备及仪器仪表制造业创新效率值。

设备制造业以及医疗设备及仪器仪表制造业三个行业效率相对较高，而中部地区医疗设备及仪器仪表制造业和西部地区电子计算机及办公设备制造业效率值虽不及东部地区企业，但也处于相对较优水平，不过，中西部地区医药制造业效率值高于东部地区，这可能与医药制造业发展与药材产地、医药业人才以及技术积累有关。

由图 5－3 可知，并联网络视角下中国各省份企业创新效率值均不超过传统 CCR 效率值，且两种效率之间的差距较为明显，例如，广东省在两种情形下的效率均值分别为 0. 959 和 0. 554。如果考虑并联网络结构特征，广东省高技术企业创新效率值仍有 45. 100% 的提升空间。对两种情形下的中国各省份创新效率值进行排序，Pearson 相关性检验分析发现，两种排序的正相关性高达 0. 893，且在 1% 的检验水平下显著，表明本书采用共同前沿—并联网络 DEA 模型进行效率测算结果是合理且稳健的。

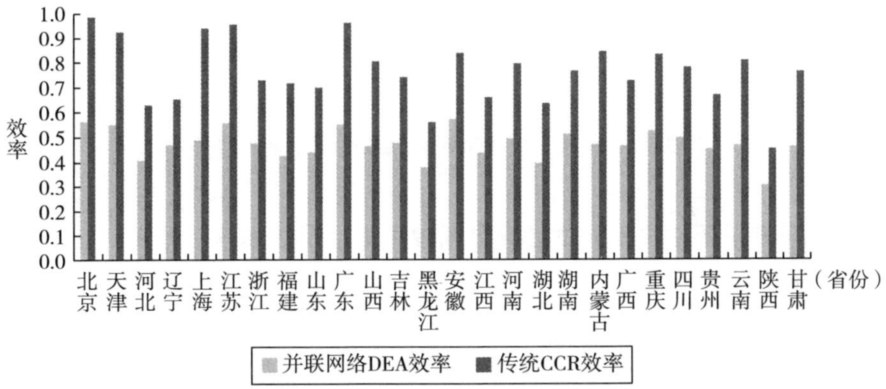

图 5－3　中国各省份高技术企业传统和并联网络效率均值（2007～2015 年）

如果按照传统 CCR 模型，不考虑我国高技术五大行业之间的并联创新结构，笼统测算企业创新效率值，则各省份企业创新效率均值为 0. 763，三大地区企业创新效率均值分别为 0. 820、0. 724 和 0. 733，无论是全国企业还是东中西部地区企业效率均值，传统 CCR 效率值明显高于并联网络视角下的效率结果（具体效率下文详述），这与以往研究的观点基本保持一致（桂黄宝，2014；余泳泽，2009），传统研究可能存在效率值被夸大且与高技术企业创新发展实际不符等问题。本书利用并联网络 DEA 模型对 2007 ~2015 年中国各省份高技术企业创新整体效率进行测算，发现全国高技术企业创新整体效率均值为 0.469，东部、中部和西部地区创新效率分别为 0.484、0.465 和 0.455，三大地区企业总体均值差异并不明显，可能因 2014 ~2015 年我国东部地区企业创新效率值明显偏低，使考察期内东部地区创新效率均值有所下降。由图 5 -4 可知，2007 ~2015 年全国及三大地区效率值增减交替，但变化幅度并不明显，基本徘徊于 0.4 ~0.5。

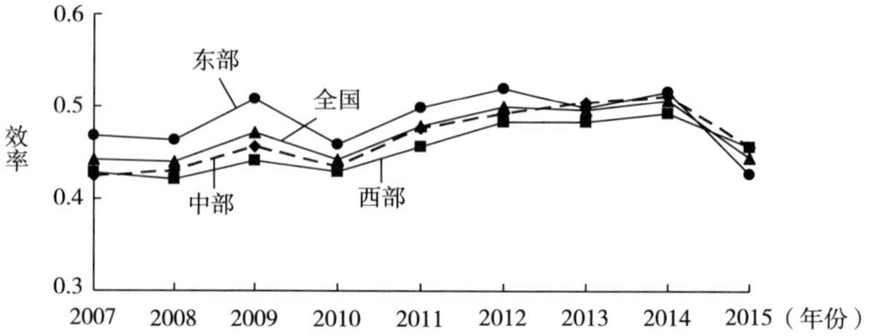

图 5 -4　全国及三大群组并联网络效率变化趋势

三、两种前沿下中国高技术企业创新效率测度及技术差距分析

基于异质性技术视角，将全国省份分为东部、中部和西部三个群组，利用共同前沿理论和并联网络 DEA 模型，在两种前沿下测算中国各省份高技术企业整体及行业创新效率以及技术落差比率，结果见图 5 -5（限于篇幅，仅给出高技术企业整体在两种前沿下的分析结果）。

由图 5 -5 可知，共同前沿下的效率值均不高于群组前沿下的效率值。以全国高技术企业共同前沿为参照标准，2007 ~2015 年中国高技术企业创新整体效率均值仅为 0.469（见表 5 -1），效率值偏低，表明按共同前沿方法测算，全国高技术企业研发投入仍可以削减 53.1%，也能实现当前的科技经济产出。如果能达到共同前沿省份的高技术企业创新水平，那么中国高技术企业创新效率的提升空间较大。如果以群组前沿为基准，中国各省份高技术企业创新效率均值可达

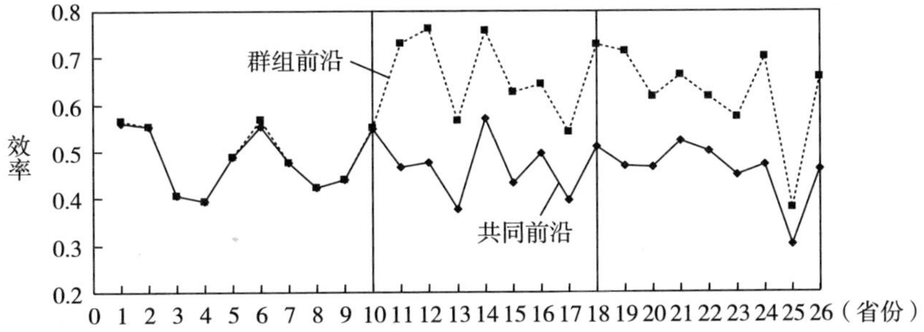

图 5-5　2007～2015 年两种前沿下各省份高技术企业创新效率均值

注：这里，横轴 1～10 表示北京、天津、河北等东部 10 个省份高技术企业，11～18 表示山西、吉林、黑龙江、安徽等 8 个中部省份高技术企业，19～26 表示内蒙古、广西、重庆等西部 8 省份高技术企业。共同前沿下效率值是参考全国最优技术水平而得出的，而群组前沿仅表示该群组的最优水平，为了更好体现各群组前沿下效率值与共同前沿下效率值的差异，图 5-5 按横轴三个部分（或称三个群组）进行呈现。

0.582，明显高于共同前沿下的效率值（0.469），原因在于两者的比较标准不同。前者是以全国最优创新技术为参考标准，后者则是以群组潜在最优技术水平为参考。群组前沿最优技术低于共同前沿最优技术，因而各省份高技术企业投入产出数据集与群组前沿的距离不大于其与共同前沿的距离，造成群组前沿下的效率值不低于共同前沿下的效率值。以西部群组的云南省为例，考察期内共同前沿下的企业创新效率均值为 0.470，而群组前沿下的创新效率值则达到 0.700（源于群组前沿下的创新效率结果，限于篇幅而未列出），两者之间差异较大。这表明，如果采用全国最优创新生产技术，其创新资源节约和科技经济增长还有 53.0% 的改进空间，如果以西部群组的潜在最优创新生产技术为参考，则创新效率提升空间仅为 30.0%，这也体现出两种前沿之间的技术落差。

为了进一步验证两种前沿下创新效率的差异性，根据式（5-7），得出三大群组及各省份高技术企业的技术落差比率。然后，利用 Kruskal-Wallis 方法对区域技术落差比率进行检验，结果见表 5-2。发现中国三大地区高技术企业创新存在明显的技术落差，显著性水平为 1%。平均而言，东部地区高技术企业的创新生产技术水平显著高于中西部地区。东部地区技术落差比率（TGR）均值为 0.996，表明东部地区高技术企业实现了全国最优创新技术水平的 99.6%，而中西部地区 TGR 均值分别为 0.698 和 0.746，与全国最优水平还有 30.2% 和

25.4%的距离。由图5-5可知，东部大多数省份高技术企业在两种前沿下的效率值非常接近，预示着东部地区大多数省份高技术企业创新水平高，基本表示中国潜在最优创新技术水平。而中西部地区高技术企业在两种前沿下的效率值差异明显，创新技术低于全国最优水平，具有较大的提升空间。

表5-2 我国三大地区高技术企业技术落差比率及群组差异性检验结果

区域	最大值	最小值	均值	标准差
东部地区	1.000	0.890	0.996	0.013
中部地区	0.863	0.598	0.698	0.062
西部地区	0.884	0.647	0.746	0.063
Kruskal-wallis 检验	Chi-squared = 11.692　P < 0.010			

考察期内我国东部、中部和西部地区高技术企业的技术落差比率结果见图5-6，由此可知，从动态视角来看，考察期内东部、中部和西部高技术企业TGR值呈现不同的变化趋势，2007~2015年东部地区TGR均值徘徊于1，处于最优水平，且始终高于中西部地区。考察期内我国中部地区高技术企业TGR值略增，由最初的0.665增至2015年的0.731，年均增幅为1.190%，西部地区则呈现微幅增减交错的趋势，总体徘徊于0.700~0.800。东部地区是我国企业技术创新的主要阵地，在研发资金支持、高端人才储备、市场开放度以及制度安排等方面具有明显优势。另外，由于长期以来实行的区域不平衡发展战略，加上中西部自身区位优势不明显，且经济基础薄弱，导致其企业核心技术人才严重短缺，高技术企业创新规模和产出偏低，还有较大的发展潜力。

区域间技术差距结果见图5-7，我们发现，2007~2015年东—中、东—西企业间的技术差距一直徘徊于0.300左右，西—中地区企业间的技术差距基本位于0~0.100，技术水平呈现东部、西部和中部地区依次递减的格局。考察期内东部与中西部地区企业间的技术差距长期存在，且并未呈现缩小的趋势，需引起相关部门高度重视。

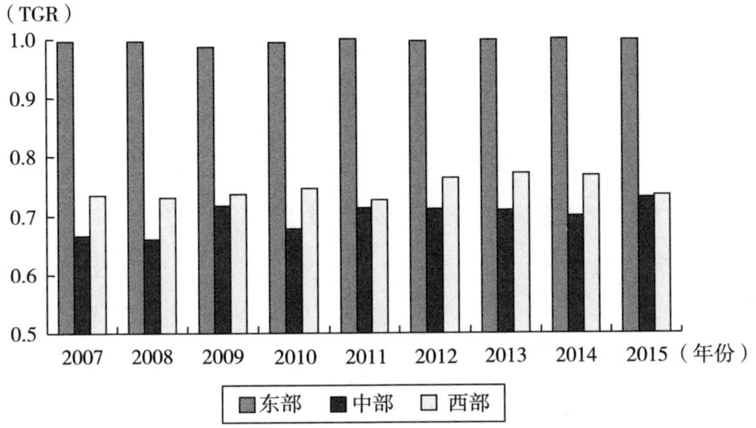

图5-6 中国三大地区高技术企业的技术落差比率

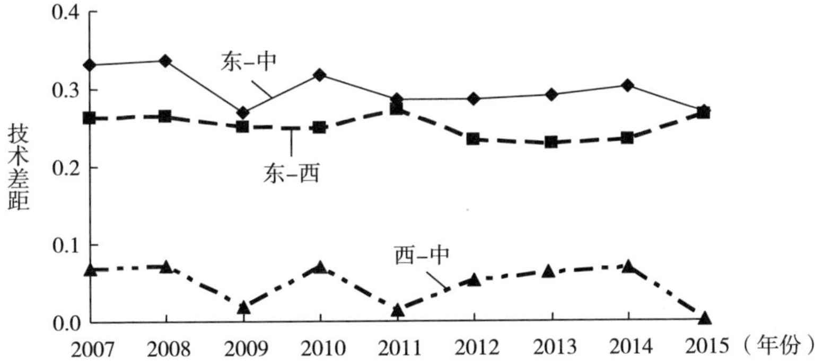

图5-7 中国三大地区高技术企业间的技术差距

四、行业并联视角下我国高技术企业创新无效率值的分解

为了确定创新效率损失的真实根源，利用前述公式（5-8），将中国各省份高技术企业创新无效率值从“技术”和“管理”两个维度进行分解。结果表明，共同前沿下2007~2015年中国各省份高技术企业创新无效率均值（TEI）为0.530，区域技术差距无效率值（TGRI）为0.112，约占21.1%，而管理无效率值（MI）为0.418，占78.7%。东部地区企业TGRI约占0.8%，MI占99.2%；中部地区企业TGRI约占38.0%，MI占62.0%；西部地区企业TGRI值约占

29.3%，MI 约占 70.7%。东部地区企业无效率主要源自管理无效率，而中西部地区企业无效率则与 TGRI 和 MI 均有关。

下面，继续寻找中国各省份高技术企业创新效率提升的路径，本书以全国高技术企业技术差距无效值 TGRI 和企业管理无效值 MI 的均值为界，将创新效率损失的特征归纳为四个方阵（见图 5－8）。由此可知，①方阵 1 省份企业的 MI 低于全国平均水平，而 TGRI 高于平均水平。表明这些省份高技术企业管理水平相对较高，但区域技术水平相对落后，需在继续保持管理效率优势的同时，提高区域技术水平。②方阵 2 省份企业的 MI 和 TGRI 均高于平均水平。这些省份高技术企业需在缩小区域技术差距的同时，加强企业内部管理。③方阵 3 省份企业的 MI 和 TGRI 均低于平均水平。表明这些省份企业在技术和管理两方面发展态势良好，是中国高技术企业的标杆。④方阵 4 省份企业的 TGRI 低于平均水平，而 MI 高于平均水平，意味着这些省份在技术水平上具有一定优势，但企业管理效率偏低，未来需更加关注企业管理，减少因管理决策失误而造成的损失。

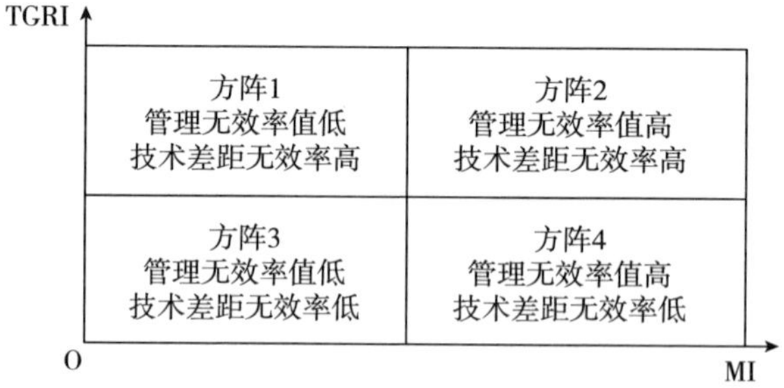

图 5－8　中国各省份高技术企业创新效率损失的二维分解

根据上述定义，将中国 26 个省份归入四个方阵（见表 5－3），发现山西、内蒙古、吉林、安徽等 12 个省份属于第 1 方阵，这些省份来自于中西部地区，其主要制约因素是区域技术水平偏低，未来需加强与发达地区企业间的交流与合作。黑龙江、湖北、贵州等 3 个省份属于第 2 方阵，这些省份 MI 和 TGRI 均高于平均水平，需内外兼修，在缩小区域技术差距的同时，提升企业内部管理水平。北京、上海、江苏、浙江等 11 个省份属于第 4 方阵，主要来自东部地区，这些省份技术水平较高，企业管理水平的继续提高是未来需关注的重点。最后，没有一个省份属于第3方阵，高技术企业创新发展任重道远。

表5-3　中国各省份高技术企业创新效率提升策略分类

方阵类型	地区
①MI低，TGRI高	山西、内蒙古、吉林、安徽、江西、河南、湖南、广西、重庆、四川、云南、甘肃
②MI高，TGRI高	黑龙江、湖北、贵州
③MI低，TGRI低	无
④MI高，TGRI低	北京、天津、河北、辽宁、上海、江苏、浙江、福建、山东、广东、陕西

从行业角度出发，寻找创新效率提升的路径。利用前述分行业无效率分解公式（5-9），确定各省份高技术企业整体效率损失的主要原因，结果见表5-4。需要注意的是，本书采用“▲”“▲▲”“▲▲▲”来表示各高技术行业创新无效所造成的损失程度及其重要性，如果某行业松弛变量s^p占高技术企业整体松弛变量s的比重s^p/s位于20.0%~40.0%，则该行业效率提升重要性记为“▲”；如果s^p/s位于40.0%~80.0%，记为“▲▲”；如果s^p/s超过80.0%，记为“▲▲▲”。

由表5-4可知，从全国整体来看，医药制造业等五大高技术行业无效所造成的效率损失分别为22.3%、21.5%、27.4%、14.5%和14.3%，注意，本书所说的行业无效是指该高技术行业创新投入尚未完全转化为创新产出，创新效率值与最优水平之间还有一段距离。医药制造业s^1/s、航空航天器制造业s^2/s以及电子及通信设备制造业创新无效占比s^3/s相对较高。

分区域来看，东部地区首先是企业创新效率的行业损失主要源自电子及通信设备制造业，该行业无效占比s^3/s高达36.8%，其次是医药制造业s^1/s。中部地区首先是企业创新无效率主要源自医药制造业s^1/s和航空航天器制造业s^2/s，其次是电子及通信设备制造业s^3/s。西部地区首先是高技术企业创新效率损失主要源自航空航天器制造业s^2/s，其次是电子及通信设备制造业s^3/s和医药制造业s^1/s。

分省份来看，①在医药制造业方面，河北企业无效率的贡献度s^1/s高达40.5%。②在航空航天器制造业方面，辽宁和陕西高技术企业无效损失占比s^2/s

表 5 - 4　中国高技术企业无效率值分解及提升重点（2007 ~ 2015 年）

地区	整体效率	无效率值分解（松弛变量）						占比（松弛）					重点提升行业				
		s	s^1	s^2	s^3	s^4	s^5	s^1/s	s^2/s	s^3/s	s^4/s	s^5/s	1	2	3	4	5
北京	0.561	0.439	0.091	0.114	0.075	0.072	0.087	20.7%	26.0%	17.1%	16.4%	19.8%	▲	▲			
天津	0.553	0.447	0.097	0.060	0.147	0.079	0.064	21.7%	13.4%	32.9%	17.7%	14.3%	▲		▲		
河北	0.405	0.595	0.241	0.096	0.097	0.073	0.087	40.5%	16.1%	16.3%	12.3%	14.6%	▲▲				
辽宁	0.395	0.605	0.083	0.265	0.140	0.057	0.060	13.7%	43.8%	23.1%	9.4%	9.9%		▲▲	▲		
上海	0.488	0.512	0.105	0.081	0.255	0.011	0.060	20.5%	15.8%	49.8%	2.1%	11.7%	▲		▲▲		
江苏	0.554	0.446	0.113	0.026	0.214	0.049	0.040	25.3%	5.8%	48.0%	11.0%	9.0%	▲		▲▲		
浙江	0.476	0.524	0.161	0.033	0.185	0.099	0.046	30.7%	6.3%	35.3%	18.9%	8.8%	▲		▲		
福建	0.423	0.577	0.079	0.046	0.239	0.163	0.050	13.7%	8.0%	41.4%	28.3%	8.7%			▲▲	▲	
山东	0.440	0.560	0.187	0.033	0.181	0.113	0.045	33.4%	5.9%	32.3%	20.2%	8.0%	▲		▲	▲	
广东	0.549	0.451	0.037	0.011	0.365	0.027	0.011	8.2%	2.4%	80.9%	6.0%	2.4%			▲▲▲		
山西	0.467	0.533	0.132	0.098	0.096	0.099	0.109	24.8%	18.4%	18.0%	18.6%	20.5%	▲				▲
吉林	0.477	0.523	0.142	0.091	0.103	0.094	0.093	27.2%	17.4%	19.7%	18.0%	17.8%	▲				
黑龙江	0.377	0.623	0.153	0.230	0.077	0.076	0.086	24.6%	36.9%	12.4%	12.2%	13.8%	▲	▲			
安徽	0.570	0.430	0.092	0.093	0.086	0.075	0.084	21.4%	21.6%	20.0%	17.4%	19.5%	▲	▲	▲		
江西	0.432	0.568	0.118	0.193	0.095	0.071	0.091	20.8%	34.0%	16.7%	12.5%	16.0%	▲	▲			
河南	0.495	0.505	0.143	0.098	0.090	0.075	0.098	28.3%	19.4%	17.8%	14.9%	19.4%	▲				

续表

地区	整体效率	无效率值分解（松弛变量）						占比（松弛）					重点提升行业				
		s	s^1	s^2	s^3	s^4	s^5	s^1/s	s^2/s	s^3/s	s^4/s	s^5/s	1	2	3	4	5
湖北	0.396	0.604	0.127	0.103	0.251	0.064	0.060	21.0%	17.1%	41.6%	10.6%	9.9%	▲		▲▲		
湖南	0.511	0.489	0.097	0.101	0.134	0.082	0.077	19.8%	20.7%	27.4%	16.8%	15.7%		▲	▲		
内蒙古	0.469	0.531	0.116	0.105	0.102	0.104	0.105	21.8%	19.8%	19.2%	19.6%	19.8%	▲				
广西	0.466	0.534	0.139	0.094	0.113	0.092	0.096	26.0%	17.6%	21.2%	17.3%	18.0%	▲		▲		
重庆	0.523	0.477	0.132	0.083	0.084	0.068	0.111	27.7%	17.4%	17.6%	14.3%	23.3%	▲				▲
四川	0.499	0.501	0.062	0.131	0.219	0.043	0.045	12.4%	26.1%	43.7%	8.6%	9.0%		▲	▲▲		
贵州	0.448	0.552	0.084	0.211	0.094	0.081	0.081	15.2%	38.2%	17.0%	14.7%	14.7%		▲			
云南	0.470	0.530	0.131	0.096	0.100	0.101	0.101	24.7%	18.1%	18.9%	19.1%	19.1%	▲				
陕西	0.302	0.698	0.067	0.374	0.127	0.047	0.083	9.6%	53.6%	18.2%	6.7%	11.9%		▲▲			
甘肃	0.462	0.538	0.129	0.102	0.110	0.099	0.098	24.0%	19.0%	20.4%	18.4%	18.2%	▲		▲		
东部	0.484	0.516	0.119	0.077	0.190	0.074	0.055	23.1%	14.9%	36.8%	14.3%	10.7%	▲		▲		
中部	0.466	0.534	0.126	0.126	0.117	0.080	0.087	23.6%	23.6%	21.9%	15.0%	16.3%	▲	▲	▲		
西部	0.455	0.545	0.108	0.150	0.119	0.079	0.090	19.8%	27.5%	21.8%	14.5%	16.5%		▲	▲		
全国	0.469	0.531	0.118	0.114	0.145	0.077	0.076	22.3%	21.5%	27.4%	14.5%	14.3%	▲	▲	▲		

分别为43.8%和53.6%，该行业效率损失占比较高，创新投入并未有效转化为创新产出，需合理配置该行业要素资源并进行有效管理。③在电子及通信设备制造业方面，广东、上海、江苏、福建、湖北和四川企业该行业无效占比 s^3/s 均在40.0%以上，尤其是广东省，该行业无效所造成的效率损失高达80.9%，广东省电子及通信设备制造业研发投入和产出规模位于全国第1位，涌现了华为、小米等一批高科技企业，使该行业产值在广东高技术企业中的占比非常突出，从而导致上述结论。④在计算机及办公设备制造业方面，也存在一定效率损失，但没有前面三种行业突出。例如，福建和山东高技术企业因该行业无效所造成的损失 s^4/s 分别为28.3%和20.2%，是这些省份未来效率提升需要关注的行业。⑤在医疗设备及仪器仪表制造业方面，重庆和山西在该行业存在一定效率损失，因医疗设备及仪器仪表制造业无效所造成的效率损失分别为23.3%和20.5%，是这些省份高技术企业创新效率提升的路径之一。

第四节　行业并联视角下企业创新效率影响机制实证分析

一、中国高技术企业创新整体效率影响机制实证分析

根据前文影响机制分析，以共同前沿下各省份高技术企业的创新效率为被解释变量，影响因素为解释变量，选取2009~2015年各省份高技术企业相关数据（因2007~2008年有R&D活动的企业数等指标数据缺失，故未纳入该阶段研究中），构建面板回归模型如下：

$$TE_{it} = \alpha_0 + \alpha_1 SCALE_{it} + \alpha_2 INNO_{it} + \alpha_3 OWNER_{it} + \alpha_4 RESEA_{it} + \alpha_5 GOVM_{it} + \alpha_6 IP_{it} + \alpha_7 LABOR_{it} + \alpha_8 FINAN_{it} + \alpha_9 SCALE_{it} \times GOVM_{it} + \varepsilon_{gt} \tag{5-10}$$

其中，TE_{it}表示2009~2015年中国各省份高技术企业创新效率值（本书分别考虑整体和分行业创新效率），i 表示第 i 个省份，t 表示第 t 个年份，$SCALE_{it}$、$INNO_{it}$和 $OWNER_{it}$分别表示企业规模、创新氛围以及所有制结构等三个企业内部

影响因素，而 $RESEA_{it}$、$GOVM_{it}$、IP_{it}、$LABOR_{it}$、$FINAN_{it}$ 为基础应用研究、政府支持、知识产权保护、劳动者素质以及金融环境等创新环境影响因素，为了探讨企业规模在政府支持促进创新效率提升中的调节机制，即政府支持规模较小的企业是否更有利于创新效率提升，本书引入企业规模与政府支持的交叉项 $SCALE_{it} \times GOVM_{it}$。$\alpha_1 \sim \alpha_9$ 表示待估系数，α_0 表示常数项，ε_{it} 表示随机误差项，高技术企业创新整体效率的影响因素回归结果如表 5-5 所示。

表 5-5 中国高技术企业创新整体效率影响因素回归结果

变量	整体效率			
	面板固定效应	面板随机效应	面板随机 Tobit	系统 GMM
滞后期效率值				0.572*** (7.100)
企业规模	0.049*** (3.750)	0.048*** (3.880)	0.047*** (3.930)	0.065*** (5.250)
创新氛围	0.034 (0.780)	0.032 (0.810)	0.034 (0.880)	0.028* (1.710)
所有制结构	-0.151** (-2.010)	-0.128** (-1.990)	-0.127** (-2.070)	0.005 (0.935)
基础应用研究	-0.228* (-1.760)	-0.054 (-0.520)	-0.030 (-0.300)	0.088 (1.310)
政府支持	0.791 (0.172)	0.726 (1.290)	0.716 (1.290)	1.063*** (2.740)
知识产权保护	-0.027 (-0.030)	0.655 (1.090)	0.678 (1.200)	-0.121 (-0.260)
劳动者素质	-0.202 (-0.940)	-0.158 (-0.810)	-0.159 (-0.840)	-0.255 (-1.63)
金融环境	-0.022 (-1.050)	-0.015 (-0.790)	-0.014 (-0.710)	-0.021*** (-2.990)
企业规模×政府支持	-0.102* (-1.660)	-0.095 (-1.600)	-0.094 (-1.610)	-0.120*** (-2.940)
常数项	0.133 (0.980)	0.089 (0.710)	0.088 (0.720)	-0.399*** (-3.590)

续表

变量	整体效率			
	面板固定效应	面板随机效应	面板随机 Tobit	系统 GMM
模型检验值	F = 5.900 ***	Wald = 58.810 ***	Wald = 61.970 ***	AR（2） = 0.606
	R - sq = 0.265	R - sq = 0.250	Log likelihood = 269.005	Sargan test = 0.912

注：*、**、*** 分别表示在 10%、5% 和 1% 的水平上显著，表中面板固定效应模型中（第 2 列）括号里的数为 t 统计量，其他模型（第 3 ~ 5 列）中的是 Z 统计量。

表 5 - 5 第 2 ~ 3 列给出了面板固定和随机效应下的回归结果，如果效率值在 [0，1]，那么采用面板 Tobit 模型较为合适（余泳泽，2009）。表 5 - 5 中的第 4 列给出了面板随机效应 Tobit 模型计量结果，发现第 2 ~ 4 列结果无明显的差异。然而，以上估计过程可能存在内生性，主要原因有二：一是模型估计中可能遗漏了影响创新效率的重要解释变量。二是由于创新效率与企业规模、政府支持等变量高度相关，因变量可能与自变量互为因果关系，例如，企业规模会影响高技术企业创新效率的增长；反过来，创新效率的差异也可能影响企业规模的变化。为了克服模型中存在的内生性问题，采用系统 GMM 模型进行估计，它非常适合于横截面（各省份）较宽、年份较短且变量具有内生性的数据（白俊红等，2017；吕承超和商圆月，2017）。将企业规模、政府支持等解释变量的一阶滞后项作为工具变量，利用动态系统 GMM 方法对模型进行检验，结果见表 5 - 5 最后一列。

表 5 - 5 中最右边 1 列的最后 2 行报告了 GMM 估计的自回归（AR）以及 Sargan 检验结果，发现检验值的伴随概率分别为 0.606 和 0.912，均大于 0.100，说明本书工具变量的选择是有效的。与第 2 列面板固定效应回归结果相比，GMM 估计中解释变量的影响程度和方向并未发生明显变化。下面以 GMM 估计结果为准进行解释。

由表 5 - 5 可知，滞后期效率值具有显著的正向影响，预示创新效率提升是一个长期积累的过程。

（1）企业规模对高技术企业创新效率具有明显的促进作用，规模较大企业研发人员、研发资金、技术水平以及品牌竞争优势更强，也更容易通过产品和市场的规模效应分摊研发成本，企业创新效率更高，这也与余泳泽（2009）的结论保持一致。

（2）创新氛围在10%的检验水平下与效率值正相关。区域内高技术企业创新氛围越浓，参与创新活动的企业数越多，企业间的竞争与合作越激烈和频繁，从而通过创造公平竞争的市场机制以促进高技术企业创新产出和效率提升。

（3）政府支持对高技术企业创新效率的提升具有积极影响，且在1%的检验水平下正相关。企业规模与政府支持的交叉项对效率具有明显的负作用，政府支持对创新效率的积极影响随着企业规模的增大而减弱，大型企业往往不缺资金，政府资金反而对企业资金形成挤出效应，而中小企业创新创业的动力较强，往往急需政府的资金和政策支持。

（4）所有制结构、基础应用研究和知识产权保护对效率的影响不显著，正如李政和陆寅宏（2014）所言，国有企业并非天然的缺乏创新动力。首先，我国当前基础研究投入仍然较少，自主创新体系建设还不够完善，只有当基础研究投入达到一定比例（门槛效应），其对企业创新的促进作用才会更为明显。其次，与西方发达国家相比，我国医药、电子以及汽车制造企业技术水平相对较弱，知识产权保护越强，反而不利于技术吸收以及创新效率提升。

（5）劳动者素质对高技术企业创新效率起不显著的阻滞作用，这与李婉红（2017）的研究结论类似，但与桂黄宝（2014）的结论相反。本书测量指标为大专及以上学历人口数占15岁以上人口数比重，桂黄宝（2014）是以地区高技术企业就业劳动力的对数值来表示劳动力投入，本书也以该指标，利用GMM模型进行重新估计，发现此时该指标与创新效率显著正相关，因而并不矛盾。一方面，尽管部分地区大专以上人数较多，但集中于大学和科研院所，在校大学生占主体，例如，北京市大专及以上人数最多，与广东存在明显差异，但北京高技术企业创新效率值低于广东。另一方面，我国各地区人才分布不均衡，从东部地区总体来看，人才较为拥挤，而中西部省份企业人才匮乏，创新产出也不高。

（6）金融环境对高技术企业创新效率具有明显的负向影响，地区平均GDP金融机构贷款余额越高，高技术企业创新效率越低，这与白俊红和卞元超（2016）、肖仁桥等（2018）的结论类似。地方政府倾向投资经济效果快、风险小的生产性项目（如基建、房地产），并通过干预金融部门的信贷决策为这些部门筹集资金，使创新水平高、创新风险大且收益获取时间较晚的创新性项目不受青睐，另外，还可能与金融环境具有一定门槛效应有关，从而得出“金融环境对高技术企业创新效率的促进作用并未得到发挥”的结论。

二、中国高技术各行业创新效率影响因素实证分析

由于我国高技术各行业发展情况不同，对技术创新的重视程度也不同，为此，需要分行业考察企业特征和区域创新环境对高技术企业创新效率的影响，基于高技术分行业数据的动态 GMM 面板回归结果见表 5－6 所示。

表 5－6　分行业创新效率影响因素回归结果

变量	分行业创新效率（系统 GMM）				
	行业 1	行业 2	行业 3	行业 4	行业 5
滞后期效率值	0.339*** (6.150)	0.272*** (6.200)	0.481*** (2.700)	0.849*** (15.180)	0.447*** (9.650)
企业规模	0.052** (2.010)	−0.003 (−1.000)	0.108*** (4.370)	0.032*** (3.900)	0.052*** (3.320)
创新氛围	0.048 (0.820)	0.001 (0.140)	0.084* (1.800)	−0.019 (−1.310)	0.187*** (7.380)
所有制结构	0.055 (0.470)	0.450 (0.600)	0.042 (0.220)	0.093 (1.140)	−0.217** (−2.390)
基础应用研究	0.494*** (3.030)	−0.219*** (−3.020)	0.257 (1.190)	−0.203 (−0.760)	−0.218 (−1.470)
政府支持	−3.509 (−1.160)	0.251*** (3.100)	2.641 (1.170)	−1.118 (−0.970)	0.783 (0.570)
知识产权保护	−0.176 (−0.200)	−1.019 (−1.460)	−2.095 (−1.090)	3.025** (2.170)	−0.367 (−0.430)
劳动者素质	−1.065*** (−2.700)	−0.584*** (−6.060)	0.609 (0.890)	−1.343*** (−2.930)	0.140 (0.330)
金融环境	0.009 (0.700)	0.021** (2.370)	−0.075*** (−3.710)	0.022* (1.770)	−0.082*** (−3.980)
企业规模× 政府支持	0.385 (1.170)	−0.028*** (−3.490)	−0.286 (−1.220)	0.105 (0.940)	−0.095 (−0.580)

续表

变量	分行业创新效率（系统 GMM）				
	行业 1	行业 2	行业 3	行业 4	行业 5
常数项	-0.217 (-0.770)	0.423 *** (12.520)	-0.854 *** (-3.780)	-0.095 (-0.720)	-0.087 (-0.480)
AR（2）	0.136	0.372	0.755	0.662	0.992
Sargan 值	0.999	0.700	0.860	0.997	0.953

注：*、**、***分别表示 10%、5%、1%的水平上显著，这里的行业 1，2，3，4，5 分别指医药制造业、航空航天器制造业、电子及通信设备制造业、电子计算机及办公设备制造业和医疗设备及仪器仪表制造业。

从表 5-6 中的回归结果可知：

1. *在企业管理方面*

（1）企业规模对电子及通信设备、计算机及办公设备、医疗设备及仪器仪表制造业均具有明显的积极影响，对医药制造业的影响有所减弱，而航空航天器制造业效率则与企业规模不相关。对于电子及通信设备制造业等行业，由于研发投入较大，创新产品需要一定的规模效应（余泳泽，2009）。

（2）创新氛围对电子及通信设备、医疗设备及仪器仪表制造业的效率具有积极影响，对其他行业影响不显著。虽然创新产出因氛围浓而有所增加，但企业也会竞相增加投入，如果不能合理控制并利用创新资源，那么效率提升并不明显。

（3）所有制结构对医疗设备及仪器仪表制造业效率提升具有负作用，对其他行业的影响并不显著。部分国有经济由于产权不够明晰，通过行政垄断即可获得较大利润，使国有企业缺乏创新的动力。然而国企（如中国高铁、中兴通信等），通过体制和机制创新，实现创新能力稳步提升，国企并非天然缺乏创新能力。

2. *在创新环境方面*

（1）基础应用研究对医药制造业效率具有积极提升作用，而对航空航天器制造业效率提升具有阻滞作用，对其他行业的影响不显著，可能与我国基础应用研究比重过低有关。

（2）政府支持对航空航天器制造业效率具有明显积极影响，而对其他行业效率的影响则并不显著。对于航空航天器制造业而言，企业研发资金主要依赖于政府投资，对于其他行业而言，政府支持起辅助作用。

（3）知识产权保护在5%的检验水平下对计算机及办公设备制造业创新效率提升具有明显的积极影响，但对其他行业效率具有并不显著的负作用，这验证了Yang和Maskus（2001）的观点。对于技术水平较高的计算机及办公设备制造业，知识产权保护越强，创新效率越高。但对于电子及通信设备制造业而言，2015年华为共向苹果许可专利769件，中小型企业难以支付高额专利费，高技术门槛可能会阻碍行业整体创新效率提升。

（4）劳动者素质对医药制造业、航空航天器制造业以及计算机及办公设备效率提升起阻滞作用，原因与整体效率分析结果类似。

（5）金融环境对航空航天器、计算机及办公设备制造业创新效率具有积极影响，而对电子及通信设备、医疗设备及仪器仪表制造业效率的提升具有阻滞作用，与前面论述类似，航空航天器制造业属于战略性国有企业，受地方政府影响，易获得金融机构支持（Sullivan，2006；白俊红和卞元超，2016）。电子及通信设备制造业新产品销售收入均占高技术制造业60%以上，而这种高风险的创新性项目并不受银行等金融机构青睐。

（6）企业规模×政府支持在1%的水平下与航空航天器制造业效率负相关，预示着企业规模在政府支持促进创新效率提升过程中，起到负向调节作用，企业规模越小，政府支持对创新效率的促进效应越显著。该交叉项对其他行业的作用并不明显，毕竟政府支持对创新效率的作用还存在一定争论（李政和陆寅宏，2014；Guan和Chen，2010）。

第五节　本章小结

中国高技术企业的创新水平存在区域差距，且可分解为五大高技术行业。传统研究关注区域间高技术企业创新效率差异，但未考虑区域间技术异质性和区域内行业并联等特征，整体提升企业创新效率有赖于区域技术差距缩小和各行业效率同步提升。基于此，本书探讨异质性技术视角下中国高技术企业创新效率及其影响机制。考虑我国东部、中部和西部地区高技术企业间的技术异质性以及五大高技术行业之间的并联网络结构特征，利用非参数共同前沿理论，在共同前沿和群组前沿下构建并联网络 DEA 模型，测算分析 2007～2015 年中国高技术企业创新整体及分行业创新效率，探索中国高技术企业创新的区域技术差距，并对无效率值进行生产技术差距无效和管理无效分解以及分行业无效率分解。最后，从企业管理和创新环境方面，利用系统 GMM 动态面板模型对我国高技术企业创新整体和分行业创新效率的影响机制进行实证分析。研究结果表明：

（1）中国高技术企业创新效率偏低，还有 53.1% 的提升空间。东、中、西部地区效率依次递减，医疗设备制造业效率最高，而航空航天器制造业效率最低。Kruska－Wallis 检验表明，区域间技术差距明显，东部地区 TGR 均值徘徊于 1 附近，处于最优水平，而中西部地区大约实现了全国最优创新技术的 70%，东部与中西部间的技术差距徘徊于 0.300。通过技术差距无效和管理无效两维度分解发现，东部省份企业创新为高管理无效低技术差距无效型，中西部省份企业则主要是低管理无效高技术差距无效型。该研究有助于深刻认识创新效率差异及其形成原因，从异质性技术视角丰富了高技术企业创新效率的理论研究。

（2）行业无效率分解发现，全国因电子及通信设备、航空航天器和医药制造业无效造成的损失较大，无效率占比分别为 27.4%、22.3% 和 21.5%。东部地区企业创新无效率损失主要源于电子及通信设备制造业，无效率占比高达 36.8%。中部和西部地区企业创新无效率损失则分别主要源于医药和航空航天器制造业。深化了对高技术企业创新无效率值分解的理论认识，有助于寻找制约中国各省份高技术企业创新效率提升的关键行业。

（3）企业规模、创新氛围以及政府支持对我国高技术企业整体创新效率具有明显提升作用，而所有制结构、劳动者素质、知识产权保护等因素对整体创新效率的影响并不显著，企业规模在政府支持促进高技术企业创新效率提升的过程中起负向调节的作用，企业规模越大，越不利于政府支持对高技术企业创新的促进作用发挥，政府政策关注的重点应该是科技型中小企业。最后，我们发现，创新氛围、知识产权保护以及金融环境等各因素对中国高技术分行业创新效率的影响存在差异等，例如知识产权保护对计算机及办公设备制造业创新效率提升具有明显积极影响，但对其他行业效率的影响并不显著，知识产权保护对于创新迭代快行业的促进作用更为显著。这不仅加深了对我国高技术企业创新影响机制的认识，而且从内外部因素和行业差异视角拓展了效率影响因素的研究，为中国高技术企业的区域创新发展战略布局以及行业差异化创新政策制定提供了经验证据。

第六章　区域技术异质和产权并联视角下高技术企业绿色创新效率研究

前面第五章主要从区域间技术差距和区域内行业并联视角出发，利用共同前沿理论和并联网络 DEA 模型测度分析 2007 ~ 2015 年中国各省份高技术企业整体和分行业创新效率，探索我国三大地区高技术企业之间的技术差距和无效率来源，并检验整体和分行业效率的影响机制。但上述研究忽视了我国各地区高技术企业的产权性质差异性，事实上，各地区高技术企业按产权性质不同，可细分为国有、民营、港澳台资和外资企业，这些企业绿色创新活动是一个并行的创新过程，因而需考虑区域间技术差距和区域内不同性质企业并联特征，构建共同前沿—并联网络 DEA 模型对我国各地区不同性质企业绿色创新效率及其技术差距进行深入分析，并对无效率值进行多维度分解，从而确定企业绿色创新效率提升的具体路径。

第一节　技术异质下不同性质企业并联网络及绿色创新效率理论

我国多种经济成分并存，不同性质高技术企业因产权结构、技术获取方式以及治理机制等不同，在创新绩效方面存在差异（Zhang 等，2003）。国有企业人才和资金资源较为丰富，创新投入和产出高于民营企业，但由于国企创新剩余所有权和控制权的分离以及创新的高风险性，经营者主要考虑其任期绩效，创新激励不足（Chio 等，2011），且国有企业股权相对集中而容易导致专权，创新优势并未转化为市场优势。国有企业组织机构冗余也是突出问题，僵尸企业效率低下，扭曲资源配置，且国企承担了较多社会责任，从而制约了企业创新绩效提升。尽管民营企业产权结构明晰，企业家具有较强危机意识，但民营企业融资成本高、创新资源有限且研发领域较为分散（钱雪松和方胜，2017）。外资企业在我国增资扩股，且利用母国的技术，在我国主要从事生产和销售活动，在营销品牌和创新效率方面具有一定优势（吴延兵，2012）。

图 6 -1 给出企业性质差异视角下中国高技术企业绿色创新并联网络结构，类似于各行业并联网络特征，对于不同性质企业并联网络而言，各不同性质企业创新投入（产出）之和构成了高技术产业的投入（产出），反映了不同性质企业之间的相互作用关系，各不同性质企业并联特征明显（肖仁桥等，2018）。从上述并联特征分析发现，各不同性质企业创新主体共同构成了高技术企业并行创新网络。另外，不同性质企业特征、资金来源以及管理制度存在差异，例如，国有企业在政策和金融支持方面具有明显优势，导致各性质企业对整体绿色创新效率的影响可能有所差别。分析这些不同性质企业对高技术企业整体绿色创新效率的影响程度，从产权性质差异角度寻找绿色创新整体无效率的真实根源，丰富了高技术企业并联创新及效率提升的理论研究。

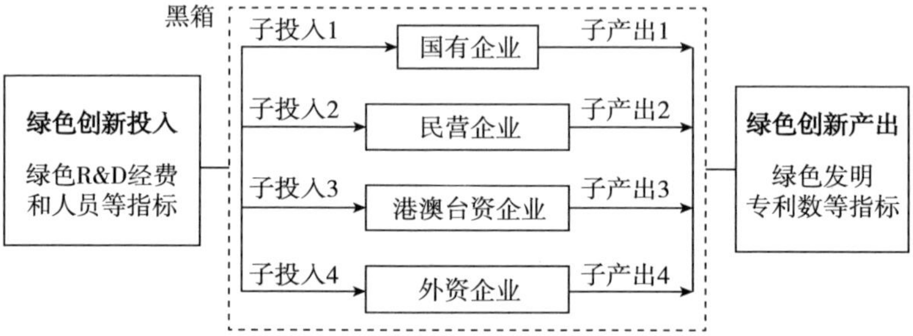

图 6 -1　企业性质差异视角下中国高技术企业绿色创新并联网络结构

需要说明的是，本书主要考虑区域间技术异质性和区域内不同性质企业并联特征，对于区域技术异质性的群组划分，不同学者的选择标准不一，有的学者按照东中西部地区等行政划分思想（汪克亮等，2013），而有的学者则按照技术水平的差异对群组进行划分（李新春等，2010）。由于前面较多从行政区域划分进行分析，因此，采用技术水平差异划分方法，将中国各地区高技术企业分为高技术群组和低技术群组两个群组，如图 6－2 所示。

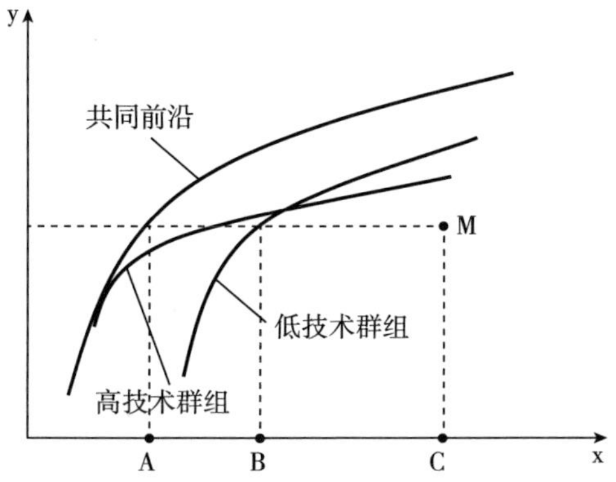

图 6－2　基于技术水平划分的共同前沿与群组前沿

这里的低技术群组只是相对而言，事实上部分低技术群组高技术企业创新水平并不很低。具体划分方法：根据我国各地区高技术企业专利申请数，按照其中位数划分标准，排在前 1～15 位的省份企业为高技术群组，包括北京、天津、河北、上海、江苏、浙江、福建、山东、广东、安徽、河南、湖北、湖南、四川和陕西 15 个省份企业；排在前 16～30 位的省份企业为低技术群组，包括辽宁、海南、山西、吉林、黑龙江、江西、内蒙古、广西、重庆、贵州、云南、甘肃、青海、宁夏、新疆 15 个省份企业。

如果从企业性质并联视角出发，将各地区不同性质企业看作是国有、民营、港澳台资和外资企业四种不同性质企业并行创新生产过程，则只需将前一章中的五种分行业转换为四种不同性质企业即可，群组前沿和共同前沿下创新效率及其技术差距测算理论及模型均保持不变。例如，对于不同性质企业无效率值分解而言，可以利用 $\Delta_k^p = s_k^p / s_k$（$p = 1, 2, \cdots, 4$），以此反映哪种性质企业制约了中国各省份高技术企业绿色创新效率提升，由于 $s_k = s_k^1 + s_k^2 + s_k^3 + s_k^4$，例如，如果 $\Delta_k^2 =$

s_k^2/s_k 在 s_k^p/s_k（$p=1, 2, \cdots, 4$）中取值最大，那么表明某地区民营企业无效导致其整体绿色创新效率损失最大。

第二节　绿色创新投入产出指标体系及数据说明

本书以 2014 ~2016 年中国 30 个省份（港澳台地区和西藏因数据不全而除外）国有、民营、港澳台资和外资高技术企业绿色创新相关数据为研究样本，以高技术企业绿色研发人员、绿色研发经费支出为投入指标，以绿色专利申请数以及新产品销售收入等为产出指标。

一、绿色创新投入指标

主要从绿色研发人员和绿色研发经费方面（毕克新等，2015；李婉红，2017）进行选择，由于很难将绿色研发人员和传统的研发人员分离，且在目前的统计口径中尚未出现针对绿色创新人员、绿色研发经费的统计数据，参考李婉红（2017）等学者的做法，用传统的研发人员全时当量和研发经费内部支出来代替绿色研发人员和绿色研发经费指标。研发经费采用存量指标（朱有为和徐康宁，2006；肖仁桥，2015），并用研发价格指数进行平减（李向东等，2011）。考虑到我国大多数企业仍然采用的是引进消化吸收再创新方式，特别是绿色工艺技术改造、设备更新等，对于企业绿色创新和可持续发展起到重要支撑作用（王锋正和陈方圆，2018；毕克新等，2015）。因而将引进消化吸收费用也纳入投入指标体系，在数值上等于技术改造、国外技术引进、消化吸收和购买国内技术经费支出之和，也采用存量指标，方法与研发经费存量类似，故不再赘述。

二、绿色创新产出指标

主要从科技和经济效应方面进行衡量，在科技产出指标方面，选取专利申请数和绿色发明专利授权数两个指标。专利包括发明专利、实用新型和外观设计三种，其中，发明专利的技术水平和使用价值相对较高，本书考虑将专利的数量和质量结合，选取上述两个指标进行分析。另外，选取绿色发明专利数也正好突出本书对绿色创新效率的关注，对于绿色发明专利数的收集，本课题组成员主要从国家知识产权局专利数据库入手，按照 IPC 公布的国际绿色专利分类清单进行依次查找（李婉红，2017；肖仁桥等，2019），这些绿色专利包括生物燃料（C10L 3/00，F02C）、燃料电池（H01M 4/86 – 4/98，8/00 – 8/24，12/00 – 12/08）、风能（F03D）、轨道车辆（B61）、回收机械能（F03G 7/08）等方面。在经济效应方面，采用新产品销售收入这一市场导向性创新指标（肖文和林高榜，2014；陈德球等，2016），这属于收益性指标，主要用于反映企业通过绿色技术创新而带来的经济收益。用工业品出厂价格指数进行平减，转化为 2007 年不变价。

本书投入产出指标数据源自历年《中国统计年鉴》、《中国高技术产业统计年鉴》及国家知识产权局专利数据库等。本文主要分析 2014 ~ 2016 年中国各地区不同性质企业绿色创新效率差异，并考虑投入转化为产出具有一定的滞后期，因而企业绿色创新投入指标数据为 2014 ~ 2015 年，绿色创新产出指标数据为 2015 ~ 2016 年。由于我国部分地区某性质企业绿色创新投入和产出指标数据为 0，而 DEA 模型要求决策评价单元指标值均大于 0，为此，采用公式 $\tilde{x}_n = 1 + 99 \times (x_n - \min\limits_n x_n) / (\max\limits_n x_n - \min\limits_n x_n)$ 对初始指标数据进行标准化处理，将中国各省份不同性质高技术企业绿色创新原始数据进行标准化，转换为［1，100］的数。这里，x_n 是原始数据，$\tilde{x}_n$ 为处理后的数据，通过标准化处理，既达到 DEA 模型处理的要求，又蕴含了原始数据的基本信息，使本书的结论更为稳健可靠。

第三节　共同前沿下基于并联网络的不同性质企业绿色创新效率

考虑不同省份企业之间绿色技术异质性和地区不同性质企业并联特征，利用上述共同前沿—并联网络 DEA 模型测算 2015 ~ 2016 年中国各省份企业整体（E）以及各地区四种不同性质企业绿色创新效率值（E1、E2、E3 和 E4），结果见表 6 – 1 和表 6 – 2。注意，这里的 E、E1、E2、E3 和 E4 分别为高技术企业整体创

表 6－1　共同前沿下基于并联网络的各地区不同性质企业绿色创新效率

类型	地区	2015 年					2016 年					均值				
		E	E1	E2	E3	E4	E	E1	E2	E3	E4	E	E1	E2	E3	E4
高技术群组	北京	0.666	0.473	0.916	1.000	0.751	0.778	0.682	1.000	0.697	0.846	0.722	0.578	0.958	0.848	0.799
	天津	0.490	0.455	0.539	0.330	0.577	0.328	0.281	0.401	0.314	0.360	0.409	0.368	0.470	0.322	0.469
	河北	0.366	0.321	0.495	0.285	0.378	0.354	0.278	0.611	0.230	0.312	0.360	0.300	0.553	0.258	0.345
	上海	0.380	0.333	0.756	0.265	0.359	0.406	0.361	0.705	0.214	0.423	0.393	0.347	0.731	0.239	0.391
	江苏	0.422	0.522	0.555	0.420	0.296	0.442	0.567	0.564	0.407	0.319	0.432	0.544	0.560	0.413	0.308
	浙江	0.426	0.188	0.456	0.506	0.428	0.424	0.533	0.426	0.379	0.405	0.425	0.361	0.441	0.443	0.416
	福建	0.326	0.498	0.693	0.211	0.242	0.383	0.466	1.000	0.297	0.181	0.354	0.482	0.847	0.254	0.212
	山东	0.481	0.649	0.513	0.338	0.168	0.514	0.786	0.455	0.266	0.163	0.498	0.717	0.484	0.302	0.165
	广东	0.470	0.682	0.335	0.445	0.627	0.485	0.329	0.492	0.603	0.547	0.478	0.506	0.414	0.524	0.587
	安徽	0.769	0.918	0.833	0.562	0.445	0.715	0.656	0.874	0.631	0.499	0.742	0.787	0.854	0.597	0.472
	河南	0.577	0.530	0.486	1.000	0.352	0.560	0.521	0.457	0.899	0.450	0.569	0.526	0.472	0.949	0.401
	湖北	0.390	0.328	0.432	0.559	0.478	0.461	0.514	0.358	0.405	0.439	0.425	0.421	0.395	0.482	0.459
	湖南	0.566	0.424	0.568	1.000	0.369	0.516	0.398	0.615	0.589	0.367	0.541	0.411	0.591	0.794	0.368
	四川	0.550	0.428	0.912	0.480	0.548	0.573	0.462	1.000	0.292	0.457	0.562	0.445	0.956	0.386	0.502
	陕西	0.236	0.175	0.440	0.505	0.380	0.234	0.180	0.455	0.542	0.255	0.235	0.178	0.448	0.523	0.317
	均值	0.474	0.462	0.595	0.527	0.426	0.478	0.468	0.628	0.451	0.402	0.476	0.465	0.612	0.489	0.414

续表

类型	地区	2015年					2016年					均值				
		E	E1	E2	E3	E4	E	E1	E2	E3	E4	E	E1	E2	E3	E4
低技术群组	辽宁	0. 295	0. 228	0. 338	0. 352	0. 695	0. 319	0. 245	0. 499	0. 233	0. 418	0. 307	0. 236	0. 418	0. 292	0. 557
	海南	0. 444	0. 435	0. 474	0. 463	0. 404	0. 431	0. 436	0. 417	0. 455	0. 420	0. 438	0. 436	0. 445	0. 459	0. 412
	山西	0. 422	0. 418	0. 397	0. 458	0. 423	0. 408	0. 388	0. 373	0. 458	0. 434	0. 415	0. 403	0. 385	0. 458	0. 429
	吉林	0. 415	0. 472	0. 342	0. 455	0. 479	0. 413	0. 490	0. 351	0. 426	0. 456	0. 414	0. 481	0. 346	0. 441	0. 467
	黑龙江	0. 306	0. 243	0. 641	0. 422	0. 252	0. 304	0. 204	0. 516	1. 000	0. 156	0. 305	0. 224	0. 579	0. 711	0. 204
	江西	0. 410	0. 101	0. 917	0. 491	0. 495	0. 454	0. 164	0. 826	0. 477	0. 449	0. 432	0. 132	0. 871	0. 484	0. 472
	内蒙古	0. 493	0. 531	0. 450	0. 468	0. 528	0. 452	0. 434	0. 454	0. 451	0. 472	0. 473	0. 483	0. 452	0. 460	0. 500
	广西	0. 400	0. 451	0. 343	0. 392	0. 452	0. 438	0. 513	0. 395	0. 424	0. 440	0. 419	0. 482	0. 369	0. 408	0. 446
	重庆	0. 677	0. 420	0. 879	0. 879	0. 665	0. 559	0. 384	0. 790	0. 460	0. 591	0. 618	0. 402	0. 834	0. 669	0. 628
	贵州	0. 508	0. 558	0. 439	0. 471	0. 475	0. 452	0. 451	0. 424	0. 473	0. 473	0. 480	0. 504	0. 432	0. 472	0. 474
	云南	0. 423	0. 390	0. 411	0. 451	0. 454	0. 417	0. 395	0. 417	0. 425	0. 442	0. 420	0. 393	0. 414	0. 438	0. 448
	甘肃	0. 434	0. 339	0. 474	0. 473	0. 473	0. 445	0. 360	0. 503	0. 466	0. 466	0. 440	0. 349	0. 488	0. 470	0. 470
	青海	0. 478	0. 492	0. 455	0. 473	0. 492	0. 497	0. 473	0. 518	0. 473	0. 523	0. 487	0. 483	0. 486	0. 473	0. 507
	宁夏	0. 442	0. 454	0. 414	0. 447	0. 463	0. 474	0. 465	0. 503	0. 452	0. 466	0. 458	0. 460	0. 459	0. 449	0. 464
	新疆	0. 495	0. 477	0. 542	0. 465	0. 493	0. 479	0. 454	0. 504	0. 473	0. 482	0. 487	0. 465	0. 523	0. 469	0. 487
	均值	0. 443	0. 400	0. 501	0. 477	0. 483	0. 436	0. 390	0. 499	0. 477	0. 446	0. 439	0. 395	0. 500	0. 477	0. 464
全国	均值	0. 459	0. 431	0. 548	0. 502	0. 455	0. 457	0. 429	0. 564	0. 464	0. 424	0. 458	0. 430	0. 556	0. 483	0. 439

表6-2 两种前沿下高技术企业绿色创新整体效率及其技术落差比率

类型	地区	2015年			2016年			均值		
		共同前沿效率	群组前沿效率	技术落差比率	共同前沿效率	群组前沿效率	技术落差比率	共同前沿效率	群组前沿效率	技术落差比率
高技术群组	北京	0.666	0.666	1.000	0.778	0.784	0.993	0.722	0.725	0.996
	天津	0.490	0.501	0.978	0.328	0.328	1.000	0.409	0.415	0.989
	河北	0.366	0.366	1.000	0.354	0.354	1.000	0.360	0.360	1.000
	上海	0.380	0.380	1.000	0.406	0.406	1.000	0.393	0.393	1.000
	江苏	0.422	0.422	1.000	0.442	0.442	1.000	0.432	0.432	1.000
	浙江	0.426	0.426	1.000	0.424	0.424	1.000	0.425	0.425	1.000
	福建	0.326	0.326	1.000	0.383	0.383	1.000	0.354	0.354	1.000
	山东	0.481	0.481	1.000	0.514	0.514	1.000	0.498	0.498	1.000
	广东	0.470	0.470	1.000	0.485	0.485	1.000	0.478	0.478	1.000
	安徽	0.769	0.769	1.000	0.715	0.715	1.000	0.742	0.742	1.000
	河南	0.577	0.577	1.000	0.560	0.560	1.000	0.569	0.569	1.000
	湖北	0.390	0.390	1.000	0.461	0.461	1.000	0.425	0.425	1.000
	湖南	0.566	0.566	1.000	0.516	0.516	1.000	0.541	0.541	1.000
	四川	0.550	0.550	1.000	0.573	0.573	1.000	0.562	0.562	1.000
	陕西	0.236	0.236	1.000	0.234	0.234	1.000	0.235	0.235	1.000
	均值	0.474	0.475	0.999	0.478	0.479	1.000	0.476	0.477	0.999
低技术群组	辽宁	0.295	0.443	0.665	0.319	0.504	0.632	0.307	0.474	0.649
	海南	0.444	0.570	0.780	0.431	0.547	0.788	0.438	0.558	0.784
	山西	0.422	0.550	0.767	0.408	0.512	0.797	0.415	0.531	0.782
	吉林	0.415	0.515	0.806	0.413	0.542	0.763	0.414	0.528	0.785
	黑龙江	0.306	0.387	0.791	0.304	0.398	0.765	0.305	0.393	0.778
	江西	0.410	0.474	0.865	0.454	0.575	0.790	0.432	0.524	0.827
	内蒙古	0.493	0.708	0.697	0.452	0.606	0.746	0.473	0.657	0.722
	广西	0.400	0.526	0.761	0.438	0.625	0.701	0.419	0.575	0.731
	重庆	0.677	0.795	0.851	0.559	0.654	0.856	0.618	0.724	0.853
	贵州	0.508	0.540	0.941	0.452	0.484	0.934	0.480	0.512	0.937
	云南	0.423	0.564	0.749	0.417	0.590	0.707	0.420	0.577	0.728
	甘肃	0.434	0.573	0.757	0.445	0.599	0.743	0.440	0.586	0.750
	青海	0.478	0.661	0.723	0.497	0.691	0.720	0.487	0.676	0.721
	宁夏	0.442	0.599	0.739	0.474	0.629	0.753	0.458	0.614	0.746
	新疆	0.495	0.688	0.720	0.479	0.657	0.729	0.487	0.673	0.724
	均值	0.443	0.573	0.774	0.436	0.574	0.762	0.439	0.573	0.768
全国	均值	0.459	0.524	0.886	0.457	0.526	0.881	0.458	0.525	0.883

新效率、国有企业创新效率、民营企业创新效率、港澳台资企业创新效率以及外资企业创新效率。

表6－1给出了共同前沿下基于并联网络模型的我国各地区不同性质高技术企业绿色创新效率分解情况，由此可知，考察期内共同前沿下中国高技术企业绿色创新整体效率均值为0.458，高技术群组和低技术群组企业绿色创新效率均值分别为0.476和0.439，高技术群组企业绿色创新效率高于低技术群组企业创新效率值，尤其是北京和安徽地区（高达0.700以上），其2015～2016年高技术企业绿色创新效率一直处于全国领先水平。与此同时，也有部分地区企业（如河北和福建）创新效率并不高，较大的创新投入并未带来相应的科技经济产出，从而拉低了高技术群组绿色创新效率整体水平。另外，低技术群组企业中也存在少数效率较高的省份企业，如重庆等。该群组中黑龙江、辽宁等省份高技术企业绿色创新效率明显偏低，从而拉低了全国高技术企业绿色创新整体水平。从2015年和2016年的对比来看，全国及两大群组效率均值都未有明显变化，这进一步验证了本书研究结论的稳健性。

从各不同性质企业来看，我国国有、民营、港澳台资、外资高技术企业绿色创新效率均值分别为0.430、0.556、0.483和0.439，首先是民营企业创新效率最高，其次是港澳台资企业和外资企业，国有企业创新效率最低。民营企业产权明晰，创始人具有较强的企业家精神和创新的动力，及时根据市场变化进行产品或技术的改进和创新。由于国有企业创新剩余所有权和控制权的分离，且由于创新的高风险性和周期较长，加之较多体制机制约束以及部门之间的协同效率偏低，使国有企业缺乏创新的活力。虽然港澳台资企业没有外资企业技术领先，但由于同宗同族，具有相同的历史文化，使港澳台资企业对于中国大陆市场机制、顾客需求以及文化理念的理解更为透彻，也更容易开发出受市场欢迎的产品。外资企业在我国主要从事生产和营销活动，其技术主要来源于母国企业，较少在我国从事技术研发和专利申报活动，但在技术商业化和品牌营销方面具有一定优势。

表6－2给出了两种前沿下我国各地区高技术企业绿色创新整体效率及其技术落差比率，图6－3给出了两种前沿下中国各省份高技术企业绿色创新效率均值比较。我们发现，共同前沿和群组前沿下企业绿色创新整体效率分别为0.458

和0.525，且从各省份以及两大群组来看，共同前沿下效率值均不超过群组前沿下效率值，因为共同前沿参考的是全国企业的潜在最佳创新生产技术，而群组前沿则是以群组内最优决策单元为参照物，使群组前沿下效率值被高估。技术落差比率是共同前沿理论框架下的重要指标，研究发现，两大群组技术落差比率均值分别为0.999和0.768，表明高技术群组企业基本实现了全国最优创新生产技术，已接近于最优水平，低技术群组则仅实现了全国最优技术的76.8%，还有23.2%的提升空间。

由图6－3可知，对于高技术群组而言，共同前沿和群组前沿下效率值基本重合，而对于低技术群组而言，共同前沿下效率值明显低于群组前沿下效率值。这主要源于高技术群组最优技术与共同前沿技术（全国潜在最优绿色创新技术）非常接近，基本代表了全国高技术企业最优技术水平，而低技术群组的技术水平与全国最佳创新技术之间还有较大的差距。从技术落差比率TGR指标来看，高技术群组各省份企业技术落差比率均接近于1，而低技术群组企业技术落差比率与最优值1还有一定距离，两大群组之间的技术落差比率差异明显。

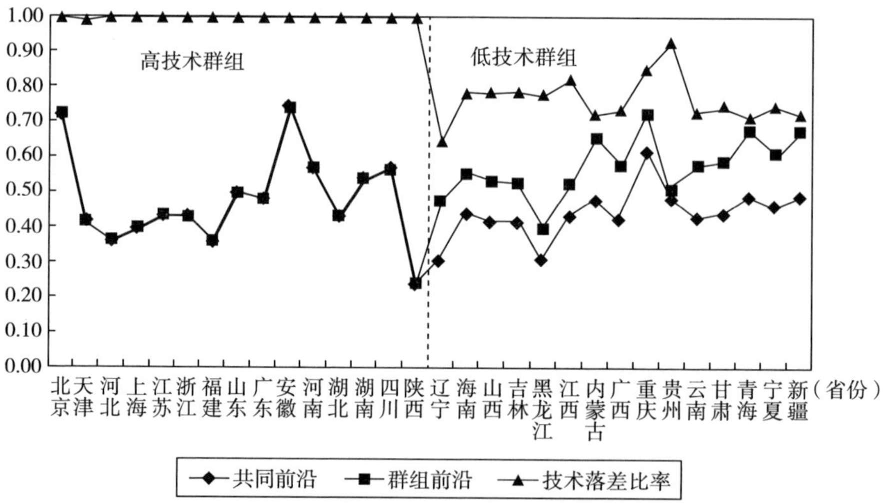

图6－3　两种前沿下中国各省份高技术企业绿色创新效率均值比较

第四节　共同前沿下不同性质高技术企业绿色创新无效率分解

下面，根据群组技术异质性和无效率分解理论（第五章中曾详述），将中国各省份高技术企业绿色创新无效率值（TEI）分解为技术差距无效（TGRI）和企业管理无效（MI），并计算得出 TGRI 和 MI 两种无效率值占比，结果如表 6－3 所示。

表 6－3　异质性技术下中国各省份高技术企业绿色创新整体无效率值分解

地区	共同 TE	群组 TE[1]	TGR	TEI	MI	TGRI	MI 占比（%）	TGRI 占比（%）
北京	0.722	0.725	0.996	0.278	0.275	0.003	99.0	1.0
天津	0.409	0.415	0.989	0.591	0.585	0.005	99.1	0.9
河北	0.360	0.360	1.000	0.640	0.640	0.000	100	0.0
上海	0.393	0.393	1.000	0.607	0.607	0.000	100	0.0
江苏	0.432	0.432	1.000	0.568	0.568	0.000	100	0.0
浙江	0.425	0.425	1.000	0.575	0.575	0.000	100	0.0
福建	0.354	0.354	1.000	0.646	0.646	0.000	100	0.0
山东	0.498	0.498	1.000	0.502	0.502	0.000	100	0.0
广东	0.478	0.478	1.000	0.522	0.522	0.000	100	0.0
安徽	0.742	0.742	1.000	0.258	0.258	0.000	100	0.0
河南	0.569	0.569	1.000	0.431	0.431	0.000	100	0.0
湖北	0.425	0.425	1.000	0.575	0.575	0.000	100	0.0
湖南	0.541	0.541	1.000	0.459	0.459	0.000	100	0.0
四川	0.562	0.562	1.000	0.438	0.438	0.000	100	0.0
陕西	0.235	0.235	1.000	0.765	0.765	0.000	100	0.0
组 1 均值	0.476	0.477	0.999	0.524	0.523	0.001	99.9	0.1
辽宁	0.307	0.474	0.649	0.693	0.526	0.167	75.9	24.1
海南	0.438	0.558	0.784	0.562	0.442	0.121	78.5	21.5
山西	0.415	0.531	0.782	0.585	0.469	0.116	80.2	19.8

续表

地区	共同 TE	群组 TE[1]	TGR	TEI	MI	TGRI	MI 占比（%）	TGRI 占比（%）
吉林	0.414	0.528	0.785	0.586	0.472	0.114	80.5	19.5
黑龙江	0.305	0.393	0.778	0.695	0.607	0.087	87.5	12.5
江西	0.432	0.524	0.827	0.568	0.476	0.092	83.7	16.3
内蒙古	0.473	0.657	0.722	0.527	0.343	0.184	65.1	34.9
广西	0.419	0.575	0.731	0.581	0.425	0.156	73.1	26.9
重庆	0.618	0.724	0.853	0.382	0.276	0.106	72.1	27.9
贵州	0.480	0.512	0.937	0.520	0.488	0.032	93.9	6.1
云南	0.420	0.577	0.728	0.580	0.423	0.157	72.9	27.1
甘肃	0.440	0.586	0.750	0.560	0.414	0.147	73.8	26.2
青海	0.487	0.676	0.721	0.513	0.324	0.189	63.2	36.8
宁夏	0.458	0.614	0.746	0.542	0.386	0.156	71.2	28.8
新疆	0.487	0.673	0.724	0.513	0.327	0.186	63.8	36.2
组 2 均值	0.439	0.573	0.768	0.561	0.427	0.134	75.7	24.3
全国	0.458	0.525	0.883	0.542	0.475	0.067	87.8	12.2

由表 6－3 可知，全国 TGRI 和 MI 占比分别为 12.2% 和 87.8%，我们发现，对于高技术群组省份企业而言，生产技术差距无效（TGRI）占比几乎为 0，效率损失来源主要为企业自身管理不当。而对于低技术群组企业而言，TGRI 占比为 24.3%，特别是内蒙古、青海和新疆等地区企业，TGRI 占比均超过 30%，即这些地区因技术水平落后而造成一定绿色创新效率损失。广西、重庆、云南、甘肃以及宁夏等地区 TGRI 占比也超过 25%，这些地区需双管齐下，内外兼修，在提升企业管理水平的同时，注重对外部技术和经验的吸收学习和创新，营造良好的创新环境，缩小区域间技术差距。

表 6－4 给出了不同性质并联视角下各省份高技术企业绿色创新无效率值分解及提升重点，由此可知，从全国企业来看，国有、民营、港澳台资和外资企业绿色创新无效（松弛变量）占比分别为 0.381、0.236、0.173 和 0.210，首先是国有企业无效松弛占比最高，其次是民营企业，然后是外资企业无效松弛占比，港澳台资企业无效松弛占比最低。从各群组来看，高技术群组四种类型企业无效松弛占比分别为 0.387、0.226、0.163 和 0.224，这与全国情形基本类似，国有

表 6-4 不同性质并联视角下企业绿色创新无效率值分解及提升重点

类型	地区	2015 年				2016 年				均值				提升重点			
		s1/s	s2/s	s3/s	s4/s	s1/s	s2/s	s3/s	s4/s	s1/s	s2/s	s3/s	s4/s	国有	民营	港澳台	外资
高技术群组	北京	0.832	0.044	0.000	0.124	0.664	0.000	0.225	0.111	0.748	0.022	0.112	0.118	▲▲	▲	▲	▲
	天津	0.317	0.186	0.225	0.272	0.425	0.140	0.156	0.280	0.371	0.163	0.191	0.276	▲			▲
	河北	0.380	0.195	0.253	0.171	0.391	0.146	0.271	0.192	0.386	0.171	0.262	0.181	▲		▲	
	上海	0.293	0.046	0.234	0.426	0.327	0.076	0.264	0.333	0.310	0.061	0.249	0.379	▲			▲
	江苏	0.081	0.242	0.180	0.497	0.077	0.261	0.197	0.466	0.079	0.252	0.188	0.481		▲		▲▲
	浙江	0.203	0.427	0.216	0.154	0.100	0.464	0.276	0.160	0.151	0.445	0.246	0.157		▲	▲	
	福建	0.116	0.055	0.400	0.429	0.164	0.000	0.368	0.469	0.140	0.027	0.384	0.449			▲	▲
	山东	0.266	0.313	0.070	0.351	0.171	0.402	0.075	0.352	0.218	0.357	0.073	0.352		▲		▲
	广东	0.119	0.614	0.147	0.120	0.241	0.521	0.104	0.134	0.180	0.567	0.126	0.127		▲▲		
	安徽	0.127	0.250	0.310	0.313	0.432	0.164	0.207	0.197	0.280	0.207	0.258	0.255	▲		▲	▲
	河南	0.342	0.438	0.000	0.220	0.327	0.472	0.044	0.157	0.334	0.455	0.022	0.189	▲	▲		
	湖北	0.636	0.210	0.081	0.073	0.531	0.279	0.110	0.081	0.583	0.244	0.095	0.077	▲▲			
	湖南	0.464	0.350	0.000	0.186	0.378	0.277	0.203	0.142	0.421	0.313	0.101	0.164	▲	▲		
	四川	0.806	0.044	0.070	0.080	0.759	0.000	0.143	0.098	0.783	0.022	0.106	0.089	▲▲▲			
	陕西	0.828	0.080	0.034	0.058	0.807	0.075	0.029	0.089	0.818	0.077	0.031	0.073	▲▲▲			
	均值	0.387	0.233	0.148	0.232	0.386	0.218	0.178	0.217	0.387	0.226	0.163	0.224	▲			

续表

类型	地区	2015年				2016年				均值				提升重点			
		s1/s	s2/s	s3/s	s4/s	s1/s	s2/s	s3/s	s4/s	s1/s	s2/s	s3/s	s4/s	国有	民营	港澳台	外资
低技术群组	辽宁	0.746	0.131	0.086	0.037	0.618	0.162	0.125	0.095	0.682	0.146	0.106	0.066	▲▲			
	海南	0.249	0.267	0.213	0.270	0.242	0.293	0.211	0.254	0.246	0.280	0.212	0.262	▲	▲		▲
	山西	0.279	0.304	0.194	0.223	0.284	0.320	0.187	0.209	0.282	0.312	0.191	0.216	▲	▲		
	吉林	0.200	0.477	0.166	0.158	0.187	0.466	0.180	0.166	0.193	0.472	0.173	0.162		▲		
	黑龙江	0.619	0.055	0.092	0.235	0.634	0.069	0.000	0.297	0.627	0.062	0.046	0.266	▲▲			▲
	江西	0.749	0.036	0.106	0.109	0.634	0.101	0.124	0.141	0.691	0.069	0.115	0.125	▲▲			
	内蒙古	0.229	0.293	0.255	0.223	0.284	0.261	0.240	0.215	0.256	0.277	0.248	0.219	▲	▲	▲	
	广西	0.211	0.379	0.232	0.177	0.204	0.379	0.221	0.196	0.207	0.379	0.227	0.187		▲		
	重庆	0.627	0.108	0.064	0.201	0.467	0.144	0.214	0.175	0.547	0.126	0.139	0.188	▲▲			
	贵州	0.443	0.238	0.156	0.163	0.526	0.208	0.130	0.136	0.485	0.223	0.143	0.149	▲			
	云南	0.311	0.282	0.210	0.197	0.327	0.263	0.214	0.195	0.319	0.273	0.212	0.196	▲	▲		
	甘肃	0.344	0.269	0.194	0.194	0.340	0.257	0.201	0.201	0.342	0.263	0.198	0.198	▲	▲		
	青海	0.241	0.269	0.249	0.241	0.259	0.249	0.259	0.234	0.250	0.259	0.254	0.237	▲	▲	▲	
	宁夏	0.230	0.317	0.236	0.217	0.233	0.300	0.243	0.224	0.231	0.308	0.239	0.221		▲		
	新疆	0.258	0.244	0.255	0.242	0.260	0.256	0.240	0.244	0.259	0.250	0.248	0.243	▲	▲	▲	
	均值	0.382	0.245	0.181	0.192	0.367	0.249	0.186	0.199	0.374	0.247	0.183	0.196	▲	▲		
整体	全国	0.385	0.239	0.164	0.212	0.376	0.233	0.182	0.208	0.381	0.236	0.173	0.210	▲			

企业是未来效率提升的重点对象。低技术群组四种类型企业无效松弛占比分别为0.374、0.247、0.183和0.196，国有企业和民营企业无效是造成整体效率损失的主要原因。从各省份来看，北京、湖北、四川、陕西、辽宁、黑龙江、江西、重庆等地国有企业无效占比高达50%以上，而广东民营企业无效占比明显偏高（0.567），江苏、北京、福建、安徽港澳台资或外资企业无效占比具有一定规模，影响了地区企业整体绿色创新效率的提升。

第五节 本章小结

传统的研究关注我国区域不同性质企业创新效率，但忽视了技术创新的环境效应，且未考虑区域技术差距和区域内不同性质企业并联网络特征，这容易导致测度结果失准，无法确定我国不同性质企业绿色创新效率损失的真实根源。为此，本书从群组技术异质性和不同性质企业并联网络视角出发，利用绿色创新共同前沿理论，基于技术水平差异构建高技术群组和低技术群组。在此基础上，考虑我国各地区国有、民营、港澳台资和外资企业并联创新网络特征，构建共同前沿—并联网络DEA模型测度分析2015～2016年中国各省份不同性质企业绿色创新整体效率及不同性质企业效率，进而分析各地区高技术企业的技术落差比率，最后对绿色创新无效率值进行技术差距分解以及不同性质企业分解，从多维度视角寻找效率提升的具体路径。研究结果表明：

（1）考察期内共同前沿下中国高技术企业绿色创新效率均值为0.458，高技术群组和低技术群组企业绿色创新效率均值分别为0.476和0.439，高技术群组前沿绿色创新效率高于低技术群组企业创新效率值。从2015年和2016年两年的对比来看，全国及两大群组效率均值都未有明显变化。从各不同性质企业来看，我国国有、民营、港澳台、外资高技术企业绿色创新效率均值分别为0.430、0.556、0.483和0.439，首先是民营企业效率最高，其次是港澳台资企业和外资企业，国有企业效率最低。

（2）共同前沿和群组前沿下我国高技术企业绿色创新整体效率分别为0.458

和0.525，两大群组技术落差比率均值分别为0.999和0.768，低技术群组则仅实现了全国最优创新技术的76.8%，还有23.2%的提升空间。全国TGRI和MI占比分别为12.2%和87.8%，高技术群组省份技术差距无效（TGRI）占比几乎为0，效率损失来源主要为企业自身管理不当。而对于低技术群组而言，TGRI占比为24.3%，特别是内蒙古、青海和新疆等地区企业，TGRI占比均超过30%，因技术水平落后而造成一定绿色创新效率损失，需在改善企业管理能力的同时，提升地区企业技术水平等。

（3）从全国企业来看，国有、民营、港澳台资和外资企业绿色创新无效（松弛变量）占比分别为0.381、0.236、0.173和0.210，首先是国有企业无效占比最高，其次是民营企业，然后是外资企业无效占比，港澳台资企业无效占比最低。从各群组来看，高技术群组与全国情形基本类似，在低技术群组企业中，国有企业和民营企业无效是造成整体效率损失的主要原因。

第七章　我国高技术企业绿色创新绩效提升的政策研究

第一节　国内创新相关政策文件梳理

近几年来，一些创新创业者紧跟国家战略要求和创新政策发展趋势，在中华大地兴起一波创新创业的热潮。习近平总书记强调："抓创新就是抓发展，谋创新就是谋未来。"（习近平，2015）有关部门要积极唤起人民群众的创新激情，推进建设以自主创新为主要支撑的政策制度和发展模式。更要大力打造出有助于创新的政策环境和制度环境，对在市场主体中看准的、确需支持的创新行为及创新主体，当局可以实施一些适当的、差别化的鼓励方针。各级地方政府在积极学习贯彻习近平总书记讲话精神的同时，也需根据实际情况制定相关政策。目前以国务院、发改委等为中心领头羊总领政策大关，各省级政府深入学习政策要领，根据自身创新环境，制定一系列政策文件，协同并进为我国创新发展贡献一份力。

一、中央主要创新文件梳理

纵观中央相关政策文件，从 2017 年至今出台了若干创新政策文件等，大多聚焦创新创业，对于绿色创新问题近期才有所涉及。这些文件侧重点不同，涉及内容方方面面。但大体从以下几个方面推动实施创新驱动发展战略，加快区域创新体系建设，具体如表 7－1 所示。

表 7－1 2017～2019 年国务院、发改委等发布的创新相关政策

主题	时间	文件/政策	主要内容
创新	2017 年 6 月	《国务院办公厅关于建设第二批大众创业万众创新示范基地的实施意见》	一批双创示范基地再建设
	2017 年 7 月	《国务院关于强化实施创新驱动发展战略进一步推进大众创业万众创新深入发展的意见》	重点突破科技成果转移转化的制度障碍；深入实施“互联网＋”“中国制造 2025”等；持续深化“放管服”改革
	2017 年 9 月	《国务院办公厅关于推广支持创新相关改革举措的通知》	科技金融创新、创新创业政策环境、外籍人才引进、军民融合创新等推广改革举措
	2017 年 9 月	《国务院关于加快构建大众创业万众创新支撑平台的指导意见》	加快构建大众创业万众创新支撑平台、推进四众持续健康发展
	2018 年 9 月	《国务院关于推动创新创业高质量发展打造“双创”升级版的意见》	创新创业环境升级；创新创业发展动力升级；创业带动就业能力升级；科技创新支撑能力升级
	2019 年 1 月	《国务院办公厅关于推广第二批支持创新相关改革举措的通知》	知识产权保护、科技金融创新等方面形成了新一批支持创新的改革举措
	2019 年 9 月	《国务院关于促进云计算创新发展培育信息产业新业态的意见》	增强云计算服务能力；研讨电子政务、云计算发展新方式；加强大数据开发与利用等
绿色创新	2018 年 7 月	《国家发展改革委关于创新和完善促进绿色发展价格机制的意见》	完善污水处理收费政策；健全固体废物处理收费机制；建立有利于节约用水的价格机制；健全促进节能环保的电价机制等
	2019 年 4 月	《国家发展改革委科技部关于构建市场导向的绿色技术创新体系的指导意见》	激发高校、科研院所绿色创新活力；推进“产学研金介”深度融合；建立健全政府绿色采购制度

注：表中内容由笔者从国务院及国家发改委等政府网站查阅整理而成。

1. 人才激励以及培养政策即外籍人才引进和本地人才留住制度

对于留学归国和外籍高层次人才，实施一系列优惠政策及创新创业扶持计划。健全此类相关人才服务机制，除了落户居留、社会保险等福利政策的切实保

障之外，还为其开通签证、出入境便利等绿色通道。另外，在子女入学、住房等后勤保障方面都有一定力度的支持。探寻全球柔性人才引进机制，持续加速推进海外人才在我国大地的创新型建设。对于我国人才不仅从各方面进行培养，还从如何吸引人才留住人才方面制定相关政策体系，防止人才流失。在动员社会各方面，针对经济社会转型发展的具体需要，完备以企业为主体，高等院校为基础，政府推动与社会支持相互结合的人才培养体系。为了留住人才，还制订具体计划如将职称评审和人才引进自主权下放给地方高校，允许高校根据需要聘用科研骨干人员以及稳固核心人力资源等。

2. 在科技成果转化激励方面

创新性的提出赋予科研人员一定比例的科技成果所有权或长期使用权（翟晓舟，2019）。产权比起分享收益更能够驱动发明人专注于科技成果转化，推进高等学校科技成果转化及技术的再分配，帮助全国高校、科研机构筹建市场化技术分散部门，促成新技术、产业以及融资的无障碍接轨。完善我国政府补助的科技成果技术共享体系建设，联通科研成果与市场终端对接平台，增强我国技术分配体系构建进程。

3. 在知识产权保护方面

从源头进行保护，侧重关注知识产权保护各个关键环节以及重要领域，定期进行整体检查和整治，强化知识产权保护维权力度。从技术运用方面进行保护，例如，建立在互联网基础上的在线识别系统、同步追踪以及源头追溯等技术的运用，建立科学完备的保护体系。从法律视角进行保护，例如，建立“三合一”审判机制，即民事、刑事、行政案件三种类型统一审判，节约审判资源，实现行政执法与司法保护的有效衔接；案件审判中引入技术调查官制度以及快速高效审判机制等。从市场角度进行保护，鼓励金融机构探索开展知识产权质押融资，降低知识产权评估的风险；完备知识产权运营管理公共服务体系，逐步构建我国统一的知识产权共享平台。

4. “产学研金介”深度融合方面

大力支持龙头企业联合高校、研究机构、产业园区等主体构建具有法律意义的在市场中独立运行的创新联合体，推动科研人员、企业、高校、科研院所、金融机构等相互渗透，实现人才、技术和资本相互作用和融合。在分领域、分类别的创新联盟中扮演重要角色的科研人员给予优厚福利待遇，激发创新激情。例如，鼓励创新联合体间的人才流动，符合国家相关规定到企业任职的高校、研究机构的科研人员，享有技术入股优先权，在离岗期间保留编制，三年内在原单位职称申报和评定等不变；高校、研究机构也可设置流动性兼职岗位，让企业人员兼职合作创新课题，整合多方资源，联合实施产学协同合作项目等相关创新研究活动。

二、安徽省创新相关政策梳理

安徽省在认真学习中央文件精神的基础上，并结合自身实际情况，制定了一系列融合国家政策体系的措施，旨在提高经济发展及推动区域创新活动的开展，具体如表 7－2 所示。

表 7－2　安徽省相关部门发布的创新型政策文件

主题	时间	文件/会议	主要内容
创新	2016 年 3 月	《安徽省人民政府办公厅关于全面推进大众创业万众创新的实施意见》	拓展创新创业途径、提升创新创业服务、促进金融与创新创业结合、落实财税扶持政策、优化创新创业环境
	2017 年 3 月	《安徽省系统推进全面创新改革试验 2017 年工作要点》	激发高校院所、企业、高层次人才以及科技金融等创新活力；构建全链条创新体系等
	2017 年 6 月	《关于加快建设技术和产业创新体系的实施意见》	重大技术研发转化、创新创业资源捕捉寻找、创新创业成果路演展示、创新创业主体向往汇聚等
	2017 年 11 月	《关于进一步推进大众创业万众创新深入发展的实施意见》	科技成果转化、完善金融财税政策、促进实体经济转型升级、健全人才流动激励机制、改革政府管理方式等
	2018 年 12 月	《安徽省进一步优化科研管理提升科研绩效实施细则》	完善科研项目管理、绩效评价以及责任担当机制和经费管理、创新人才评价激励制度
	2019 年 1 月	《安徽省促进科技成果转化条例》	建设科技成果信息系统；科技中介服务机构可为科技成果转化提供价值评估等服务；对引进人才的住房、医疗将提供便利等

续表

主题	时间	文件/会议	主要内容
创新	2019 年 1 月	《安徽省人民政府关于推动创新创业高质量发展打造“双创”升级版的实施意见》	促进“双创”环境升级、发展动力升级、主体升级、支撑能力升级、平台升级、载体升级以及金融服务升级等方面的具体措施
	2019 年 6 月	《支持科技型初创企业发展若干政策》	从加强培育孵化、促进技术创新、激励人才培养引进、加强融资支持、营造发展环境等五个方面提出了 20 条具体政策
绿色创新	2017 年 4 月	《安徽省绿色发展行动实施方案》	突出抓好重点领域污染防治、大力发展绿色循环低碳经济、健全资源有偿使用和生态补偿机制等
	2018 年 6 月	《安徽省生态保护红线》	促进生态功能提升、面积有所增加、性质保持不变；加强生态保护与修复，改善和提升生态功能等

注：表中内容由安徽省政府、科技厅、国家发展和改革委等网站资料整理而成。

由表 7－2 可知，现阶段，安徽省逐步构建了以知识产权、科研激励、产业发展以及高校与科研院所合作等的政策体系。在相关政策的支持和推动下，创新形势一片大好。各级创新主体积极投身创新活动，合芜蚌自主创新综合试验区和国家技术创新工程试点省建设，更是起到带头作用，激发各方创新激情。

安徽省鼓励创新创业，营造良好创新氛围，创新成果加速涌现，创新能力不断加强，创新型省份建设步伐加快。据统计，近十年以来，安徽省发明专利授权量从 272 件增长到 14846 件；高新技术企业数从 1177 家增长到 5403 家；高新技术产业增加值占规模以上工业的比重从 24.4% 增长到 40.4%；安徽省研发投入占 GDP 比例从 0.96% 增长到 2.10%；科技进步贡献率从 46.23% 增长到 57.3%（2017 年值）。

虽然良好的创新氛围使安徽省创新能力有了一定程度的提升，但与北上广等沿海地区比较，在部分层面仍有较大悬殊。第一，资源配置不均。安徽省创新平台之间资源共享机制并不完善，有些平台存在创新投入不足的问题，而有些平台却资源闲置。平台之间交流贫乏，资源分散，信息、物质、人力等资源不能共享，造成资源浪费，创新动力不足。第二，政策辐射范围较窄。安徽省发布的文件中曾明确指出“大力培养中青年拔尖人才”，但目前安徽省资助的重大或重点科研项目立项条件中对申请者的资历和职称等都有限制。这些条款的限制阻碍了青年学者的申报，刚毕业的学生或资历不足的科学研究人员等只能望而却步，开发项目及科技创新的激情受到打击，创新潜能不能得到激发和培养，不利于安徽省年轻创新人才的培养。第三，政策落实不到位。创新政策的制定就是解决创新过程中存在的问题，创新主体遇到的困难等，所以政策落实是政策制定的根本。政策落实需要政府部门和创新主体之间共同努力。目前，有些创新主体对于政府部门的相关政策了解甚微，而有些创新主体了解有这个政策但具体内容却不知道，甚至有些根本不知道。这都说明政府部门对于政策的宣传及解读还不够充分，政府与创新主体之间的互动交流缺乏等。

今后，安徽省仍需继续发挥地区优势，将科技自主创新作为其发展战略，合理配置创新资源，增加创新投入水平；完善人才开发与保障机制，设立各项专项资金引导不同科技人才创新创业，扩大创业人才队伍；政府应增加与创新主体间的互动，积极引导符合政策要求的创新型企业推进创新活动，进一步提升安徽省创新能力。

三、其他省份地方性文件或政策梳理

上文主要针对安徽省创新政策进行梳理分析，下面对北京、上海、广东、江苏、浙江等重点省市绿色创新相关政策进行梳理，以期对安徽省企业绿色创新提供借鉴，结果如表 7－3 所示。

表 7－3　2017～2019 年其他省份创新政策部分汇总

主题	省份	时间	文件/政策	主要内容
创新	北京	2017 年 12 月	《关于优化人才服务促进科技创新推动高精尖产业发展的若干措施》	人才激励及使用力度；知识成果保护转化；住房保障等
		2018 年 4 月	《关于促进在京高校科技成果转化实施方案》	建设校企协同创新中心；设立技术转移小组办公室，举办全球前沿技术大赛等
	上海	2018 年 7 月	《鼓励创业带动就业专项行动计划（2018—2022 年）》	创业担保贷款对象范围及额度扩大；特定群体将获一次性创业补贴

续表

主题	省份	时间	文件/政策	主要内容
创新	广东	2018年12月	《广东省人民政府印发关于进一步促进科技创新若干政策措施的通知》	加快建设粤港澳大湾区国际科技创新中心；推进创新人才高地建设；加快建立广东省级实验室和新型研发机构等
		2019年8月	《广东省人民政府办公厅关于印发广东省推广第二批支持创新相关改革举措工作方案的通知》	科技成果转化；创新创业团队回购地方政府产业投资基金所持股权的机制等
	江苏	2018年8月	《省政府关于深入推进大众创业万众创新发展的实施意见》	扩大试点示范效应；加快成果转移转化；融合实体经济发展等
		2018年4月	《省政府办公厅关于印发创新型省份建设工作实施方案的通知》	加强产业关键核心技术突破；推进产学研协同创新；推进苏南国家自主创新示范区建设；打造知识产权引领型强省等
	浙江	2018年8月	《浙江省人民政府关于强化实施创新驱动发展战略深入推进大众创业万众创新的实施意见》	拓展企业融资渠道；促进实体经济转型升级；加快科技成果转化；激励各类人才创新创业；创新政府服务管理方式等
绿色创新	北京	2018年10月	《关于推动生态涵养区生态保护和绿色发展的实施意见》	健全生态保护补偿机制；提升基础设施建设水平和公共服务能力；加强干部人才保障等
	上海	2018年9月	《关于推进本市绿色生态城区建设的指导意见》	绿色生态城区的规划；绿色生态城区的建设；绿色生态城区的运营
	广东	2018年12月	《广东省发展改革委关于创新和完善绿色发展价格机制实施意见的通知》	完善污水处理收费政策；健全固体废物处理收费机制；建立有利于节约用水的价格机制；健全促进节能环保的电价机制等

注：表中内容由对应省份政府、发改委等网站资料整理而成。

评价创新政策的实施效果，需要从创新投入、创新能力、创新环境及创新收益产出方面进行考虑。通过对区域创新政策的研究，不仅可以充分了解企业适合的政策环境，还可以通过政策机制中的沟通和反馈等科学的规划制定出符合企业自身发展的创新活动体系。上述表格选取我国具有代表性的省市，对其出台的一些政策进行罗列，由于篇幅有限，其他省份创新政策的梳理在此省略。

综观我国主要省份创新政策效果，可以看出广东、江苏处于较好效果的区域，北京、浙江、上海等处于中等效果区域，其余未列出省市的创新效果相对较低。从这些省的区域分布来看，我国东部、中部和西部的创新政策效果具有明显的差异性。东部沿海地区效果较好，中部省效果中等，西部地区明显偏低。这种现象与我国东部、中部和西部经济发展的总体水平具有高度的一致性。东部地区经济发展和创新启蒙较早，前期的资金投入、人才引进、基础设施建设等方面已经相对完善，这些积累的能量逐渐释放，产生了明显的效果（闫军印等，2014）。中西部地区受到经济水平的制约，不同程度的在政策激励的广度和深度上都存在差距。另外，创新政策效果的显现具有一定的滞后效应，中西部创新基础等不利态势也会影响之后的创新绩效。

因此，随着我国创新活动的不断展开，制定协调配套的创新政策体系迫在眉睫。从国家、行业、区域等不同层面创新政策体系的构建，应该充分考虑不同地区的实际经济水平，考虑不同地区技术活动对政策体系的需求差异，合理分配创新资源，加快我国创新发展进程。

第二节　国外创新相关政策梳理及研究

通过学习一些卓有成效的国家相关政策，可以发现这些国家通过颁布促进科技创新的政策法规，完善相关激发创新的奖励体制，构建宏观促进自主创新活动的政策扶持体系，取得了卓越成效。为了加快科技创新的进程，我国可以借鉴这些国家的经验，取其精华，去其糟粕，完善和健全兼具我国特色的有助于创新性活动的支撑系统，对创新性工作的筹划组织予以支持和指引。作为全球主要经济体典型代表的美国、英国、德国、法国、日本等无论在过去创新政策梳理研究上，还是在当前创新政策体系设计方面都具有明显的优势（钟劲松，2011），值得我们学习和借鉴。因而，课题组对美国、英国、德国、法国和日本等发达国家绿色技术创新政策进行相关梳理，各国主要相关政策法规如表 7－4 所示。

表 7-4　美国、英国等发达国家主要创新政策法规

国家	政策法规
美国	《美国专利法》《拜杜法案》《小企业创新发展法》《美国技术优先法》《中小企业创新研究计划》《创新加速鼓励基金计划》《美国竞争力法》
英国	《技术创新计划》《促进增长的创新和研究战略（2011）》《英国产业战略：行业分析报告（2012）》《我们的增长计划：科学和创新（2014）》《产业振兴战略（2017）》
德国	《国家高科技战略 2020》《高科技战略行动计划》《创新地区计划》《德国工业 4.0 战略计划实施建议》
法国	《科技指导与规划法》《技术创新与研究法》《六大工业创新计划》《2010 年关键技术》
日本	《今后 10 年科学技术振兴的基本方针》《20 世纪 70 年代综合科学技术政策》《科学技术基本法》《地方分权一览法》《科学技术创新综合战略 2017》

美国不仅在经济发展水平上处于全球第一位，也在科技水平方面保持着更大的技术优势。为了保持美国持续科技优势，美国政府先后出台了一系列创新政策和法规，包括《拜杜法案》《创新加速鼓励基金计划》以及《美国竞争力法》等（钟劲松，2011）。其在 1980 年颁布的《拜杜法案》，适用于所有由政府资助的研发项目所衍生的发明，它使政府资助科研成果的专利所有权首次划归为私人，从而大大激发科技人员从事科技成果转化的热情。该法案通过合理的政策体系安排，让政府、研究机构、产业三方“捆绑”，合作推动政府资助的研发成果商业化及产业化，使美国在世界市场竞争中保持原有技术优势不变且脱颖而出，促进了经济繁荣。在过去的 30 年，美国大学更是凭借《拜杜法案》的政策支持在专利申请和授予数量上有了显著增长，科学研究方面取得了卓越成就。近年来，美国持续发力，将科技创新与外资引进、国际合作等方面协调一致，相互联系，统筹发展，引领美国成为科技创新和经济发展的强国。因此，其创新相关制度和运营模式值得我国借鉴和学习。

受 2008 年美国次贷危机和 2000 年欧债危机的影响，英国的经济发展水平和生产力受到一定影响，在 2011 年全球创新指数排名中名列第十位，并不算高，而 2012 年之后则长期处于全球第五位置，创新水平处于全球领先地位，这与近年来英国持续推进技术创新并颁布相关政策有关（袁永等，2018），这些政策包括《技术创新计划》《促进增长的创新和研究战略（2011）》以及《产业振兴战

略（2017）》等。旨在通过一系列科技政策的出台和实施，发挥科技创新对英国经济社会发展的促进作用。例如，2017 年颁布的《产业振兴战略（2017）》提出，发展现代产业的十大举措，其中，有 9 个与科技创新政策相关，主要涉及提升劳动力技能、加大科研投入、支持数字化基础设施以及从金融角度扶持企业创业及发展的系列政策等。这些政策的发布对英国科学研究、企业创新、科研基础设施等方面都起到了巨大的推动作用，从而加快了科技创新的步伐，促进英国经济飞速发展。

德国的制造业最为发达，尤其是在机械制造、纳米技术、新能源技术以及医疗技术等应用领域处于世界绝对领先地位。这些应用领域优势来源于基础研究和科技创新，得益于一系列相关政策文件的支持，包括《国家高科技战略 2020》《高科技战略行动计划》《创新地区计划》《德国工业 4.0 战略计划实施建议》等。例如，2006 年和 2010 年，德国政府分别制定了《德国高科技战略 2006—2009》和《德国高科技战略 2020》，在有前途和研究价值的领域设立专项投资计划，完备中小企业研发及服务体系。2011 年提出的“工业 4.0”战略，将“智能制造”作为政府研发投入的重点，继续保持并提高自身的创新能力。现阶段，中国的创新转型也基于一定的工业基础，德国的产业创新政策系统的形成值得中国参考借鉴。但在创新政策实施初步阶段，由于政策制定不成熟或不恰当使创新发展受到限制。所以在学习借鉴的同时，也需考虑我国自身国情。

法国在科技创新上曾经占据世界领先地位，法国的研究机构有最先进的基础研究技术，但高校、科研机构与企业之间的产学研合作机制还不够顺畅。例如，此类一系列问题很快在全国开展大讨论，对创新体系存在的问题进行系统分析，不断出台鼓励创新的政策，但其效果的显现却是一个缓慢过程。法国创新进程中走的弯路给我们以警示，创新人才培养不足等问题在政策体系的建设中需重点关注。

从明治维新开始，日本非常重视科技教育和技术创新举措引导，使日本在“二战”战败后，能迅速崛起并成为世界科技强国。日本出台了一些科技政策，包括《今后 10 年科学技术振兴的基本方针》《科学技术基本法》《地方分权一览法》《科学技术创新综合战略 2017》等。具体而言，例如，《地方分权一览法》赋予地方政府权力，主管区域层面的科技创新政策，科技示范区也由所属当地政府直接管理。由政府出资扶持经济发展相对落后地区以及创造更多就业机会，构建区域创新体系。2017 年出台的《科学技术创新综合战略 2017》调整了之前相关的区域创新政策，扩大地方政府的权责，根据不同区域的发展特点和主要优势，最大限度地利用地方资源。该文件还强调将企业向科研院所和大学的科技投资作为重点，增加私营企业对研发活动的资金投入等。因此，日本创新政策区域化、科研投入管理、创新组织结构等政策措施都值得中国学习借鉴。

我国要实现建设创新型国家和制造强国的目标，可以借鉴美国、西欧和日本等发达国家的成功经验，并结合我国实际情况，对未来企业自主创新支持政策的取向和趋势进行分析研究，设计出更合理的促进发展机制，使企业创新活动具有可持续性。

（1）完善自主创新制度的顶层设计和部门协同运转。我国自 20 世纪 90 年代至今出台了一系列的政策和法规，有效促进了我国自主创新事业的发展。但随着国际环境变化、科技发展日新月异以及我国实际情况，需要加强我国自主创新体系协调运转和共同合作，不断完善和补充总领性纲要，为了保障我国企业自主创新活动的有序开展，可适当出台一些政策性文件予以支持和协助。同时为保障我国总纲性建设的系统性和精准性，当局有关部门应该拓展和协同各级地方创新制度的核心内容，更好地协调区域独立自主创新工作的展开。

（2）完善知识产权保护等法规制度。科技信用对创新能力起到积极促进作用，提升创新能力要求良好的科技信用基础。近些年，我国科技信用政策体系还在不断建设和完善之中，例如，科研项目经费监管以及科研失信行为的惩戒等制度法规（钟劲松，2011）。在知识产权立法和执法方面，我国已经建立了一套相对完整的法律制度体系，包括专利、商标和著作权等相关保护法规。未来如何将这些法律法规细化，探索知识产权归属和创新激励之间的关系，利用知识产权法律法规促进区域科技经济增长的路径，鼓励企业提升自身知识产权开发和利用能力，将已有知识产权转化为市场经济价值等还需要进一步研究。

第三节　不同角度下高技术企业绿色创新绩效提升政策研究

一、从技术异质性角度提升区域企业绿色创新绩效

党的十九大报告指出，创新是引领经济社会发展的第一动力。大量理论和事实表明，全要素生产率的差异在很大程度上决定了经济体间发展水平的差异。因此，不断缩小我国欠发达地区与经济发达地区间的技术差距，是提升我国企业整体创新能力的重要激励手段。

1. 注重科技与生产的结合，提高区域技术水平

一个国家科技水平的强弱不能仅仅看这个国家拥有某些领先地位的科学技术或其缺少某些基础科学或先进技术。因为科学技术的具体成果是可以通过交流、转让甚至窃取而获得。关键还是得看科研与生产结合得如何，科研的成果能在多大的程度上转化为生产力（王魁臣，1989）。我国的技术水平总体相对落后，科技与生产结合的能力不强也是原因之一。科技结合生产为重要环节，它是科技转化为生产力和科技人员发挥作用的基础。欧美国家比较注重基础科学的研究，他们的办法一般是先搞研究，产生了新的发明，再自然地推广应用，实现商品化。这种方法周期长，成本高昂。对于我国的实际情况，带着生产中的问题去研究不失为一种可行的方法，面向国家需求导向和问题导向开展科学研究，促进科技与生产有效结合。经济发达的东部地区可以加重基础研究的比例，经济相对薄弱的中西部地区把人力、财力主要放在应用研究上，使科研成果到生产的周期缩短，经济效益实现得快。如此，两者相结合才能够提高区域技术水平。

2. 提高企业创新管理水平

由于我国不同地区企业间的技术异质性，中国各省份企业绿色创新效率损失来源也有所不同。东部地区企业以资本、技术密集型企业为主，主要采用技术引进和自主创新的创新模式。其企业创新无效率主要源自管理无效率，效率损失主

要由企业自身管理失误和水平低下导致（肖仁桥等，2018）。中西部地区企业创新水平低下，创新生产模式以技术引进和技术改造为主，劳动密集型企业较多。这两种前沿之间技术差距的原因是外源性阻力以及企业管理的内生障碍。因此，东部地区企业需要引进国外先进清洁生产技术、优化企业绿色创新环境的同时，还需要从绿色创新战略导向、现代企业管理制度以及企业文化建设等方面入手，减少内生性发展障碍。中西部地区企业需要学习东部地区先进的技术和管理经验，积极引进高素质绿色技术人才，促进区域间人才、技术、信息以及资金等创新要素的自由流动和高效配置。

二、从分阶段管理角度增强企业绿色创新效率

根据两阶段创新价值链理论，创新活动可分为绿色研发和成果转化两阶段。绿色研发阶段是企业、科研机构以及高校共同参与的知识创新过程，包括绿色设计、测试以及干中学等活动，是创新投入向中间产出转化的关键环节（肖仁桥等，2014）。在此阶段，需要充分利用高校、科研院所的基础研究能力，加强产学研合作的深度和广度，解决产学研合作各方利益诉求不一致等问题。一方面，需要加大在研发阶段的投入水平，不仅是资本投入还有用于创新活动的人才投入。吸收引进人才，对人才进行培养，为其提供优厚的待遇，强化此阶段的人力资本积累，以期提高研发部门的收益率，激励创新活动，提高创新资源的投入水平。另一方面，对产出进行奖励。对科研单位的科研成果进行奖励，提高科研人员积极性。对于高校有关部门在设定研究人员绩效考核、职称评定时，需将参与产学研合作经济社会绩效纳入考评体系，肯定其贡献，给予经济支持。最后，在研发阶段还需关心创意产生的过程和环境，营造一种具有包容性、轻松的创新氛围，培养敢于创新、勇于尝试的研发者和实践创新者。

成果转化阶段是以企业为主导，政府、高等院校和科研院所辅助的过程，与企业的营销、商业策划以及制造等活动相关。在成果转化过程中，需将产品的环保、节能以及可回收利用性等作为重要功能指标，以满足社会经济环境发展需求。并通过营销广告等方式，指出传统的产品使用带来的不利影响，大力倡导绿色产品和低碳服务消费，让顾客具有潜在的环境保护意识，从而实现企业生产和消费者需求的绿色协同发展。另外，采用股权或物质奖励等方式激励研发人员开

展绿色成果转化活动，提高专利发明人在成果转化收益中所占的比重。对在重大成果转化过程中取得突破的研发人员给予额外奖励以及具有良好前景的新技术、新产品给予支持，引导资金流向高技术成果转化领域。另外，地方政府还需加大对高技术的甄别力度，逐步提高技术认定的标准，设置专门的评审委员会，并定期轮换。对那些为了申请政府项目资助而对原有技术进行包装，但并未有实质性创新的技术不予再资助。最后，在监管机制方面，改善区域协作、监管水平，加强对创新资金投入的监管，健全相关投入、评级机制，防止创新资源的滥用与浪费，推动创新成果高效转化。

三、从并联网络角度提高我国高技术企业绿色创新水平

不同性质企业存在一定的差异性，高技术企业不能简单看作独立单元进行效率分析，由于各创新主体的研发投入和产出构成了整个创新体系的投入和产出，从这个层面来看，不同性质企业之间存在并联相关性。各创新主体在区域内形成了一个并联网络结构，共同构成了我国高技术企业的技术前沿水平（肖仁桥等，2018）。不同性质企业发展特征、资金来源、管理制度存在差异，导致各性质企业对整体创新效率的影响有所差别。

国有企业需加快股份制改造步伐，完善董事会治理机制，通过实施针对性的兼并重组，整合优化创新资源，进一步明晰企业产权和管理责任，并利用互联网、大数据等信息技术加强对国有资产的审计和监管。通过绩效考核、职务晋升以及技术入股等方式激励国有企业开展绿色技术创新活动，提升企业绿色研发和成果转化水平。并通过与外资企业合作的机会，学习外资企业先进的人才引进和创新生产管理制度，建立公平公正的竞争环境，让优秀员工能发挥更大的作用。努力与上下游供应商和客户建立深度联系，通过供应商联盟创新、领先用户创新等方式实现科技成果的不断涌现。优化企业组织结构及投资规模，避免组织庞大管理不善而导致效率低下，增强对 FDI 溢出效应的吸收能力，提升企业绿色技术创新水平。对处于竞争行业的国有企业，在保证产业安全的基础上，通过业务拆分、环节拆分等方式，建立非公资本参股的混合所有制企业，让民间资本分享国企创新与发展成果，增强国有经济活力和影响力。民营企业需转变片面追求经济规模的发展方式，注重技术产品质量和品牌建设，加大对基础研究的投入，继续

学习外资企业的先进技术和企业家创新精神，建立合作型绿色研发中心，增加技术入股比例等。

国有和民营企业需将提升群组技术水平作为重要突破口，大力引进国际优秀技术人才，注重对国际前沿技术的跟踪、模仿学习和再创新，完善企业孵化器和科技成果转化平台建设，加强与高校、研究院所的合作，鼓励科技人才在企业和高校间相互挂职锻炼等，营造良好的开放式创新环境，减少外源性创新障碍。与此同时，完善企业内部管理制度，树立宽容失败、不断反思的创新机制，将反思和干中学有效结合起来。继续推进石油、电力以及电信等国有行业的价格改革，引入竞争性环节，保障生产要素资源配置和金融市场改革的公平性，并保护私有产权不受侵犯，激发民营企业创新活力。

充分利用外资这一重要技术资源，通过完善知识产权保护法律法规、加快市场环境建设等方式，鼓励跨国公司在我国建立研发机构，根据外资企业从事技术转让所获得收入，给予相应所得税减免。促进外资与内资企业开展实质性技术合作，并使外资企业按照母国环境和技术标准从事生产活动。加强对高等教育的投入与管理，增加对硕士和博士培养的经费与管理力度，增加博士出国联合培养项目，加大对技工型人才的招生培养。地方政府可效仿深圳特区做法，支持高校在企业或产业园附近布局专业研究机构，共同解决企业技术难题，促进高校实验室技术转化为企业产品和服务，实现国有、民营企业对外资企业的技术追赶。

对于技术落后的本土国有或民营企业来说，应努力虚心向外资企业学习，实现技术的学习和消化吸收，这将有利于内资企业学习外部知识并将其内化为企业核心创新能力，且不易被模仿，逐渐将其转化为适应于自身生产经营的需要。当然，企业自主创新能力的提高是一个缓慢积累的过程，需要企业自身长时间的投入以及适宜的国家政策扶持。

第八章　结论及展望

第一节　简要结论

（1）基于绿色创新共同前沿理论和 DEA 模型构建高技术企业绿色创新效率研究框架，并将绿色专利申请数、环境综合指数等产出指标纳入其中，测度分析中国 30 个省份高技术企业绿色创新效率及其区域技术差距，并从生产技术差距和企业管理两维度对中国各省份高技术企业绿色创新无效率值进行分解，寻找效率损失的真实来源，研究结果表明：

第一，在共同前沿下，2008～2017 年全国企业绿色创新综合效率偏低，仍有 23.5% 的提升空间，且考察期内绿色创新效率总体趋于平稳。各省份之间以及三大地区之间的创新效率差异明显，东部、西部和中部地区企业创新综合效率依次递减，纯技术效率不高是影响中部地区企业综合效率提升的重要原因。

第二，各省份在群组前沿下效率值均高于共同前沿下效率值。TGR 值显示，三大地区企业间技术差距明显，东部地区企业技术水平接近于最优值，而中西部地区技术水平与全国潜在最优技术之间分别还有 20.4% 和 12.7% 的距离。

第三，三大地区及各省份间效率损失根源存在明显差异，全国企业技术差距无效值 TGRI 和企业管理无效值 MI 占比分别为 40.0% 和 60.0%，东部地区大多数省份受制于企业内部管理水平较低，中西部企业区域技术差距无效和企业管理无效均占有相当比例，中部地区企业 TGRI 占比高达 54.2%，区域技术水平落后是其效率损失的主要原因之一。

（2）基于共同前沿理论和两阶段创新价值链理论，利用共同前沿—两阶段关联型 DEA 模型测度分析 2009～2017 年中国 30 个省份高技术企业两阶段绿色创新效率，并将各省份企业绿色创新资源利用模式划分为四种类型，进而探索两种前沿下中国高技术企业绿色科技研发和成果转化效率之间的差异性及其区域技术差距，最后，运用动态 GMM 模型分析和检验高技术企业两阶段绿色创新效率的影响机制。结果表明：

第一，共同前沿下，2009～2017 年全国企业绿色研发和成果转化效率均值分别为 0.710 和 0.846，均还有较大的提升空间。在绿色研发阶段，东部和西部地区企业效率值均高于中部地区，后者效率损失缺口高达 38.7%；在成果转化阶段，西部地区效率较低，还有 23.1% 的改进潜力。“双低”型（即低绿色研发低成果转化）省份企业主要来自中西部地区，除“双高”型的省份外，还有 43.3% 的省份企业在绿色研发阶段或成果转化阶段存在一定比例的效率损失。

第二，两种前沿下考察期内各地区企业绿色研发和成果转化效率差异明显，其中，成果转化效率差异更为突出。TGR 值显示，中国三大地区技术差距显著，东部地区两阶段 TGR 均值依次为 0.894 和 0.951，技术水平处于全国领先位置，而中部地区两阶段 TGR 均值分别为 0.742 和 0.861，西部地区分别为 0.839 和 0.835，改进潜力均较大。

第三，从影响因素检验结果来看，创新氛围、政府支持以及产学研合作对企业绿色研发效率提升均具有显著促进作用。在成果转化阶段，企业规模、创新氛围、政府支持以及环保投入强度均对效率值具有显著正向影响，而产学研合作对其效率提升具有负向作用。需要注意的是，无论是在绿色研发还是成果转化阶段，企业规模与政府支持的交互项均对两阶段效率具有显著负向影响，政府支持的重点应该是科技型中小企业。

（3）基于两阶段创新价值链视角，并将产权性质纳入高技术企业创新效率研究框架，考虑我国国有、民营、港澳台资和外资企业之间的技术异质性，利用共同前沿理论和 DEA 模型测度分析 2007～2016 年两种前沿下中国区域不同性质企业创新效率差异，探索不同性质企业两阶段技术差距及其影响因素，结果表明：

第一，中国各省份不同性质企业效率差异明显，国有企业研发和成果转化效率最低，而外资企业效率较高，各企业成果转化效率递减趋势明显。共同前沿下效率值均不超过群组前沿下效率值，不同性质企业在共同前沿下效率值均不超过群组前沿下效率值，需突破群组前沿限制，实现群组技术升级。

第二，国有、民营等四大群组间在两阶段均存在明显的技术落差，成果转化阶段国有—港澳台、国有—外资之间的技术差距均值分别为 0.124 和 0.110，且技术差距值在不断增大，2016 年接近于 0.300。

第三，所有制结构加剧了国企与其他企业间技术差距，政府支持、劳动者素质对国有—民营、国有—外资企业两阶段技术差距起阻滞作用，产学研合作、知识产权保护、金融环境和外商投资等因素对三种技术差距分别产生不同程度的影响。

（4）基于区域间技术差距和区域内行业并联视角，利用共同前沿理论和并联网络 DEA 模型测度分析我国高技术企业创新整体、分行业效率及区域技术差距，并对无效率值进行多维度分解，最后，利用 GMM 动态面板实证分析共同前沿下中国各省份高技术企业创新整体及分行业创新效率的影响因素。结果表明：

第一，中国高技术企业创新效率偏低，还有 53.1% 的提升空间。东部、中部和西部地区企业创新效率依次递减，医疗设备制造业效率最高，而航空航天器制造业效率最低。东部与中西部间的技术差距徘徊于 0.300，东部省份为高管理无效低技术差距无效型，中西部省份则主要是低管理无效高技术差距无效型。

第二，行业无效率分解发现，全国因电子及通信设备、航空航天器和医药制造业无效造成的损失较大，无效率占比分别为 27.4%、22.3% 和 21.5%。东部地区无效率损失主要源于电子及通信设备制造业，中部和西部地区无效率损失则分别主要源于医药和航空航天器制造业。

第三，企业规模、创新氛围、政府支持对整体创新效率具有明显提升作用，企业规模在政府支持促进创新效率的提升过程中起明显负向调节作用，创新氛围、知识产权保护以及金融环境等因素对中国高技术分行业效率的影响存在差异。

（5）从群组技术异质性和不同性质企业并联网络视角出发，利用绿色创新共同前沿理论，基于技术水平差异构建高技术群组和低技术群组。在此基础上，考虑我国各地区国有、民营、港澳台资和外资企业并联创新网络特征，构建共同前沿—并联网络 DEA 模型测度分析 2015 ~2016 年中国各省份不同性质企业绿色创新整体效率及不同性质企业效率，进而分析各地区企业技术落差比率，最后对创新无效率值进行技术差距分解以及分不同性质企业分解。研究结果表明：

第一，考察期内共同前沿下中国高技术企业绿色创新效率均值为 0.458，高技术群组和低技术群组企业绿色创新效率均值分别为 0.476 和 0.439，高技术群组绿色创新效率高于低技术群组企业创新效率值。从不同性质企业来看，国有、民营、港澳台以及外资高技术企业绿色创新效率均值分别为 0.430、0.556、0.483 和 0.439，民营企业效率最高，国有企业效率最低。

第二，共同前沿和群组前沿下我国高技术企业绿色创新整体效率分别为 0.458 和 0.525，两大群组技术落差比率均值分别为 0.999 和 0.768，低技术群组还有 23.2% 的提升空间。全国 TGRI 和 MI 占比分别为 12.2% 和 87.8%，高技术群组省份技术差距无效值 TGRI 占比几乎为 0，效率损失来源主要为企业自身管理不当。而低技术群组的 TGRI 占比为 24.3%，因技术水平落后而造成一定比例的绿色创新效率损失。

第三，从全国企业来看，国有、民营、港澳台资和外资企业绿色创新无效（松弛变量）占比分别为 0.381、0.236、0.173 和 0.210，国有企业无效占比最高。从各群组来看，高技术群组与全国情形基本类似，低技术群组企业中，国有企业和民营企业无效是造成整体效率损失的主要原因。

（6）结合上述实证结果，梳理分析中央及各省份已有的创新政策文件，对美国、英国、德国、法国、日本等发达国家创新政策法规进行探究，并从异质性技术、分阶段管理以及不同性质企业并联等角度，给出我国企业绿色创新效率提升相关政策建议。

第二节　研究不足与未来展望

（1）本书将考察期内中国内地30个省份的高技术企业划分为东、中、西部地区三个群组，但随着我国南北地区经济发展的逐渐失衡，经济增速“南快北慢”，科技创新能力“南高北低”，未来可以进一步探讨我国南北地区高技术企业绿色创新效率差异、效率损失原因及影响机制。另外，还可以搜集国家层面的数据，将我国绿色创新效率与发达国家进行对比，发现差距并探寻效率存在差异的原因。在样本方面，主要以2008～2017年中国内地30个省份高技术企业为研究对象，未来可以将研究范围进一步细化到城市层面，或者通过调研企业获取微观层面的样本数据进行对比分析。

（2）本书将绿色专利申请数、新产品销售收入、环境综合指数等指标纳入高技术企业绿色创新效率的研究框架，涵盖了科技产出、经济产出和环境负产出。但该指标体系仍有待进一步完善，例如，增加绿色GDP（环境综合指数×工业GDP）等产出变量。另外，二氧化碳的过度排放是全球气候变暖的主要原因，未来可以将工业碳排放量这一指标纳入研究框架，继续丰富与完善绿色创新效率的评价指标体系。

（3）由于绿色创新活动在不同阶段存在异质性，各阶段创新效率及其影响因素可能有所不同，本书根据创新价值链理论，将绿色创新活动分为绿色科技研发和绿色成果转化两个阶段。事实上，高技术企业绿色创新还可以分为三个阶段，即知识创新阶段、应用性科技创新阶段、商业模式创新与市场化阶段。但三阶段创新价值链的理论机制更为复杂，未来还可从创新效率、溢出效应等角度继续深入分析。

（4）在研究方法上，主要采用DEA－CCR、DEA－BCC、共同前沿DEA模型等，未来可依据创新投入产出的阶段性特征，利用更适合的方法测算效率，例如，考虑非期望产出的SBM－DEA模型、超效率DEA模型、模糊DEA模型等。由于我国区域经济发展的不平衡，未来可以从空间溢出视角出发，构建空间邻接、地理距离、社会经济距离等权重矩阵，运用静态与动态的空间面板计量经济模型检验分析本地区高技术企业绿色创新效率对邻近地区效率的影响，并分析其影响机理，以期促进区域经济、社会、环境的协调和可持续发展。

（5）在绿色创新效率的影响机制方面，主要从企业内部驱动和外部环境影响两方面分析了创新氛围、产学研合作、政府支持、环保投入强度以及知识产权保护等变量对企业绿色创新效率的影响，并考虑了政府支持与企业规模的交互效应。未来可将国际贸易环境、数字化转型等变量纳入研究框架，对企业绿色创新效率的影响机制进行深入分析，等等。

参考文献

［1］ Afri W B，Hikkerova L，Sahut J M. External Knowledge Sources，Green Innovation and Performance ［J］. Technological Forecasting & Social Change，2018 (129)：210 – 220.

［2］ Amores – Salvadó J，Martín – de Castro G.，Navas – López J E. Green Corporate Image：Moderating the Connection between Environmental Product Innovation and Firm Performance ［J］. Journal of Cleaner Production，2014 (83)：356 – 365.

［3］ Anderson N，West M A. The Team Climate Inventory：Development of the TCI and its Applications in Team Building for Innovativeness ［J］. European Journal of Work & Organizational Psychology，1996，5 (1)：53 – 66.

［4］ Baldassarre B，Calabretta G，Bocken N M P，et al. Bridging Sustainable Business Model Innovation and User – driven Innovation：A Process for Sustainable Value Proposition Design ［J］. Journal of Cleaner Production，2017 (147)：175 – 186.

［5］ Banker R D，Charnes A，Cooper W W. Some Models for Estimating Technical and Scale Inefficiencies in Data Envelopment Analysis ［J］. Management Science，1984，30 (9)：1078 – 1092.

［6］ Battese G E，Rao D S P. Technology Gap，Efficiency，and a Stochastic Meta – frontier Function ［J］. International Journal of Business and Economics，2002，1 (2)：87 – 93.

［7］ Battese G E，Rao D S P，O'Donnel C. A Meta – frontier Production Function for Estimation of Technical Efficiencies and Technology Gaps for Operating under Different Technologies [J]. Journal of Productivity Analysis, 2004, 21 (1): 91 - 103.

[8] Beise Z, Rennings M, Lead K. Markets and Regulation: A Ram Work for Analyzing the Internationl Diffusion of Environmental Innovation [J]. Ecological Economics, 2005, 52 (1): 5 - 17.

[9] Bi G B, Ding J J, Luo Y. Resource Allocation and Target Setting for Parallel Production System Based on DEA [J]. Applied Mathematical Modeling, 2011, 35 (9): 4270 - 4280.

[10] Bi K X, Huang P, Wang X X. Innovation Performance and Influencing Factors of Low - carbon Technological Innovation under the Global Value Chain: A case of Chinese Manufacturing Industry [J]. Technological Forecasting and Social Change, 2016 (111): 275 - 284.

[11] Braun E, Wield D. Regulation as a Means for the Social Control of Technology [J]. Technology Analysis & Strategic Management, 1994, 6 (3): 259 - 272.

[12] Charnes A, Cooper W W, Rhodes E. Measuring the Efficiency of Decision Making Units [J]. European Journal of Operational Research, 1978, 2 (6): 429 - 444.

[13] Chen C T, Chien C F, Lin M H, Wang J T. Using DEA to Evaluate R&D Performance of the Computers and Peripherals Firms in Taiwan [J]. International Journal of Business, 2004, 9 (4): 347 - 359.

[14] Chen Y S, Lai S B, Wen C T. The Influence of Green Innovation Performance on Corporate Advantage in Taiwan [J]. Journal of Business Ethics, 2006, 67 (4): 331 - 339.

[15] Chen X, Liu Z, Zhu Q. Performance Evaluation of China' s High - tech Innovation Process: Analysis Based on the Innovation Value Chain [J]. Technovation, 2018 (74/75): 42 - 53.

[16] Chio S B, Lee S H, Williams C. Ownership and Firm Innovation in a Transition Economy: Evidence from China [J]. Research Policy, 2011, 40 (3): 441 - 452.

[17] Chiou T Y, Chan H K, Lettice F, et al. The Influence of Greening the

Suppliers and Green Innovation on Environmental Performance and Competitive Advantage in Taiwan [J] . Transportation Research Part E, 2011, 47 (6): 822 –836.

[18] Chiu C R, Liou J L, Wu P I, et al. Decomposition of the Environmental Inefficiency of the Meta – frontier with Undesirable Output [J] . Energy Economics, 2012, 34 (5): 1392 –1399.

[19] Chun H, Kim J W, Lee J. How Does Information Technology Improve Aggregate Productivity? A New Channel of Productivity Dispersion and Reallocation [J]. Research Policy, 2015, 44 (5): 999 –1016.

[20] Colombo M G, D'adda D, Pirelli L H. The Participation of New Technology – based Firms in EU – funded R&D Partnerships: The Role of Venture Capita [J]. Research Policy, 2016, 45 (2): 361 –375.

[21] Czarnitzki D, Hussinger K. The Link between R&D Subsidies, R&D Spending and Technological Performance [J] . ZEW Discussion Paper, Berlin, 2004 (4): 56.

[22] Czarnitzki D, Light G. Additionality of Public R&D Grants in a Transition Economy [J] . Economics of Transition, 2006, 14 (1): 101 –131.

[23] Dachs B, Ebersberger B, Loof H. The Innovative Performance of Foreign – owned Enterprises in Small Open Economies [J] . The Journal of Technology Transfer, 2008, 33 (4): 393 –406.

[24] Dilling – Hansen M, Madsen E S, Smith V. Efficiency, R&D and Ownership——Some Empirical Evidence [J] . International Journal of Production Economics, 2003, 83 (1): 85 –94.

[25] Ersoy H, Koy A. The Relationship Between Corporate Performance and Ownership Structure: Evidence from Turkey [J] . Emerging Markets Journal, 2015, 5 (2): 9 –18.

[26] Farrell M J. The Measurement of Productive Efficiency [J] . Journal of the Royal Statistical Society. Series A, General, 1957, 120 (3): 253 –290.

[27] Freeman C. The Economics of Industrial Innovation [M] . MIT Press, Cambridge M A, 1982.

［28］ Guan J C, Chen K H. Measuring the Innovation Production Process: A Cross – region Empirical Study of China's High – tech Innovation ［J］. Technovation, 2010, 30 (5/6): 348 – 358.

［29］ Guan J C, Chen K H. Modeling the Relative Efficiency of National Innovation Systems ［J］. Research Policy, 2012, 41 (1): 102 – 115.

［30］ Hang Y, Sun J, Wang Q, et al. Measuring Energy Inefficiency with Undesirable Outputs and Technology Heterogeneity in Chinese cities ［J］. Economic Modelling, 2015, 49 (1): 46 – 52.

［31］ Hansen M T, Birkinshaw J. The Innovation Value Chain ［J］. Harvard Business Review, 2007, 85 (6): 121 – 130.

［32］ Hart O, Shleifer A, Vishny R W. The Proper Scope of Government: Theory and an Application to Prisons ［J］. Quarterly Journal of Economics, 1997, 112 (4): 1127 – 1161.

［33］ Hashimoto A, Haneda S. Measuring the Change in R&D Efficiency of the Japanese Pharmaceutical Industry ［J］. Research Policy, 2008, 37 (4): 1829 – 1836.

［34］ Hauknes J, Knell M. Embodied Knowledge and Sectoral Linkages: An Input – output Approach to the Interaction of High – and Low – tech Industries ［J］. Research Policy, 2009, 38 (3): 459 – 469.

［35］ Hayami Y. Source of Agricultural Productivity Gap Among Selected Countries ［J］. American Journal of Agricultural Economics, 1969 (51): 564 – 575.

［36］ Jacobs J. The Economy of Cities ［M］. New York: Vintage, 1969: 256 – 280.

［37］ James P. The Sustainability Circle: A New Tool for Product Development and Design ［J］. Journal of Sustainable Product Design, 1997 (2): 52 – 57.

［38］ Kao C, Hwang S N. Efficiency Measurement for Network Systems: IT Impact on Firm Performance ［J］. Decision Support System, 2010, 48 (3): 437 – 446.

［39］ Kao C. Efficiency Decomposition in Network Data Envelopment Analysis: A Relational model ［J］. European Journal of Operational Research, 2009, 192 (3): 949 – 962.

[40] Kao C. Efficiency Measurement for Parallel Production Systems [J]. European Journal of Operational Research, 2009, 196 (3): 1107 – 1112.

[41] Karakaya E, Hidalgo A, Nuur C. Diffusion of Eco – innovations: A Review [J] . Renewable & Sustainable Energy Reviews, 2014, 33 (2) : 392 – 399.

[42] Kemp R, Arundel A, Smith K. Survey Indicators for Environmental Innovation [R] . Garmisch – Partenkirchen, Germany: Conference Towards Environmental Innovation Systems, 2002.

[43] Kontolaimou A, Kostas T. Are Cooperatives the Weakest Link in European Banking a Non – parametric Mete – frontier Approach? [J] . Journal of Banking and Finance, 2010, 34 (8): 1946 – 1957.

[44] Krammer S. Drivers of National Innovation in Transition: Evidence from a Panel of Eastern European Countries [J] . Research Policy, 2009, 38 (5): 845 – 860.

[45] Lee P M, O'Neill H M. Ownership Structure and R&D Investment of U. S. and Japanese Firms: Agency and Stewardship Perspective [J] . Academy of Management Journal, 2003, 46 (2): 212 – 259.

[46] Li D, Huang M, Ren S, et al. Environmental Legitimacy, Green Innovation, and Corporate Carbon Disclosure: Evidence from CDP China 100 [J] . Journal of Business Ethics, 2018, 15 (4): 1089 – 1104.

[47] Lin C, Lin P, Song F. Property Rights Protection and Corporate R&D: Evidence from China [J] . Journal of Development Economics, 2010 (93): 49 – 62.

[48] Liu J S, Lu W M, Ho M H. National Characteristics: Innovation Systems from the Process Efficiency Perspective [J] . R&D Management, 2015, 45 (4): 317 – 338.

[49] Malmquist S. Index Numbers and Indifference Surfaces [J] . Trabajos de Estadística, 1953, 4 (2): 209 – 242.

[50] Maskus K. The Role of Intellectual Property Rights in Encouraging Foreign Direct Investment and Technology Transfer [J] . Duke Journal of Comparative and International Law, 1998, 10 (1): 387 – 410.

[51] Mavi R K, Standing C. Evaluating Eco – innovation of OECD Countries with Data Envelopment Analysis [R] . International Association for Development of the Information Society, 2016.

[52] Namazi M, Mohammadi E. Natural Resource Dependence and Economic Growth: A TOPSIS/DEA Analysis of Innovation Efficiency [J] . Resource Policy, 2018 (59): 544 –552.

[53] Nelson R R. The Simple Economics of Basic Scientific Research [J]. Journal of Political Economic, 1959, 67 (3): 297 –300.

[54] Oh D, Lee J. A Metafrontier Approach for Measuring Malmquist Productivity Index [J] . Empirical Economics, 2010, 38 (1): 47 –64.

[55] O'Donnell C, Rao D, Battese G. Meta – frontier Frameworks for the Study of Firm – level Efficiencies and Technology Ratios [J] . Empirical Economics, 2008, 34 (2): 231 –255.

[56] Park J H, Shin K. Efficiency of Government – Sponsored R&D Projects: A Meta – frontier DEA Approach [J] . Sustainability, 2018 (10): 1 –17.

[57] Rennings K, Rammer C. The Impact of Regulation – driven Environmental Innovation on Innovation Success and Firm Performance [J] . Industry and Innovation, 2011, 18 (3) : 255 –283.

[58] Rennings K, Ziegler A, Ankele K. The Influence of Different Characteristics of the EU Environmental Management and Auditing Scheme on Technical Environmental Innovations and Economic Performance [J] . Ecological Economics, 2006, 57 (1) : 45 –59.

[59] Roberts E B. What We've Learned: Managing Invention and Innovation [J] . Research Technology Management, 1988, 31 (1): 11 –29.

[60] Roper S, Du J, Love J H. Modelling the Innovation Value Chain [J]. Research Policy, 2008, 37 (6 –7): 0 –977.

[61] Rothwell R. Successful Industrial Innovation: Critical Factors for the 1990s [J] . R&D Management, 1992, 22 (3): 221 –240.

[62] Salerno M S, Gomes L, Silva D, et al. Innovation Processes: Which

Process for Which Project? [J]. Technovation, 2015 (35): 59 – 70.

[63] Scherer F M, Ross D. Industrial Structure and Economic Performance [M]. Boston: Hought on Mifflin Company, 1990: 125 – 134.

[64] Schiederig T, Tietze F, Herstatt C. Green Innovation in Technology and Innovation Management: An Exploratory Literature Review [J]. R&D Management, 2012, 42 (2): 180 – 192.

[65] Sharma S, Thomas V J. Inter – country R&D Efficiency Analysis: An Application of Data Envelopment Analysis [J]. Scientometrics, 2008, 76 (3): 483 – 501.

[66] Shu C L, Zhou K Z, Xiao Y Z, et al. How Green Management Influences Product Innovation in China: The Role of Institutional Benefits [J]. Journal of Business Ethics, 2016, 133 (3): 471 – 485.

[67] Song Y, Liu C L, Langston C. Linkage Measures of the Construction Sector Using the Hypothetical Extraction Method [J]. Construction Management and Economics, 2006, 24 (6): 579 – 589.

[68] Spanos Y E, Vonortas N S, Voudouris I. Antecedents of Innovation Impacts in Publicly Funded Collaborative R&D Projects [J]. Technovation, 2015, 36/37 (1): 53 – 64.

[69] Streb J. Shaping the National System of Inter – industry Knowledge Exchange: Vertical Integration, Licensing and Repeated Knowledge Transfer in the German Plastics Industry [J]. Research Policy, 2003, 32 (6): 1125 – 1140.

[70] Sullivan M. Finance and Innovation//Fagerberg J, Mowery D, Nelson R. The Oxford Handbook of Innovation [M]. Oxford University Press, 2006: 240 – 265.

[71] Tone K. A Slacks – based Measure of Super – efficiency in Data Envelopment Analysis [J]. European Journal of Operational Research, 2002, 143 (1): 32 – 41.

[72] Wallsten S. The Effects of Government – industry R&D Programs on Private R&D: The Case of the Small Business Innovation Research Program [J]. Rand Journal of Economic, 2000, 31 (1): 82 – 100.

[73] Wang S, Fan J, Zhao D T, et al. Regional Innovation Environment and Innovation Efficiency: The Chinese Case [J]. Technology Analysis & Strategic Management, 2016, 28 (4): 396-410.

[74] Wang Q, Zhou P, Zhao Z, et al. Energy Efficiency and Energy Saving Potential in China: A Directional Meta-frontier DEA Approach [J]. Sustainability, 2014, 6 (8): 5476-5492.

[75] Weng M H, Lin C Y. Determinants of Green Innovation Adoption for Small and Medium-size Enterprises (SMES) [J]. African Journal of Business Management, 2011, 5 (22): 9154-9163.

[76] Wojcik P. Exploring Links between Dynamic Capabilities Perspective and Resource-based View: A Literature Overview [J]. International Journal of Management and Economics, 2015 (45): 83-107.

[77] Yang G, Maskus K E. Intellectual Property Rights, Licensing and Innovation in An Endogenous Product-cycle Model [J]. Journal of International Economics, 2001, 53 (1): 169-187.

[78] Yang Y S, Ma B J, Koike M. Efficiency Measuring DEA Model for Production System with Independent Subsystems [J]. Journal of the Operations Research Society of Japan, 2000, 43 (3): 343-354.

[79] Zhang A, Zhang Y, Ronald Z. A Study of the R&D Efficiency and Productivity of Chinese Firms [J]. Journal of Comparative Economics, 2003, 31 (3): 444-464.

[80] 白俊红，卞元超．要素市场扭曲与中国创新生产的效率损失 [J]．中国工业经济，2016，34 (11)：39-55.

[81] 白俊红，江可申，李婧．应用随机前沿模型评测中国区域研发创新效率 [J]．管理世界，2009 (10)：51-61.

[82] 白俊红，王钺，蒋伏心，李婧．研发要素流动、空间知识溢出与经济增长 [J]．经济研究，2017，52 (7)：109-123.

[83] 毕克新，杨朝均，黄平．中国绿色工艺创新绩效的地区差异及影响因素研究 [J]．中国工业经济，2013 (10)：57-69.

［84］毕克新，杨朝均，隋俊．跨国公司技术转移对绿色创新绩效影响效果评价——基于制造业绿色创新系统的实证研究［J］．中国软科学，2015（11）：81－93.

［85］曹霞，于娟．绿色低碳视角下中国区域创新效率研究［J］．中国人口·资源与环境，2015，25（5）：10－19.

［86］柴磊，赵定涛．基于DEA的并联生产系统效率评价与资源分配［J］．中国科学技术大学学报，2016，46（11）：939－945.

［87］陈德球，金雅玲，董志勇．政策不确定性、政治关联与企业创新效率［J］．南开管理评论，2016，19（4）：27－35.

［88］陈凯华，官建成．非同质平衡子系统整体效率的DEA测度与分解［J］．系统工程，2010，28（1）：58－63.

［89］陈凯华，官建成．共享投入型关联两阶段生产系统的网络DEA效率测度与分解［J］．系统工程理论与实践，2011，31（7）：1211－1221.

［90］陈晓玲，郭斌，郭京京等．技术梯度、市场梯度与制造业产业追赶绩效［J］．科学学研究，2017，35（7）：982－994.

［91］陈修德，梁彤缨．中国高新技术产业研发效率及其影响因素——基于面板数据SFPF模型的实证研究［J］．科学学研究，2010，28（8）：1198－1205.

［92］陈莹文，王美强，陈银银，耿建国．基于改进两阶段DEA的中国高技术产业研发创新效率研究［J］．软科学，2018，32（9）：14－18.

［93］陈元志，陈劲，吉超．中国不同类型企业技术创新效率的趋势与比较［J］．科研管理，2018，39（5）：1－10.

［94］池仁勇．企业技术创新效率及其影响因素研究［J］．数量经济技术经济研究，2003，20（6）：105－108.

［95］崔淼，苏敬勤．技术引进与自主创新的协同：理论和案例［J］．管理科学，2013，26（2）：1－12.

［96］崔蓉，费锦华，孙亚男．中国省际绿色创新生产率的变动及其空间溢出效应研究［J］．宏观经济研究，2019（6）：132－145.

［97］戴魁早，刘友金．市场化进程对创新效率的影响及行业差异——基于中国高技术产业的实证检验［J］．财经研究，2013，39（5）：4－16.

[98] 党国英，秦开强．高技术产业的技术创新效率与影响因素——对五大类23个分行业的效率分析［J］．产经评论，2015，6（2）：15－27.

[99] 刁秀华，李姣姣，李宇．高技术产业的企业规模质量、技术创新效率及区域差异的门槛效应［J］．中国软科学，2018（11）：184－192.

[100] 窦超，熊曦，陈光华，杨国梁．创新价值链视角下中小企业创新效率多维度研究——基于加法分解的两阶段DEA模型［J］．科技进步与对策，2019，36（2）：77－85.

[101] 段永瑞，田澎，张卫平．具有独立子系统的DEA模型及其应用［J］．管理工程学报，2006（1）：27－31.

[102] 范德成，李盛楠．区域高技术产业技术创新效率测度与提升路径研究——基于共享投入关联型两阶段DEA模型［J］．运筹与管理，2019，28（5）：156－165.

[103] 范凌钧，陈燕儿．政府R&D资助对高技术产业技术效率的影响研究［J］．运筹与管理，2014，23（4）：246－253.

[104] 冯伟，徐康宁，邵军．基于本土市场规模的产业创新机制及实证研究［J］．中国软科学，2014（1）：55－67.

[105] 冯缨，滕家佳．江苏省高技术产业技术创新效率评价［J］．科学学与科学技术管理，2010，31（8）：107－112.

[106] 冯志军，陈伟．中国高技术产业研发创新效率研究——基于资源约束型两阶段DEA模型的新视角［J］．系统工程理论与实践，2014，34（5）：1202－1212.

[107] 冯宗宪，王青，侯晓辉．政府投入、市场化程度与中国工业企业的技术创新效率［J］．数量经济技术经济研究，2011，28（4）：3－17.

[108] 高广阔，王艺群．京津冀地区高耗能产业绿色创新效率及影响因素分析——基于空间视角的实证研究［J］．工业技术经济，2018，37（1）：137－144.

[109] 葛虹，黄祎．并形系统的3种网络DEA模型与应用选择［J］．系统管理学报，2010，19（2）：197－203.

[110] 官建成，陈凯华．我国高技术产业技术创新效率的测度［J］．数量

经济技术经济研究，2009，26（10）：19－33.

［111］桂黄宝．我国高技术产业创新效率及其影响因素空间计量分析［J］．经济地理，2014，34（6）：100－107.

［112］郭进．环境规制对绿色技术创新的影响——“波特效应”的中国证据［J］．财贸经济，2019（3）：147－160.

［113］郭英远，张胜，张丹萍．环境规制、政府研发资助与绿色技术创新：抑制或促进？——一个研究综述［J］．华东经济管理，2018，32（7）：40－47.

［114］韩晶．中国区域绿色创新效率研究［J］．财经问题研究，2012（11）：130－137.

［115］韩孺眉，刘艳春．我国工业企业绿色技术创新效率评价研究［J］．技术经济与管理研究，2017（5）：53－57.

［116］韩兆洲，程学伟．中国区域专利产出与产业创新效率研究［J］．产经评论，2018，9（3）：75－88.

［117］胡凯，吴清，胡毓敏．知识产权保护的技术创新效应——基于技术交易市场视角和省级面板数据的实证分析［J］．财经研究，2012，38（8）：15－25.

［118］黄奇，苗建军，李敬银，王文华．基于共同前沿的中国区域创新效率研究［J］．华东经济管理，2014，28（11）：38－41.

［119］黄奇，苗建军，李敬银，王文华．基于绿色增长的工业企业技术创新效率空间外溢效应研究［J］．经济体制改革，2015（4）：109－115.

［120］黄祎，葛虹，冯英浚．基于链形系统的关联网络 DEA 模型：以我国 14 家商业银行为例［J］．系统工程理论与实践，2009，29（5）：106－114.

［121］邝嫦娥，文泽宙，彭文斌．影子经济影响绿色创新效率的门槛效应［J］．经济地理，2019，39（7）：184－193.

［122］李健，马晓芳．京津冀城市绿色创新效率时空差异及影响因素分析［J］．系统工程，2019（5）：1－12.

［123］李金滟，李超，李泽宇．城市绿色创新效率评价及其影响因素分析［J］．统计与决策，2017（20）：116－120.

［124］李婉红．中国省域工业绿色技术创新产出的时空演化及影响因素：基

于30个省域数据的实证研究［J］．管理工程学报，2017，31（2）：9－19.

［125］李婉红，刘芳．剥离环境因素的中国高技术产业创新效率综合测度研究［J］．科技进步与对策，2019，36（4）：75－81.

［126］李向东，李南，白俊红，谢忠秋．高技术产业研发创新效率分析［J］．中国软科学，2011，26（2）：52－61.

［127］李晓阳，赵宏磊，王思读．产业转移对中国绿色经济效率的机遇和挑战——基于人力资本的门槛回归［J］．现代经济探讨，2018（9）：71－78＋89.

［128］李新春，李胜文，张书军．高技术与非高技术产业创新的单要素效率［J］．中国工业经济，2010，28（5）：68－77.

［129］李雄英，刘南．基于并联输入阶段的合作DEA方法在外购或自制决策中的应用［J］．管理工程学报，2010，24（4）：167－173.

［130］李旭．绿色创新相关研究的梳理与展望［J］．研究与发展管理，2015，27（2）：1－11.

［131］李政，陆寅宏．国有企业真的缺乏创新能力吗——基于上市公司所有权性质与创新绩效的实证分析与比较［J］．经济理论与经济管理，2014，34（2）：27－38.

［132］李正锋，逯宇铎，于娇．基于共同前沿方法的中国区域创新效率及差异研究［J］．工业技术经济，2015，34（5）：12－19.

［133］梁文群，秦天如，梁鹏．中国区域绿色低碳创新效率的分类测度与比较［J］．干旱区资源与环境，2019，33（11）：9－16.

［134］梁中，昂昊．中国绿色技术创新效率演化及其空间治理［J］．财贸研究，2019，30（8）：16－25.

［135］刘斌斌，黄吉焱．FDI进入方式对地区绿色技术创新效率影响研究——基于环境规制强度差异视角［J］．当代财经，2017（4）：89－98.

［136］刘凤朝，姜滨滨．美国1995－2007年R&D经费效率评价研究——基于来源结构—执行主体的视角［J］．科学学与科学技术管理，2013，34（8）：18－24.

［137］刘海英，刘晴晴．中国省际能源和CO_2效率评价及技术差距研究［J］．统计与决策，2019（19）：116－120.

［138］刘和旺，郑世林，王宇锋．所有制类型、技术创新与企业绩效［J］．中国软科学，2015（3）：28－40.

［139］刘健，刘鸿福，姚西龙．我国煤炭产业绿色发展效率研究［J］．工业技术经济，2015，34（10）：145－150.

［140］刘婧，占绍文，李治．知识产权能力、外部知识产权保护与动漫企业创新效率［J］．软科学，2017，31（9）：40－44.

［141］刘思明，侯鹏，赵彦云．知识产权保护与中国工业创新能力——来自省级大中型工业企业面板数据的实证研究［J］．数量经济技术经济研究，2015，32（3）：40－57.

［142］刘晓音，赵玉民．环境规制背景下的企业绿色技术创新探析［J］．技术经济与管理研究，2012（2）：43－46.

［143］刘迎春．中国战略新兴产业技术创新效率实证研究——基于 DEA 方法的分析［J］．宏观经济研究，2016，38（6）：43－57.

［144］刘志迎，郭磊，周志翔．基于共同边界模型的中国工业行业技术创新效率［J］．系统工程，2013，31（6）：14－21.

［145］卢方元，李彦龙．政府支持有助于提升高技术产业 R&D 效率吗？［J］．科学学研究，2016，34（12）：1800－1806＋1829.

［146］吕承超，商圆月．高技术产业集聚模式与创新产出的时空效应研究［J］．管理科学，2017，30（2）：64－79.

［147］吕岩威，谢雁翔，楼贤骏．中国区域绿色创新效率收敛性研究［J］．科技进步与对策，2019，36（15）：37－42.

［148］罗良文，梁圣蓉．中国区域工业企业绿色技术创新效率及因素分解［J］．中国人口·资源与环境，2016，26（9）：149－157.

［149］马艳艳，孔梦晗，张晓蕾．环境规制能提升企业研发努力？——基于价值链和组织行为双重视角的实证研究［J］．研究与发展管理，2019，31（1）：118－131.

［150］梅亮，陈劲．责任式创新：源起、归因解析与理论框架［J］．管理世界，2015，31（8）：39－57.

［151］聂名华，齐昊．对外直接投资能否提升中国工业绿色创新效率？：基

于创新价值链与空间关联的视角［J］．世界经济研究，2019（2）：111－122＋137.

［152］潘宏亮．环境规制与协同创新耦合作用下高新技术企业的创新能力演化［J］．中国科技论坛，2017（5）：87－93＋100.

［153］庞兰心，官建成．政府财税政策对高技术企业创新和增长的影响［J］．科学学研究，2018，36（12）：2259－2269.

［154］彭新敏，郑素丽，吴晓波等．后发企业如何从追赶到前沿？——双元性学习的视角［J］．管理世界，2017（2）：142－180.

［155］钱丽，王文平，肖仁桥．产权差异视角下我国区域高技术企业创新效率研究［J］．管理工程学报，2019，33（2）：99－109.

［156］钱丽，王文平，肖仁桥．共享投入关联视角下中国区域工业企业绿色创新效率差异研究［J］．中国人口·资源与环境，2018，28（5）：27－39.

［157］钱丽，肖仁桥，陈忠卫．环境约束、技术差距与企业创新效率——基于中国省际工业企业的实证研究［J］．科学学研究，2015，33（3）：378－389.

［158］钱雪松，方胜．担保物权制度改革影响影响了民营企业负债融资吗？——来自中国《物权法》自然实验的经验证据［J］．经济研究，2017（5）：146－160.

［159］任耀，牛冲槐，牛彤，姚西龙．绿色创新效率的理论模型与实证研究［J］．管理世界，2014（7）：176－177.

［160］沈坤荣，马俊．中国经济增长的俱乐部收敛特征及其成因研究［J］．经济研究，2002，48（1）：33－39.

［161］沈能，张路佳．考虑技术异质性的中国省区环境创新效率评价［J］．科技进步与对策，2016，33（13）：125－129.

［162］沈能，周晶晶．基于两阶段共同边界 DEA 的国家大学科技园创新效率研究［J］．管理工程学报，2018，32（2）：188－195.

［163］沈能，周晶晶．技术异质性视角下的我国绿色创新效率及关键因素作用机制研究：基于 Hybrid DEA 和结构化方程模型［J］．管理工程学报，2018，32（4）：46－53.

［164］史修松，赵曙东，吴福象．中国区域创新效率及其空间差异研究

[J]．数量经济技术经济研究，2009，26（3）：45－55.

［165］宋马林，王舒鸿．环境规制、技术进步与经济增长［J］．经济研究，2013，48（3）：122－134.

［166］孙国锋，张婵，姚德文．大中型高技术企业创新效率测度与分解——基于DEA模型的实证分析［J］．审计与经济研究，2016，31（3）：111－119.

［167］孙晓华，王昀．企业所有制与技术创新效率［J］．管理学报，2013，10（7）：1041－1047.

［168］孙早，肖利平，刘李华．产业所有制结构变化与产业创新绩效改善——国有企业为主的产业所有制结构就一定不利于产业创新吗？［J］．南开经济研究，2017（6）：3－19.

［169］田丹，于奇．高层管理者背景特征对企业绿色创新的影响［J］．财经问题研究，2017（6）：108－113.

［170］汪克亮，孟祥瑞，杨宝臣，程云鹤．技术异质下中国大气污染排放效率的区域差异与影响因素［J］．中国人口·资源与环境，2017，27（1）：101－110.

［171］汪克亮，杨宝臣，杨力．基于技术差距的中国区域全要素能源效率研究［J］．科学学研究，2011，29（7）：1021－1028.

［172］汪克亮，杨力，程云鹤．异质性生产技术下中国区域绿色经济效率研究［J］．财经研究，2013，39（4）：57－67.

［173］王锋正，陈方圆．董事会治理、环境规制与绿色技术创新——基于我国重污染行业上市公司的实证检验［J］．科学学研究，2018，36（2）：361－369.

［174］王海龙，连晓宇，林德明．绿色技术创新效率对区域绿色增长绩效的影响实证分析［J］．科学学与科学技术管理，2016，37（6）：80－87.

［175］王惠，苗壮，王树乔．空间溢出、产业集聚效应与工业绿色创新效率［J］．中国科技论坛，2015（12）：33－38.

［176］王惠，王树乔，苗壮，李小聪．研发投入对绿色创新效率的异质门槛效应——基于中国高技术产业的经验研究［J］．科研管理，2016，37（2）：63－71.

［177］王魁臣．缩小技术差距　日本赶超欧美国家的重要战略［J］．科学

学与科学技术管理，1989（3）：16－17.

［178］王群伟，周鹏，周德群．生产技术异质性、二氧化碳排放与绩效损失——基于共同前沿的国际比较［J］．科研管理，2014，35（10）：41－48.

［179］王晓珍，蒋子浩，郑颖．高校创新效率动态演进分析及影响因素识别——基于非参数核密度估计和 SFA 模型［J］．统计与信息论坛，2018，33（9）：81－87.

［180］王义新，孔锐．价值链视角下规模以上工业企业科技创新效率及关键影响因素研究——基于 DEA－Tobit 两阶段模型［J］．科技管理研究，2019，39（3）：136－142.

［181］王有森，许皓．基于数据包络分析的并行生产系统效率评价方法［J］．运筹学学报，2015，19（4）：25－36.

［182］吴超，杨树旺，唐鹏程，吴婷，付书科．中国重污染行业绿色创新效率提升模式构建［J］．中国人口·资源与环境，2018，28（5）：40－48.

［183］吴利华，纪静．中美电子信息制造业产业环境比较分析——基于关联产业的视角［J］．科学学研究，2014，32（2）：236－241.

［184］吴延兵．不同所有制企业技术创新能力考察［J］．产业经济研究，2014（2）：53－64.

［185］吴延兵．中国哪种所有制类型企业最具创新性？［J］．世界经济，2012，35（6）：3－25.

［186］习近平．加大支持力度增强内生动力　加快东北老工业基地振兴发展［J］．中国党政干部论坛，2015（8）：1.

［187］夏琼，杨锋，梁樑，吴华清．非独立并联生产系统的 DEA 效率评价研究［J］．管理科学学报，2012，15（7）：20－25.

［188］项本武．中国工业行业技术创新效率研究［J］．科研管理，2011，32（1）：10－14.

［189］肖利平，蒋忱璐．高技术产业技术创新效率的阶段性特征及其动态演变［J］．商业研究，2017（10）：153－161.

［190］肖仁桥，陈忠卫，钱丽．异质性技术视角下中国高技术制造业创新效率研究［J］．管理科学，2018，31（1）：48－68.

[191] 肖仁桥，丁娟，钱丽．绿色创新绩效评价研究述评［J］．贵州财经大学学报，2017（2）：100－110.

[192] 肖仁桥，丁娟．我国企业绿色创新效率及其空间溢出效应——基于两阶段价值链视角［J］．山西财经大学学报，2017，39（12）：45－58.

[193] 肖仁桥，沈路，钱丽．新时代科技创新对中国经济高质量发展的影响［J］．科技进步与对策，2020，37（4）：1－10.

[194] 肖仁桥，王宗军，钱丽．技术差距视角下我国不同性质企业创新效率研究［J］．数量经济技术经济研究，2015（10）：38－55.

[195] 肖仁桥，王宗军，钱丽．价值链视角下我国不同性质工业企业技术创新效率研究［J］．中国科技论坛，2014（1）：76－82＋107.

[196] 肖仁桥，王宗军，钱丽．我国不同性质企业技术创新效率及其影响因素研究：基于两阶段价值链的视角［J］．管理工程学报，2015，29（2）：190－201.

[197] 肖仁桥，王宗军，钱丽．中国省际工业企业绿色技术创新效率实证研究——基于改进的共享投入关联型网络 DEA 模型［C］．第九届中国管理学年会——技术与创新管理、国际商务谈判分会场论文集，2014.

[198] 肖文，林高榜．政府支持、研发管理与技术创新效率——基于中国工业行业的实证分析［J］．管理世界，2014，30（4）：71－80.

[199] 谢子远，吴丽娟．产业集聚水平与中国工业企业创新效率——基于20 个工业行业 2000—2012 年面板数据的实证研究［J］．科研管理，2017，38（1）：91－99.

[200] 徐建中，王曼曼，贯君．动态内生视角下能源消费碳排放与绿色创新效率的机理研究——基于中国装备制造业的实证分析［J］．管理评论，2019，31（9）：81－93.

[201] 闫军印，陈欣欣，侯孟阳．区域技术创新政策效果评价研究——基于30 个省区的实证分析［J］．工业技术经济，2014，33（7）：141－147.

[202] 杨锋，梁樑，凌六一，查勇．并联结构决策单元的 DEA 效率评价研究［J］．中国管理科学，2009，17（6）：157－162.

[203] 杨浩昌，李廉水．政府支持与中国高技术产业研发效率［J］．科学

学研究，2019，37（1）：70－76＋111.

［204］杨慧军，杨建君．外部搜寻、联结强度、吸收能力与创新绩效的关系［J］．管理科学，2016，29（3）：24－37.

［205］杨洋，魏江，罗来军．谁在利用政府补贴进行创新——所有制和要素市场扭曲的联合调节效应［J］．管理世界，2015（1）：75－98.

［206］姚炯，沈能．技术异质性与区域低碳创新效率评价［J］．科技进步与对策，2018，35（22）：45－54.

［207］姚西龙，牛冲槐，刘佳．创新驱动、绿色发展与我国工业经济的转型效率研究［J］．中国科技论坛，2015（1）：57－62.

［208］叶锐，杨建飞，常云昆．中国省际高技术产业效率测度与分解——基于共享投入关联 DEA 模型［J］．数量经济技术经济研究，2012，29（7）：3－17＋91.

［209］易明，程晓曼．长江经济带城市绿色创新效率时空分异及其影响因素［J］．城市问题，2018（8）：31－39.

［210］尹伟华．三大执行主体视角下的区域 R&D 投入绩效评价研究［J］．科学学与科学技术管理，2012，33（10）：58－66.

［211］游达明，欧阳乐茜．环境规制对工业企业绿色创新效率的影响——基于空间杜宾模型的实证分析［J］．改革，2020（5）：122－138.

［212］于君博，舒志彪．企业规模与创新产出关系的实证研究［J］．科学学研究，2007（2）：373－380.

［213］余泳泽，刘大勇．我国区域创新效率的空间外溢效应与价值链外溢效应——创新价值链视角下的多维空间面板模型研究［J］．管理世界，2013（7）：6－20.

［214］余泳泽．我国高技术产业技术创新效率及其影响因素研究——基于价值链视角下的两阶段分析［J］．经济科学，2009（4）：62－74.

［215］余泳泽．中国区域创新活动的“协同效应”与“挤占效应”——基于创新价值链视角的研究［J］．中国工业经济，2015（10）：37－52.

［216］袁茜，吴利华，张平．绿色增长下我国大型制造企业创新效率提升路径研究［J］．科技进步与对策，2017，34（22）：85－92.

［217］袁永，陈丽佳，王子丹．英国 2017 产业振兴战略主要科技创新政策研究［J］．科技管理研究，2018（13）：53－58.

［218］曾冰．我国省际绿色创新效率的影响因素及空间溢出效应［J］．当代经济管理，2018，40（12）：59－63.

［219］翟晓舟．科技成果转化“三权”的财产权利属性研究［J］．江西社会科学，2019，39（6）：171－179.

［220］张钢，张小军．绿色创新研究的几个基本问题［J］．中国科技论坛，2013（4）：12－15＋20.

［221］张江雪，朱磊．基于绿色增长的我国各地区工业企业技术创新效率研究［J］．数量经济技术经济研究，2012，29（2）：113－125.

［222］张静，周魏．绿色创新研究进展综述［J］．科技管理研究，2015，35（8）：232－237.

［223］张珺涵，罗守贵．科技成果转化效率及企业规模与技术创新——基于高技术服务企业的实证研究［J］．软科学，2018，32（7）：1－4.

［224］张可，汪东芳，周海燕．地区间环保投入与污染排放的内生策略互动［J］．中国工业经济，2016（2）：68－82.

［225］张琴．技术背景 CEO、技术创新与企业绩效——基于民营高科技企业的实证分析［J］．经济问题，2018（5）：82－87.

［226］张秀峰，陈光华，杨国梁．基于 DEA 模型的产学研合作研发效率研究［J］．研究与发展管理，2016，28（5）：82－90.

［227］张雪梅，叶贝贝．行业异质性视角下我国工业生态创新效率评价［J］．生态学报，2019，39（14）：5198－5207.

［228］张艺，陈凯华，朱桂龙．产学研合作与后发国家创新主体能力演变——以中国高铁产业为例［J］．科学学研究，2018，36（10）：1896－1913.

［229］张永安，鲁明明．高技术制造业创新效率评价及要素投入差异性研究［J］．科技进步与对策，2019，36（16）：51－57.

［230］赵宏志，刘凤朝，姜滨滨．基于来源——执行的中美研发经费效率评价研究［J］．中国科技论坛，2014，30（12）：141－146.

［231］赵路，高红贵，肖权．中国工业绿色创新效率动态演变趋势及其空间

溢出效应研究［J］．统计与决策，2020，36（7）：95－99.

［232］赵萌．并联决策单元的动态 DEA 效率评价研究［J］．管理科学，2011，24（1）：90－97.

［233］赵萌．中国制造业生产效率评价：基于并联决策单元的动态 DEA 方法［J］．系统工程理论与实践，2012，32（6）：1251－1260.

［234］赵树宽，余海晴，巩顺龙．基于 DEA 方法的吉林省高技术企业创新效率研究［J］．科研管理，2013，34（2）：36－43.

［235］赵玉林，魏芳．高技术产业发展对经济增长带动作用的实证分析［J］．数量经济技术经济研究，2006，23（6）：44－54.

［236］钟劲松．典型自主创新国家政策支持措施的分析与借鉴——兼论我国创新政策的未来趋势［J］．理论与改革，2011（4）：64－67.

［237］周兵，梁松，邓庆宏．金融环境视角下 FDI 流入与产业集聚效应的双门槛检验［J］．中国软科学，2014，29（1）：148－159.

［238］周力．中国绿色创新的空间计量经济分析［J］．资源科学，2010，32（5）：932－939.

［239］周亚虹，贺小丹，沈瑶．中国工业企业自主创新的影响因素和产出绩效研究［J］．经济研究，2012，47（5）：107－119.

［240］朱建民，丁莹莹．知识型企业人力资本对创新绩效的影响——基于知识管理能力视角［J］．科技管理研究，2017，37（11）：141－147.

［241］朱永明，赵程程，贾明娥，赵健．税收优惠对企业研发投入的影响研究——基于所有制与地区市场化的联合调节效应［J］．财会通讯，2019（18）：92－97.

［242］朱有为，徐康宁．中国高技术产业研发效率的实证研究［J］．中国工业经济，2006，24（11）：38－45.

［243］左铠瑞，宫建成．中国区域 R&D 效率变化测度及其影响因素研究［J］．科学学与科学技术管理，2016，37（4）：79－88.